U0629515

农村产业融合企业的商业模式与绩效研究

何玉成　张　佳/著

华中农业大学农林经济管理一流学科建设经费资助

本书为国家中药材产业技术体系（CARS-21）、国家自然科学基金项目
"集中度对乳品供应链垂直协作影响的理论与实证研究"（71573098）、
中央高校基本科研业务费专项资助项目（2662016PY072）成果

科学出版社

北　京

内 容 简 介

本书以农村产业融合企业为研究对象,在对现有文献深入回顾的基础上,采用案例分析、统计检验的分析方法,从农村产业融合企业绩效提升机制出发,围绕商业模式这一核心概念,提出了本书的研究主题,并将其划分为两个研究内容:探讨商业模式形成的"前因"及对农村产业融合企业绩效影响的"后果";探讨商业模式对农村产业融合企业绩效关系的作用机制。本书针对农村产业融合新现象,从商业模式的视角探讨其融合机理及其对企业绩效的影响,并对各种类型农村产业融合企业进行了典型案例分析。

本书可供农业企业创办人、企业高层领导、科研工作人员、农业产业管理者参阅。

图书在版编目(CIP)数据

农村产业融合企业的商业模式与绩效研究 / 何玉成,张佳著. —北京:科学出版社,2020.3
ISBN 978-7-03-058551-6

Ⅰ.①农… Ⅱ.①何… ②张… Ⅲ.①农业企业-商业模式-研究-中国②农业企业-企业绩效-研究-中国 Ⅳ.①F324

中国版本图书馆 CIP 数据核字(2018)第 187738 号

责任编辑:邓 娴 / 责任校对:贾娜娜
责任印制:张 伟 / 封面设计:无极书装

科 学 出 版 社 出版
北京东黄城根北街 16 号
邮政编码:100717
http://www.sciencep.com

北京虎彩文化传播有限公司印刷
科学出版社发行 各地新华书店经销

*

2020 年 3 月第 一 版 开本:720×1000 B5
2020 年 3 月第一次印刷 印张:14 1/4
字数:268 000
定价:**128.00 元**
(如有印装质量问题,我社负责调换)

前　言

改革开放以来，我国致力于推行现代农业的发展，成绩令人欣喜，但随着国内外环境的不断变化及长期粗放式经营积累的深层次矛盾逐步显现，我国农业发展面临着生产成本高、农产品附加值低、行业利润薄、产业链上"卖难买贵"现象频现等问题的严重挑战。延伸产业链以推动农业产业融合发展成为解决此类问题的重要思路，在2014年召开的中央农村工作会上明确提出推进农村一二三产业融合（简称农村产业融合）发展，并指出要把产业链、价值链等现代产业组织方式引入农业。随后，中央一号文件等一些重要文件[①]都把农村产业融合放在农业发展十分重要的位置。企业作为市场经济发展的主体，是推动农村产业融合的重要载体。从系统学的角度来看，一个产业是一个系统，一般是由产品或服务、技术、市场、企业等诸多要素构成的有机整体，其中，产业融合的主体是指推动产业融合发生的主体，主要是企业（段海波和曾福生，2014）。在农村产业融合过程中，产业内的个别企业尝试跨产业经营活动，当产生一种潜在的融合经济效应之后，产业内的大多数企业或具有代表性的企业纷纷模仿，最终导致跨产业经济活动普遍形成，由此形成一种新的经济组织，即农村产业融合企业。农村产业融合企业是指以农业生产经营活动为主，通过有效融合二三产业生产资源，拓展产业内或产业间的生产边界，使各个分散的生产要素融合为一体，在经营方式和经营指标上达到规定标准并经有关部门认定的企业。

随着市场化程度日益加深，农村产业融合企业面临着更加复杂多变的经营环境，从目标顾客，到市场定位，再到盈利模式，都经历着前所未有的变革。越来越多的企业意识到在转型过程中，仅仅依靠传统的技术变革、产品创新、完善产业链等方式实现利润增长越来越困难，企业亟须一种颠覆性的变革方式，于是商业模式（business model，BM）走进人们的视野，受到企业界的广泛关注。农村产业融合企业在转型发展中，却忽视了商业模式中最核心的内容，如谁是目标顾

[①] 包括 2015 年 12 月 30 日国务院办公厅发布的《关于推进农村一二三产业融合发展的指导意见》、2016 年 11 月 14 日农业部印发的《全国农产品加工业与农村一二三产业融合发展规划（2016—2020 年）》。

客，什么是企业价值的核心来源，建立怎样的利润获取方式，等等。推动农村产业融合企业发展过程中，必须深层次剖析商业模式内涵，并建立领先于竞争对手的商业模式，才能获得持久的竞争优势和源源不断的回报（陈晓红等，2009）。

本书共分为 10 章。

第 1 章为理论基础与文献回顾。该章分别对所涉及的核心概念进行全面的梳理和总结，并对所涉及的关键概念进行初步的探讨和分析，为后续研究提供重要的理论支撑。

第 2 章为传统农业的商业模式研究。该章主要从传统农业的视角出发，分析传统农业特征、产业特征、农产品形态、农业产业链组成，同时还对传统农业企业的商业模式和经营手段进行分析，进而可以使读者对我国农业的发展起源有更加深刻的了解。

第 3 章为农村产业融合的商业模式研究。该章主要从农村产业融合的视角出发，分析农村产业融合特征、农产品形态、产业链组成，同时还对农村产业融合企业的商业模式和经营手段进行分析。第 3 章是在第 2 章基础上的发展延续，如果传统农业是我国农业发展的起点，那么农村产业融合将是我国未来农业发展的主要趋势。

第 4 章为商业模式对农村产业融合企业绩效作用机制的理论分析。该章从商业模式视角，分析了商业模式对融合企业绩效的影响机制及相关命题，并将其具体分为两个研究内容：①商业模式及其驱动因素对融合企业绩效的影响；②商业模式与融合企业绩效的内在作用机制。

第 5 章为商业模式驱动因素识别及量表开发。首先，通过单案例（主案例）探索性分析商业模式的驱动因素；其次，结合多案例研究进行验证性分析；再次，利用案例分析商业模式驱动因素并对其进行量表开发；最后，通过大样本的问卷调查，对商业模式驱动因素的测量量表进行实证检验，为后续研究奠定基础。

第 6 章为商业模式"前因"和"后果"的实证研究。首先，基于第 1 章的理论基础与文献回顾，论述商业模式与绩效之间的关系；其次，根据第 4 章商业模式对农村产业融合企业绩效作用机制的理论分析的核心内容及第 5 章提出的影响因素，结合相关理论回顾，构建本书的主模型，并提出研究假设；再次，以研究情景和研究问题为依据，选取各个变量的测量量表，进行量表预测、信度和效度检验、探索性因子分析，得到正式调研问卷；最后，运用统计分析软件 SPSS 19.0 和 AMOS 24.0 对所提出的假设进行检验。

第 7 章为商业模式与融合企业绩效关系的中介和调节作用的研究分析。该章在总结现有理论成果的基础上，构建资源整合对商业模式与融合企业绩效的中介模型及互动导向对商业模式与融合企业绩效的调节模型。

　　第 8 章为商业模式与融合企业绩效关系的中介和调节作用的实证检验。该章基于大样本的数据收集，通过相关分析、因子分析、回归分析等方法，对第 6 章提出的概念模型及相关假设进行检验，最后进一步分析和讨论所得到的研究结果。

　　第 9 章为典型案例分析。基于上述各章节的研究分析可以看出，农村产业融合企业主要分为四大类型，即延伸型融合、整合型融合、渗透型融合和交叉型融合。该章在上述实证分析的基础上对每一类型的融合企业都采用两个案例对比分析，由此可以对各个类型企业的商业模式都有更为深入的研究。

　　第 10 章为结论与展望。该章对全文中的两个子命题得到的结论进行总结；探讨本书的理论贡献和实践启示；总结并发现研究过程中存在的局限和不足，以及对未来的研究方向提供指引。

　　为了启发广大读者和有志于投身农业发展的人员学习和思考，本书在总结相关理论的基础上，再结合相应的实证分析及案例解读，对每一类农村产业融合企业的成功经验都进行深入分析，有利于读者从中学习和借鉴。笔者诚恳地希望本书给每一位读者都能提供帮助，并希望为每个企业的发展都能提供有效的指引。笔者期待未来会有更多新型农业的出现，农业的成功转型将是我们最大的安慰和满足！

何玉成　张　佳

2019 年 8 月

目　　录

第1章 理论基础与文献回顾

1.1 商业模式相关研究

纵观商业模式变迁，按时间序列可以将其分为五个阶段：第一阶段"商业模式"的孕育。"商业模式"一词可以追溯到远古的物物交换时代，为满足各方稳定且长期的交换需求，交易双方通过协商达成长期协议，"商业模式"的雏形也由此形成（Slez，1999）。第二阶段"商业模式"的诞生。企业诞生于资本主义建设初期，迄今为止也只有几百年的历史，企业经营的目的就是通过生产和销售获取利润，最终实现企业的价值增值，这一价值实现的过程就是商业模式，也就是说，商业模式与企业同步存在。换句话说，不管企业经营脉络是否清晰，都拥有着自己独有的商业模式。第三阶段"商业模式"的成长。该阶段很多学者将商业模式等价为企业的管理模式、盈利模式，管理模式侧重于描述以管理功能为导向的企业内部组织形式，忽略了以利润为导向的企业内外部之间的价值活动，而盈利模式则单纯地将商业模式看作企业的价值传递、分配机制，由此忽略了企业的生产性特征。第四阶段"商业模式"的成熟。商业模式不仅包含管理模式、盈利模式，还是一个更大的范畴，既包含企业的价值传递和分配环节，还包含最重要的价值创造环节，即通过不同利益相关者之间的资源配置来实现企业价值创造的过程。第五阶段"商业模式"的颠覆。互联网经济的发展，颠覆性地改变了企业收入逻辑，面对企业价值创造和价值实现的分离，商业模式则不再是简单的价值增值问题，而是价值重塑问题。这种变化不仅仅局限于单个企业的价值创造，而且涉及整个价值网络中的价值协同创造。商业模式在企业内外部环境的约束下，不仅为客户还为其他利益相关者创造价值，即创造价值成为商业模式的核心逻辑。

通过以上分析可知，互联网经济的发展颠覆了传统的利润获取方式，改变了企业传统的生产经营模式，这也说明要对商业模式进行深入分析才可以了解企业的价值实现过程，因而本节将对商业模式的相关理论进行理论综述，这将为本书的研究提供坚实的理论基础。

1.1.1　商业模式的研究进展

在此采取内容分析法，对商业模式文献进行客观系统的定量分析，以弄清或检测文献中的本质性事实和趋势，揭示文献所包含的隐形情报内容，从而可以对事物发展做出情报预测。本书选取的数据来源是百度学术的全网数据库（2008~2017 年），该数据库包含了不同文库的内容，具有覆盖面广、收录齐全、检索途径也较多等特点。英文检索的关键词为"business model"，且全都为期刊论文；考虑到翻译的不同，中文检索的关键词采用"商业模式"和"商务模式"分别进行检索。

1. 发表论文的时间分布

英文检索中，以标题作为检索项，检索 2008~2017 年以"business model"为关键词的全英文期刊文献，得到文章的总数为 9 056 篇；中文检索中，以检索词出现在标题中作为检索方式，分别检索"商业模式"和"商务模式"，得到含"商业模式"标题的期刊论文 7 141 篇，含"商务模式"标题的文章 1 379 篇。其年份分布具体情况见表 1-1。

表 1-1　商业模式论文篇数的时间分布表

年份	2008	2009	2010	2011	2012	2013	2014	2015	2016	2017
business model	612	791	912	1 040	1 110	1 260	1 200	998	766	367
商业模式	345	494	625	684	687	793	906	978	1 060	569
商务模式	91	99	119	116	145	155	179	198	195	82

从发展的整体过程看，相对于国外来说，国内对商业模式的关注者较少。从表 1-1 具体的数据显示可以看出，商业模式发展的拐点出现在 2013 年，2014 年与 2013 年相比国内商业模式的研究发展速度远高于国外，这主要得益于 2013 年互联网经济在全国范围的广泛传播，共享经济的出现使得人们开始更加注重企业的商业模式。

2. 发表论文的期刊分析

英文检索中，选取 2008~2017 年在科学引文索引（Science Citation Index，SCI）、社会科学引文索引（Social Sciences Citation Index，SSCI）和工程索引（Engineering Index，EI）上发表的有关商业模式的文章，以"business model"

为精确检索词进行期刊检索，共查到文章 1 519 篇；中文检索中，选取 2008~2017 年在 CSSCI（China Social Sciences Citation Index，中国社会科学引文索引）上发表的有关商业模式的文章，以"商业模式"为精确检索词进行期刊检索，共查到文章 579 篇，以"商务模式"为精确检索词进行期刊检索，共查到文章 49 篇。本节挑选出有代表性的十种期刊进行细化分析，具体内容见表 1-2。

表 1-2　有关商业模式文章的主要期刊年份分布

期刊名	发表有关商业模式文章的年份分布									
	2008 年	2009 年	2010 年	2011 年	2012 年	2013 年	2014 年	2015 年	2016 年	2017 年
《管理世界》				3	1	1	3		1	
《中国软科学》	2	1	2		2	3	1	1	2	1
《管理评论》					2	2	1	5	6	3
《科研管理》					3			7	5	2
《科学学研究》		1	1	1				1	1	1
《中国工业经济》		1	1	1	2	4	1	1	1	
《管理学报》			1	2	1	2	4	2	7	
《科学学与科学技术管理》			1	2	1	1	6	4	4	
《研究与发展管理》			1	1				2	3	
《外国经济与管理》		1	1	2	1	3	1	1	1	2
总计	2	4	8	12	13	18	17	24	31	9

从表 1-2 可以看出，2008~2017 年在主流核心期刊发表有关商业模式的文章基本呈现增多的趋势，应该说商业模式已经引起主流期刊的注意，也可以说，商业模式逐渐得到理论界的重视，如国家自然科学基金委员会指定来源期刊中的《管理世界》（9 篇）、《中国工业经济》（12 篇）、《外国经济与管理》（13 篇）、《中国软科学》（15 篇）、《科学学研究》（8 篇），同时一些重要刊物的研究专栏也进行了专题研究。

3. 发表论文的领域分析

同样以 2008~2017 年在 CSSCI 发表的有关商业模式的文章为研究对象，以论文标题检索总共为 623 篇，主要的分布领域见表 1-3。

表 1-3　有关商业模式的领域分析

领域	科学技术史	管理科学与工程	新闻传播学	理论经济学	应用经济学	图书馆与情报科学
篇数	211	74	62	58	58	53
领域	艺术学	法学	农林经济管理	体育学	其他	
篇数	20	14	10	9	54	

从表 1-3 可以看出，研究最多的领域为科学技术史，因为商业模式理论的迅速发展源于互联网的产生，而互联网的产生得益于科学技术的发展，因而在科学技术领域对商业模式的研究是最多、最为广泛的。在农林经济管理领域近十年的研究中，也仅仅只有 10 篇相关文献，说明农林领域的商业模式还未得到广泛的重视，然而农业是支持其他产业发展的基础，所以对农林领域的相关研究将成为未来研究的重要方向之一。

1.1.2　商业模式概念内涵

商业模式是由"商业"和"模式"两个基本概念所组成的。其中，学术界对"商业"的基本概念理解为有组织地为顾客提供所需商品和服务的行为，形成初期以物物交换的方式进行社会活动，后来发展成为以货币为媒介进行交换而实现商品流通的经济活动（Afuah and Tucci，2001）。企业作为商业活动有效的经济载体，是商业性的社会组织，企业的本质是基于生产性功能的价值创造实体，创造价值是企业存在的基本理由，同时，商业活动的最终目的也是进行企业的价值创造。而对"模式"最初的解释为"事物提供的标准样式"，主要是指从生产和生活经验中抽象和提炼出来的核心知识体系，它是解决某一类问题的方法论，并把某类问题的方法归纳到一定的理论高度，如在中国经济发展领域中出现的"淘宝模式""华为模式""海尔模式"等。基于以上"商业"和"模式"两个概念内涵的追溯，可以简单地认为，商业模式作为一个概念性的工具，可以帮助企业利用分析、比较、绩效评价、管理、沟通、创新等方法来经营公司（Osterwalder and Pigneur，2005），也就是说，商业模式被认为是企业价值创造的基本方式。

商业模式的概念最早出现在 Bellman 等（1957）发表在 *Operation Reseach* 的文章中，紧接着，在 1960 年 Jones 发表在 *The Accounting Review* 的文章中再一次出现了商业模式的概念（Jones，1960），直到 20 世纪 90 年代末，随着互联网的兴起与发展，大量学者才对"什么是商业模式"展开了深入研究，但基于不同的研究领域和视角，商业模式至今还未形成一个被普遍接受的概念。归纳以往的商业模式研究成果，按照时间演化及相应的内容分析，大致可以将其分为三类：经济类、运营类和价值类。早期的经济类定义将商业模式理解为企业的"盈利模式"，用以揭示企业利润产生的逻辑，其代表人物有 Morris 等（2005）、Afuah 和 Tucci（2001）；随着信息技术对传统工业企业影响的增大，商业模式开始被传统企业所接受，但研究大都集中在企业内部流程和基础结构设计上，因而运营类定义主要关注的是企业内部流程和构造问题，其代表人物有 Amit 和 Zott（2001）、Osterwalder 和 Pigneur（2005）等；价值源于顾客需求，顾客是企业生存与发展的源泉，价值必须贯穿于商业模式发展的始终，价值类定义涉及市场定位、利益相关者及可持续性竞争优势，同时还包含经济类和运营类的相关内容，其代表人物有 Chesbrough（2010）、Teece（2010）等。本节总结了国外文献中三类具有代表性的研究（表 1-4）。

表 1-4　商业模式典型定义汇总表

类型	作者	年份	定义
经济类	Timmers	1998	商业模式描述了各个参与主体的角色定位、利益诉求及收入来源
	Afuah 和 Tucci	2001	商业模式是指获取并利用企业资源，为赚取更多利润，创造出比竞争对手更多的顾客价值
	Betz	2002	商业模式是对利润创造的一种抽象描述，即企业如何将资源投入转化为价值增值
	Rappa	2004	商业模式描述了如何与价值链伙伴进行联系，并从顾客那里获取利润的商业逻辑
	Morris 等	2005	商业模式描述了企业的经营方法及赚钱的方式
运营类	Amit 和 Zott	2001	商业模式是指由企业、供应商、客户及相关者组成的网络运作体系结构
	Petrovic 等	2001	商业模式是指企业商业活动的核心逻辑
	Weill 和 Vitale	2001	商业模式描述了顾客、合作伙伴与供应商之间的关系，并将其应用到具体的生产运营过程之中
	Magrette	2002	商业模式描述了企业商业运营的过程
	Osterwalder 和 Pigneur	2005	从运营视角考察企业获利的逻辑
价值类	Shafer 等	2005	商业模式是企业在某一价值网络中创造和获取价值的核心逻辑和战略选择，其包含着战略选择、价值网络、价值创造和价值获取四个方面的要素
	Chesbrough	2010	商业模式是技术与本身所蕴含的潜在经济价值进行联系，并将技术的潜在价值转化为顾客价值的一系列流程
	Teece	2010	商业模式描述了企业如何向顾客传递价值并从中获益的过程
	Serrat	2012	商业模式是企业通过明确或隐性地捕获、创造、传递顾客价值，进而获取利润的价值设计逻辑

国内商业模式研究相对来说起步较晚，在对商业模式概念的形成过程中更多地为总结国外经验，因而国内有关经济类和运营类的研究相对较少，大部分的研究集中表现在汲取国外经验的基础上对价值类商业模式进行的探讨。翁君奕（2004）是较早进行商业模式研究的学者之一，他将商业模式界定为核心价值、价值保持、价值支撑及价值分析体系，并提供了一种从价值层面分析商业模式的思路和方法；原磊（2007）、司春林和梁云志（2010）认为商业模式实际上是企业价值创造的一种逻辑，其中企业、顾客、伙伴是其主要的构成部分；张敬伟和王迎军（2010）提出了"价值三角形逻辑"，即从价值定义到价值创造再到价值获取，表达出完整的经营逻辑，并表示三者之间不是简单的线性组合，而是相互

关联、彼此影响；魏江等（2012）将商业模式描述为价值主张、价值创造和价值获取等活动连接的架构，该架构涵盖了企业为满足客户价值主张而创造价值并获取价值的概念化模式；魏炜等（2012）将商业模式定义为企业与利益相关者的交易结构，其涉及的"利益相关者"是指具备独立利益诉求、有相对独立的资源能力、与焦点企业存在交易关系的行为主体；王雪冬和董大海（2013）在总结国外商业模式表达的基础上，认为企业的一些经营活动应以顾客价值为中心进行展开，同时涉及价值主张、价值创造、价值传递和价值获取四个步骤。

基于以上论述发现，商业模式的内涵从最初获取经济利润的逻辑到企业经营结构改善和价值回收，再到目前对整个商业系统运行过程的研究，商业模式的定义变得越来越完善。具体而言，经济类定义主要考察的是价值获取的基本逻辑层次，认为商业模式是企业捕获价值的基本逻辑和方式；运营类定义主要从价值创造的基本逻辑层面进行思考，认为商业模式就是有效且合理地利用企业内外资源进行价值增值，进而提升企业绩效；价值类定义考察得比较全面，主要是从价值定位、价值创造和价值获取等全方位的考虑，认为商业模式是综合企业各维度价值资源，并最终实现企业价值增值的行为。

综合以上有关商业模式定义及内涵的研究成果，本书认为，商业模式除了代表企业创造价值的逻辑，还具体包含四个维度的含义。

（1）价值主张（明晰度）：企业通过提供具有一定特性的产品或服务来满足顾客需求，并挖掘出顾客潜在价值的行为。价值主张体现了企业所提供的产品或服务是否对顾客价值具有提升作用（Osterwalder and Pigneur，2005；Barnes et al.，2009）。

（2）价值创造（能力）：企业在生产过程中为满足目标顾客所需的产品和服务的一系列运营活动。价值创造主要涉及企业的关键资源、关键能力及重要合作伙伴，要合理利用企业内外资源及利益相关者的作用，进而提高对价值创造的推动作用（Osterwalder and Pigneur，2005）。

（3）价值传递（有效性）：企业新建价值传输渠道或对传统渠道进行改造，并将其价值主张有效传递给顾客的过程。价值传递涉及目标顾客、渠道通路及客户关系三方面内容。价值传递的前提是企业所开发的产品或服务能满足顾客需求，并进一步衡量企业是否能将价值有效地传输给顾客（Zott et al.，2011）。

（4）价值获取（能力）：企业通过改变收入模式进而创造出全新盈利方式的行为。传统的价值获取方式为直接向目标顾客收取费用，但随着网络经济的发展，更多的是向目标顾客提供免费服务，并向第三方收取一定费用。因而收入方式解决了企业"怎样收费"的问题，确保了企业收入的最终实现（Osterwalder and Pigneur，2005）。

1.1.3 商业模式要素及分类

商业模式作为企业价值创造的一种逻辑，由相应的构成要素组成，且要素间存在着一定的内在联系和结构关系。Linder 和 Cantrell（2000）认为，商业模式的构成要素是一个整体，将各个要素都有机地整合在一起、相互作用，以形成一个良性的循环体；Magrette（2002）认为商业模式构成要素之间需要相互匹配，进而形成一个统一系统；Osterwalder 和 Pigneur（2005）将其分为四个构面十个要素，并认为商业模式是建立在这些构成要素及其关系之上的；罗珉（2009）认为商业模式作为一个构成体系进行内外作用，这种相互作用关系促进了企业的价值创造。

如同商业模式的概念内涵一样，商业模式构成要素也是国内外学者们比较关心的内容之一。由于每个研究者的视角都不尽相同，本节将商业模式构成要素分为经济视角、运营视角、价值视角外加可持续视角加以归纳，其中可持续视角是价值视角的延伸和拓展。具体要素构成如表 1-5 所示。

表 1-5 商业模式的主要构成要素汇总

视角	作者	年份	商业模式构成要素	要素数量
经济视角	Horowitz	1996	价格、产品、分销、组织特征、技术	五要素
	Timmers	1998	各参与者及角色、潜在利益、收入来源	三要素
	Afuah 和 Tucci	2001	顾客价值、业务范围、价格、收入、相关活动、互补性、能力、可持续性	八要素
	Betz	2002	资源、销售、利润、资金	四要素
	Morris 等	2005	收入来源、定价方法、成本结构、边际成本、预期收益	五要素
运营视角	Linder 和 Cantrell	2000	定价模式、收入模式、渠道模式、业务流程模式、网络业务关系、组织结构、价值主张	七要素
	Amit 和 Zott	2001	设计元素：内容、结构、治理 设计主题：新颖性、锁定、互补性、效率	两参数 七要素
	Petrovic 等	2001	价值模式、资源模式、生产模式、客户关系模型、收入模式、资本模式、市场模式	七要素
	Magrette	2002	价值主张、供应链、成本/收入结构、法律事务	四要素
	Osterwalder 和 Pigneur	2004	顾客维度：顾客细分、分销渠道、顾客关系 产品维度：价值主张 财务维度：成本、利润、收入 内部管理维度：能力、价值结构、合作伙伴	四维度 十要素
价值视角	Shafer 等	2005	战略选择、价值网络、价值创造、价值获取	四要素
	Chesbrough 和 Rosebloom	2002	价值主张、价值网络、价值链、市场细分、竞争战略、成本利润	六要素
	原磊	2007	价值主张、价值网络、价值维护、价值实现	四要素
	罗珉	2009	价值主张、核心真理、资源配置、组织设计、价值网络、产品与服务设计、经营收入机制、盈利潜力	八要素
	Teece	2010	选择产品和服务、确定顾客、识别市场、确定收入流、价值获取机制	五要素

续表

视角	作者	年份	商业模式构成要素	要素数量
价值视角	张敬伟和王迎军	2010	价值定义、价值创造和传递、价值获取	三要素
可持续视角	Lüdeke-Freund	2010	经济价值、社会价值、生态价值	三要素
	Bocken 等	2014	可持续价值主张、可持续价值创造与传递、可持续价值获取	三要素

　　总的来说，从价值定位到投入生产，再到最终的利润获得，这是商业模式始终不变的核心规律。从最初仅仅注重的经济效益，到之后的运营过程、顾客价值，再到当前可持续性价值，商业模式构成要素在不断完善之中。不管是何种视角，对商业模式构成维度的理解都是一种静态的描述，然而企业的商业行为是十分复杂的动态过程，为了较好地理解企业的经营行为，部分学者借助结构化的表达模型动态地阐述商业模式的构成维度。具有代表性的表达模型包括 Hamel 的桥接模型（图 1-1）、Zott 和 Amit 的运营系统模型（图 1-2）、Osterwalder 和 Pigneur 的 BM^{2}L 模型（图 1-3）、Teece 的环状逻辑模型（图 1-4）。

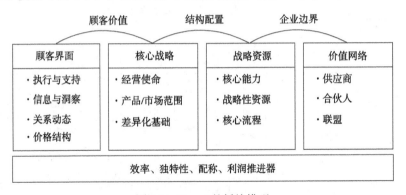

图 1-1　Hamel 的桥接模型

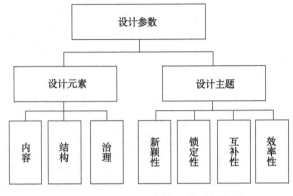

图 1-2　Zott 和 Amit 的运营系统模型

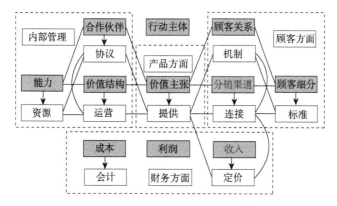

图 1-3 Osterwalder 和 Pigneur 的 BM²L 模型

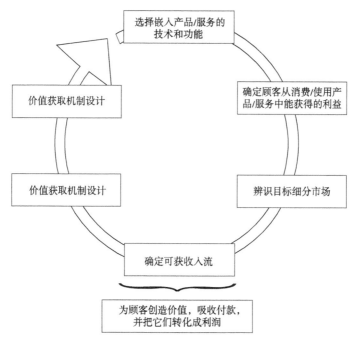

图 1-4 Teece 的环状逻辑模型

Hamel（2000）是最早提出桥接模型的学者，随后国内学者原磊（2008）提出的"3-4-8"构成体系是在此模型基础上的拓展与延伸。Hamel 认为商业模式由四大元素构成，即顾客界面、核心战略、战略资源、价值网络，其中每个元素又包含若干子元素。这四大元素通过顾客价值、结构配置、企业边界三座"桥梁"进行连接。顾客价值作为连接顾客界面与核心战略的"桥梁"，可以使企业更精准地为顾客提供所需的产品和服务；结构配置连接着核心战略与战略资源，企业利用自己独有的资源整合能力来支撑其战略的运行；企业边界连接着战略资源与价值网络。Hamel（2000）认为商业模式不同于企业战略，战略侧重于企业间的竞争关系，而商业模式侧重于相互间的合作经营，并第一次将顾客的概念纳入商业模式维度，认为顾客是商业模式研究的起点，这为后续的相关研究起到了极大的启示意义。

Zott 和 Amit 的运营系统模式相对来说较为抽象。在该模型中，将商业模式分为"设计元素"与"设计主题"两个参数，其中设计元素作为运营系统的构成要素，包括内容、结构和治理三个基本要素，内容是指运用中的环节构成，结构描述了业务活动之间的联系即重要性，治理是指不同参与主体间的关系处理；设计主题作为价值创造的驱动因素，包括新颖性、锁定性、互补性和效率性四个基本要素。由于这两位学者有着丰富的创业管理及电子商务的研究背景，构建的模型偏重于运营环节。由此可知，价值创造将是该模型的核心内容，即价值创造将是企业是否存续的关键。

Osterwalder 和 Pigneur 于 2004 年提出了 BM^2L 模型，认为商业模式是建立在顾客、产品、内部管理及财务四大维度基础之上的。其中顾客维度包含顾客细分、分销渠道、顾客关系三个构成要素；产品维度由价值主张要素构成；内部管理维度包含能力、价值结构、合作伙伴三个构成要素；财务维度包含成本、收入、利润三个构成维度。

BM^2L 模型从价值主张、价值创造、价值传递到价值获取，整体反映了企业商业运作的全过程，利用四大维度十大构成要素对商业模式运营的方方面面都进行了详尽描述，是一种实用性极高的表达模型，为企业的运营提供了有意义的理论指引。

Teece（2010）提出了商业模式环状逻辑模型，该模型认为每个企业都拥有自身的价值创造、传递和获取机制，其实质就是企业通过自身的价值创造向顾客传递有用信息，并诱使顾客为其价值支付价款，使之转化为企业利润的一种方式。该模型强调了顾客的核心地位，并阐述了顾客价值主张、价值创造和传递成本，以及利润收入之间的逻辑关系。简言之，商业模式是指企业如何创造价值、如何向顾客传递价值，以及如何进行价值获取的逻辑过程。

基于以上国内外学者对商业模式的相关研究，本书认为商业模式是以顾客为中心，围绕价值展开的一种经营活动，是企业价值创造的基本逻辑。商业模式是战略具体化、逻辑化的活动理念，但又与战略不同，战略注重的是价值获取的结果，而商业模式更注重价值主张、价值创造、价值传递、价值获取这一活动过程，关注的是企业可持续性的价值创造（Makinen and Seppanen，2007）。商业模式以价值主张为重点，强调以顾客为中心开展一系列的价值创造活动（Chesbrough and Rosenbloom，2002；Mansfield and Fourie，2004），概括了所有利益相关者的价值主张及企业创造和传递顾客价值等方面的具体内容（Seddon et al.，2004）。

1.1.4　商业模式与绩效关系研究

大量学者研究表明，商业模式不但是商业化的重要工具，而且作为一种重要的运营方式可以提升企业绩效（Zott and Amit，2007），企业确定合适的商业模式能使潜在价值得以发挥（Björkdahl，2009）。

国内外学者分别从不同视角、不同研究领域对商业模式与绩效的关系进行了大量研究。Afuah 和 Tucci（2001）研究指出商业模式解释了企业竞争优势与绩效的整体关系，Afuah（2004）进一步将商业模式与企业营利性决定因素分解为相对应的系列要素，由此建立起商业模式与企业绩效之间的因果关系。Morris 等（2005）指出有效的商业模式能够为企业带来卓越的价值，并进一步采用实证分析的方法加以论证，以俄罗斯食品服务行业为样本企业，对各指标都用聚类分析的方法将其分为七类，实证对比分析了各类企业商业模式与企业绩效的关系。Zott 和 Amit（2002）将商业模式分为新颖性、效率性、互补性、锁定性四个维度，通过实证分析得出商业模式越新颖、越有效率，企业所获得的利润回报越多。Zott 和 Amit（2008）还进一步探索了商业模式与企业战略之间的关系，研究得出，商业模式越新颖、越有效率，企业的差异化战略、低成本战略及市场进入领先战略对企业绩效的促进作用越强。

国内有关此方面的研究成果相对较少。程愚和谢雅萍（2005）首次利用商业模式理论对民营企业绩效开展计量研究，研究结果表明，企业可以通过改良商业模式来提升企业绩效。王翔等（2010）选取我国有色金属行业的55家上市公司，采用方差分析方法，研究商业模式对企业绩效的作用关系，结果显示，不同类别的商业模式会导致明显的绩效差异，其中对企业营利能力的影响最为显著。项国鹏和周鹏杰（2013）以 64 家零售业上市公司为样本，得出 14 种主导型商业模式，结果显示，相互间的商业模式差异越大，对企业绩效的影响差异也越大。

总的来说，商业模式是提升企业绩效的有效路径，然而，目前学者们仅对商业模式与企业绩效之间的直接关系进行了初步的讨论和研究，而对于商业模式与企业绩效之间的作用机制到底如何还需未来学者进一步研究和深化。

1.2　农村产业融合相关研究

根据世界农业发展过程，国内外学者一般将农业划分为原始农业、传统农业和现代农业三个阶段（姜睿清，2013），农村产业融合是在现代农业基础上的进一步发展。在我国现代农业发展的过程中，面临着一系列的困难和问题，如粮食不安全、农业科技贡献率低、农村生态环境恶化、城乡收入差距较大等。农村产业融合作为现代农业推广的有效经营形式，从根本上解决了上述一系列的问题。要深入了解我国的农村产业融合，首先需要弄清什么是产业融合；其次要明确农村产业融合的概念内涵；最后需要了解农村产业融合与农业可持续发展的关系，由此才可以从概念本质到实践贡献全面了解我国农村产业融合的发展内涵。

1.2.1 产业融合的定义

产业融合从直观的含义上来看是由产业和融合两个名词所组成的。产业最直观的解释是具有同类属性的企业经济活动的集合，我们一般将产业分为第一产业、第二产业和第三产业；融合最直观的解释是将两种或多种不同事物合成一体；那么我们可以将产业融合理解为至少发生在两个产业之间的经济现象。

20 世纪 70 年代西方学术界开始从信息技术视角讨论产业融合的现象，早在 1978 年，麻省理工学院媒体实验室的尼古路庞特（Negrouponte）就用三个重叠的圆圈来描述"计算机业"、"印刷业"和"广播电视业"三大产业之间的技术融合现象，认为三个圆圈的交叉处会是成长最快、创新最多的领域；20 世纪 80 年代，哈佛大学的欧丁格（Oettinger）和法国作家罗尔（Nora）、敏斯（Mince）分别创造了 Compunctions 和 Telemetriqu 两个新词来反映数字融合的发展趋势（Mueller，1997）；Benjamin 等（1997）将融合定义为"采用数字技术后对原来独立产品的融合"，后来 Greenstein 和 Khanna（1997）将产业融合定义为"为了适应产业的增长使得产业边界的收缩或消失"，这些定义都局限于信息技术下的计算机、通信和广播电视业的融合。

到 20 世纪 90 年代后学者们逐步从信息技术视角转向经济学视角，即开始从分工理论、产业集群理论、交易理论及产业组织理论中探讨产业融合，截至目前已经形成较为完整的产业融合理论。其中日本学者植草益（2001）从产业组织的视角给出了产业融合较为全面的定义，即通过技术革新和放宽限制来降低行业间的壁垒，加强行业及企业间的合作竞争关系。因而，从相关理论探讨中可以发现，企业要发展就必然会处于相互竞争的状态之中，原有企业由于竞争性的发展联合或倒闭，最终直至产业合并。融合后的产业合并为一个整体，产业间形成一种合作共赢状态，这将是未来企业发展的方向和趋势。

在国内，产业融合的研究起步相对较晚，大多数学者都是从产业间关系角度出发，认为产业融合是高新技术作用于传统产业，使得两种或多种产业融为一体，形成一种新的产业的过程。国内最早对产业融合进行研究的是于刃刚教授，他在 1997 年发表的《三次产业分类与产业融合趋势》一文中，提出了第

一、二、三产业之间出现的产业融合现象；随后岭言（2001）认为产业融合不是几个产业的简单相加，而是通过相互作用融为一体。直到 2002 年国内学者马健（2002）才对产业融合理论进行了整体的梳理，将产业融合定义为"由于技术进步和放松管制，发生在产业边界和交叉处的技术融合，改变了原有产业产品的特征和市场需求，其企业之间的合作关系发生改变，从而导致产业界限的模糊化甚至重划产业界限"。

综合上述分析，学者们虽然对产业融合的定义各有侧重，但本质上都认为产业融合是从信息产业逐步扩散的经济现象。某一产业内的企业在从事多元化经营时，都会出现原属于其他产业的经济活动，本书将这一现象称为产业融合。因而，产业融合并不是理论上出现的产业界限模糊化，而是在产业划分清楚的情况下，某一产业所对应的经济活动出现了跨产业的现象。

1.2.2　农村产业融合的概念内涵

农村产业融合是产业融合理论的分支研究。产业融合是指不同产业或同一产业的不同子产业之间相互渗透、相互交叉、最终融为一体的动态过程（李俊岭，2009）；而农村产业融合是指第一产业的细分产业与二三产业中的细分产业相互融合，最终诞生新的生产技术、新的管理技术及新的商业模式（梁伟军，2011）。农村产业融合强调的是以第一产业为主导，将二三产业分别或一起融合进第一产业，从而形成不同的产业类型。

农村产业融合概念的形成经历了三个发展阶段：第一阶段是农业产业化（政策雏形）。农业产业化是农村产业融合的前身，是农村产业融合的升级版和拓展版（姜长云，2017）。为顺应我国计划经济到市场经济的转变，山东省潍坊市于 1992 年实施农业产业化经营，随后全国各地大力推广农业产业化政策，解决了一些农业发展过程中的困难和问题，但是政策在执行过程中渐渐演变成对少数龙头企业的支持。为了支持更多农业产业的发展，政府在此基础上进一步提出了农村产业融合政策，农村产业融合由此渐渐进入人们的视野，但此时还只是具有农村产业融合的框架思想，还未形成理论概念。第二阶段是农业产业融合。在农村产业融合还未正式作为一个名词提出时，理论界和实业界都关注到产业融合在农业领域应用的重要性，于是 2004 年以来，农业产业融合逐渐成为国内学者关注的焦点，其中学术界运用这一思想还提出了"农业产业融合"这一新概念，一些学者也给出相关定义。何立胜和李世新（2005）认为农业产业融合是要让农业和其他产业的产品、技术、服务、市场等方面进行融合，创造一种新的价值体；王昕坤（2007）将农业产业融合界定为同一农业产业内部不同行业之间，原本独立的产品或服务在同一标准集合下，通过重组结为一体的整合过程，即包括产业间融合和产业内融合。农村产业融合的概念雏形由此形成，但此前将目标局限于"农业"上，限制了融合本身的发展内涵。由此第三阶段在此基础上进一步提出了农村产业融合的概念。农村产业融合是在农业产业化政策及农业产业融合概念基础上的应用和推广，其中将"农业"改为"农村"，拓宽了融合的内涵及应用的广度。目前许多学者已对农村产业融合的概念进行总结和概括，如马晓河（2015）指出农村产业融合是"以农业为基本依托，通过产业联动、产业集聚、技术渗透、体制创新等方式，将资本、技术及资源要素等集合的跨集约化经营"；黄祖辉（2016）认为农村产业融合是指利用农业产业化经营进行全面部署，把适度规模经营和农业产业链有机结合，进而促进产业链增值收益更多留在产地、留给农民；李国祥（2017）指出农村产业融合包括产业链完善、功能多样、业态丰富、利益联结紧密等内涵。以上关于农村产业融合的内涵都是依赖于农业发展政策所提出的，对内涵的本质还未做深入探讨，因而农村产业融合的本质内涵依赖于农业产业化及产业融合的相关理论研究，并结合现有的农村产业融合相关政策加以完善。

综合以上论述，农村产业融合是以产业融合为理论基础、农业产业化为政策先导，以农业产业融合概念为支撑的动态发展过程。推进农村产业融合可以促进农业产业链延伸、提高农产品附加值、增加农民收入等，为我国农业经济发展提供方向和指引。

1.2.3　农村产业融合基本类型

产业融合作为现代经济发展的新现象，从不同视角分析会有不同的研究结果，其中，学者们主要研究的方向有技术视角、市场供需视角、产品视角、融合程度视角、制度视角及产业视角等。由于农村产业融合关注的是以农业产业为主导，二三产业融合进入第一产业的方式，本书将以产业理论为基础展开后续研究。

从产业视角分析，胡汉辉和刑华（2003）将产业融合分为产业渗透、产业交叉和产业重组三种形式。其中产业渗透是指高科技产业与传统产业的相互渗透；产业交叉是指产业间的功能互补和延伸；产业重组是指某一产业内部子产业的重组现象。在此基础上为了更清晰地区分不同的产业融合类型，聂子龙和李浩（2003）提出了四种类型的产业融合形式：高新技术的渗透型融合，即高新技术向其他相关产业进行渗透、融合，以形成新的产业；产业间的延伸型融合，即产业间的互补和延伸；产业内部的重组型融合，即同一产业内部不同行业之间的融合；完全融合，即利用全新产业取代旧产业的融合，较为典型的是电子商务行业。

　　以上关于产业融合的划分是以全产业为基础，无任何主导产业。非确定性的融合方式导致融合结果表现多样化，为了更清晰地了解农村产业的融合形式，梁伟军（2010）在以上研究结论的基础上进一步提出了农业与相关产业融合的四大类型：高新技术对农业的渗透型融合，具体表现为现代生物技术、信息技术及航天技术等向农业领域的渗透和扩散，进而引起农业生产方式和经营方式的变革；农业与内部子产业之间的整合型融合，具体表现为农业内部种植、养殖、畜牧等子产业之间，依据生物链的基本原理建立起产业之间的有机联系，进而发挥农业的生态保护功能；农业与第三产业之间的交叉型融合，主要表现为休闲观光、休闲旅游，将农村生产资源与农业生产经营活动有机结合；综合型融合，主要表现在利用现代技术实现农业程序化、机械化、标准化、集约化生产，最终实现工厂化农业。在此分类的基础上段海波和曾福生（2014）将农业与相关产业类型划分为三类，即农业与第三产业（服务业）的交互型融合，典型产业形式为休闲旅游业；高新技术与农业的渗透型融合，典型产业形式为信息技术农业；农业产业内部的整合型融合，典型产业形式为生态循环农业。《北京农业产业融合发展研究》课题组（2016）将农业产业融合分为四类典型模式，即产业集聚融合、产业链延伸型融合、农业多功能拓展型融合、技术渗透融合。宗锦耀（2017）在《农村一二三产业融合发展理论与实践》一书中指出，农村产业融合的发展模式分为四类，即产业链延伸型融合、产业交叉型融合、高新技术渗透型融合、产业循环型融合。

　　本书综合上述研究的分类形式，将农村产业融合分为四大类型：农业内部子产业之间的整合型融合，典型产业形式为生态循环农业；农业与第三产业的交叉型融合，典型产业形式为休闲旅游农业；农业与高新技术的渗透型融合，典型产业形式为信息技术农业；农业产业链延伸型融合，典型产业形式为农产品加工业。

　　不同类型的农村产业融合，发挥了各自优势产业资源，提高了农业产量，改善了产品质量，降低了农产品的生产经营成本，拓宽了农业功能即产业发展空间，形成了覆盖信息农业、生态农业、旅游农业、工厂化农业等功能多、空间广的现代农业产业体系。

1.3　"资源基础观"相关研究

　　"资源基础观"所提出的是一个非常重要的系统性理论，其中资源基础理论强调的是利用自身优势资源最大限度地提升企业的竞争优势，由此只将研究重点放在内部而忽略了外部环境的重要性。资源依赖理论则对这一理论漏洞进行补充，提出了外部环境的重要性，并阐明了经营主体与外部环境之间的关系，进一步强调了外部环境对企业经营活动的重要作用。因此，本书将资源基础理论和资源依赖理论相结合，在强调企业内部所拥有资源的同时，还强调与企业外部资源和环境的相互联合，进而为研究者提供了一个内外部相结合的研究视角。下面将对资源基础理论和资源依赖理论的发展来源及相关内容进行简单介绍，为后续的研究奠定基础。

1.3.1 资源基础理论

1. 资源基础理论的来源

资源基础理论最早来源于经济学领域和战略学领域对竞争优势来源的解释，Ricardo 所提出的经济地租理论则是该理论出现的源头（Makadok，2001）。在 20 世纪 30 年代，Chamberlin 和 Robinson 等诸多学者认为，技术、品牌、商标、专利等是企业获取竞争优势的重要资源，随后 Penrose（1959）进一步强调了资源的重要性，并指出"企业不仅仅是一个管理单元，还是一个生产资源的集合"。资源领域除了上述学者的关注之外，其他学者如 Ansoff（1965）、Rubin（1973）等也从战略管理领域考虑了资源的重要性。直到 1984 年 Wernerfelt 公开发表了《资源基础理论》一文，标志着资源基础理论的诞生。该理论从企业内部资源考察竞争优势的来源，并认为与外部资源相比，企业内部资源更具创造力，且内部资源对企业竞争优势的获取更具决定性的作用。Wernerfelt 的理论观点为后来学者提供了理论支持，但也存在一定的局限性。Barney 在 1991 年发表的《企业资源与持续竞争优势》一文中提出企业获取竞争优势应当从内部资源和能力两个角度进行分析，进一步丰富了该理论的发展。

2. 资源基础理论的具体内容

资源只有通过能力转换成企业的竞争优势才能发挥其应有的价值，因而在了解资源基础理论之前首先要弄清资源和能力的含义。

"资源"通常被解释为"一国或一定地区拥有的人力、物力、财力等各种物质要素的总称，一般将其分为物质资源和社会资源两大类"。资源基础理论中的资源一般是指企业资源，Wernerfelt（1984）认为企业资源是指可以为企业带来优势或劣势的东西，更确切地说是指企业所拥有的有形或无形资产；随后Barney（1991）进一步扩展这一概念，认为企业资源是在制定和实施其战略时可以利用的资源，主要包括企业所拥有的资产、能力、信息、知识等，并将企业资源分为物质资本资源、人力资本资源和组织资本资源三类。其后热衷于研究资源基础理论的学者从不同的研究目的和不同的阐述方式上对企业资源进行各自定义，如 Grant（1991）认为资源是指生产过程中的要素投入，包括机器设备、品牌、专利等；Amit 和 Schoemaker（1993）认为资源是企业所拥有的或控制的要素存量。

基于以上分析，资源可以为企业带来生产原料，但资源本身并不具有生产性，其生产性主要来自于企业对其所拥有资源进行转化的能力。正如 Penrose（1959）所说，企业能够获取持久的竞争优势并不是它拥有好的资源，而是拥有利用其资源的独特能力。Grant（1991）认为能力是指协调组织众多资源，并利用组合资源完成组织任务、实现组织目标的手段；Amit 和 Schoemaker（1993）认为能力是企业资源之间长期互动所形成的、可以被抽象地看作提高企业资源利用效率的中间产品；国内学者宝贡敏（2001）认为只有企业资源和能力的有效结合才能提升企业的竞争优势。

从学者们的观点可知，资源和能力是相互依存的关系，即没有资源，能力再强也难以进行"无米之炊"；没有能力，资源再多也无法发挥其价值（Barney，1991）。由此可以看出资源基础理论的提出是以以下两个假设为前提的：①企业拥有独特的资源优势；②企业拥有提高资源生产效率的能力。因此，资源基础理论的核心就是将企业作为基本的分析单位，以探索自身独特的资源优势及独特的应用资源的能力，以此来获取企业超额的利润率和持久的竞争优势。

1.3.2　资源依赖理论

1. 资源依赖理论的来源

资源依赖理论是组织理论中一个重要的理论流派，是研究组织活动变迁的重要理论。该理论从萌芽到理论形成主要经历了四个发展阶段：①理论萌芽阶段。20 世纪 30 年代，美国最大的公共机构田纳西流域当局把电和先进的农业技术带到南方地区。后来发现自己依赖于南方地区的资源优势，田纳西流域当局就把它们吸收到它的决策结构中，Selznick 把这一过程称为共同抉择。20 世纪 40 年代，学者 Selznick 以田纳西流域当局作为典型的案例研究，为资源依赖理论提供了坚实的研究基础。②理论初期阶段。基于前人研究，Thompson 和 McEwen（1958）进一步将组织合作关系分为三种类型，即共同抉择、联盟和商议，其后 Thompson 于 1967 年提出了组织的资源依赖模式，具体是指 A 组织对 B 组织的依赖程度取决于 B 组织所能提供的资源和服务。Thompson 的研究是组织对其资源依赖的初步探析。③理论形成阶段。虽然上述研究认为组织脱离了原有的封闭系统模式，但直到 20 世纪 70 年代，组织分析重点才从理论研究上明确转向组织间的分析。其中 Pfeffer 和 Salancik 于 1978 年共同出版的 *The External Control of Organizations：A Resource Dependence Perspective* 对资源依赖理论做了最全面的阐述和发展，由此代表了资源依赖理论的形成。④理论发展阶段。20 世纪 80 年代之后，资源依赖理论得到了进一步的发展。Burt（1983）在吸收 Pfeffer 和 Salancik 理论的基础上试图从经济学的角度分析组织和环境的关系；Baker（1990）进一步探讨了如何处理与本公司以外的其他资源的依赖关系，并指出公司与外界依赖程度的高低直接影响着与合作伙伴的关系。

2. 资源依赖理论的具体内容

资源依赖理论是资源基础理论的拓展与延伸，其最大的贡献在于研究了组织与外部环境之间的相互依赖关系，使得组织可以采取不同的发展策略来改变自身状态以适应外部环境的变化。资源依赖理论的基本假设前提是将组织看作一个开放性的运营系统，在该系统中，组织拥有以下几点特性：①组织不是孤立运营的，而是与其他组织连接形成的运营网络；②组织内部不能实现完全自给自足；③只有与外界进行资源交换，组织才能获取长久的发展（Greene and Brown，1997）。由此可知，解决组织内部资源不足的最好措施是利用组织之间的相互交易，进而实现不同组织间的资源互补。

资源依赖理论的具体内容主要表现在以下几个方面：①外部环境的不确定性和组织内部资源的匮乏导致组织对相异的资源产生了有差别的需求；②为了在不确定的外部环境下获得持续的竞争优势，组织必须不间断地对外部资源进行识别、获取、配置和利用，以维持组织必要的资源运行；③由于组织资源利用路径及自身能力的不同，其资源识别和资源利用过程出现差异，进而呈现出不同的竞争优势；④组织的市场地位主要取决于对稀缺资源的占用，这种稀缺资源的占用能力为其获取竞争优势提供了重要支撑；⑤组织对核心资源的管理能力直接影响到其竞争优势的获得。

基于以上论述，资源依赖理论是以组织存活为重要目标的。企业要想获得长久发展，就必须降低关键资源对外部环境的依赖程度，强调的是在核心资源掌控的基础上与周边环境形成相互依存、相互作用的关系。资源依赖理论与资源基础理论一样，都将资源作为组织赖以生存的变项，不同的是资源依赖理论的研究是以组织与外部环境间的资源交换为基础，分析组织的生产运作行为。而本书所研究的农村产业融合企业恰恰是以资源的相互利用为前提的，因此，将"资源"理论作为本书研究的基础理论之一。

1.4　互动导向相关研究

1.4.1　产生背景

随着信息技术的快速发展，企业所提供的产品和服务更加丰富多样，为了不断提高产品和服务的客户满意程度，市场展现出越来越强的互动特征（何一清等，2015）。下面将着重从技术进步与环境变化两个方面介绍互动导向的产生背景。

1. 技术进步

技术进步，特别是信息技术的广泛应用，为企业与企业、企业与顾客及顾客与顾客之间的互动提供了可能，使得企业之间、顾客之间及顾客与企业之间的关系越来越紧密。通过互动，企业资源得到合理利用，利益相关者关系得到合理改善，然而，在互动关系中，最为关键的互动发生在企业与顾客之间（Ramani and Kumar，2008）。企业通过与顾客的直接互动，提高了客户满意度（Cermak et al.，1994），同时提升了企业绩效水平。

理论界和实业界一直都十分重视顾客的作用（Narver and Slater，1991），特别是在营销学领域，顾客满意度、顾客价值一直都是企业追寻的目标。然而，由于技术条件的限制，企业与顾客之间的互动受到许多限制，如对于传统企业经营来说，企业产品必须通过经销商销售给消费者，而消费者也只能向经销商反映相关的产品信息，所以企业与顾客之间经常由经销商进行连接，不能直接进行互动。近些年来，信息技术的迅猛发展，为顾客与企业之间的直接互动创造条件，如微信、微博等网络媒介的出现，实现了企业与顾客之间的实时互动。因而，技术的发展为顾客与企业之间的互动提供了可能。

2. 环境变化

经营环境的不断变化，要求企业不管是主动的还是被动的都要采取互动导向。从主动方面来说，企业的资源是有限的，如何将有限的资源发挥出最大价值，则需要充分了解顾客需求，才会避免不必要的资源浪费，如传统农业只关心生产，极少与顾客产生互动，因而出现了农业中的"卖难买贵"现象。所以只有主动地与顾客进行互动沟通，才会避免不必要的资源浪费，减少成本的同时也提高企业的经济绩效。从被动方面来说，当所有竞争企业都采取了互动导向，为顾客提供内心满意的产品和服务时，该企业却沉浸在自己的高价值、高服务之中，这必然会导致失败，如诺基亚手机，曾经占据手机市场 90%的份额，在苹果、华为都在与顾客进行互动的同时，诺基亚手机还沉浸于传统手机的生产中，与顾客互动不频繁，导致这一手机王国的衰败；福特汽车，同样也是与顾客缺少互动，总是沉浸在单一黑色汽车的生产中，最终也走向衰落；等等。此类数据举不胜举。因此，企业要获取持久发展，一方面需要从宏观战略上重视互动，并通过有效地管理这种互动关系来获取企业长久的竞争优势（Rayport et al., 2005）；另一方面要从具体实践中不断地与顾客进行互动，为企业全面、深入、及时地了解客户所需提供可能（Srinivasan et al., 2002）。

1.4.2　理论基础

互动导向涉及企业与企业、顾客与顾客及企业与顾客之间的互动，其中企业与顾客之间的互动是最为关键的互动行为。学者们关于企业与顾客之间的互动主要涉及三个方面的理论来源，即市场导向理论、价值共创理论及顾客参与理论。以下将从这三个理论分别对互动导向理论进行深入解读。

1. 市场导向理论

市场导向的概念最早是由 Drucker 提出的，随后 Kohli 和 Jaworski（1990）在前人研究的基础上对市场导向的概念进行集中讨论，并指出市场导向是对整个组织范围内市场情报的开发，市场情报在组织内部及组织之间进行相互传递，市场导向被看作组织对市场情报的反应。

经过二十多年的发展，市场导向理论已经非常成熟，其中包含完整的理论解释及成熟的测量量表，在一定程度上解释了企业的经营行为。然而，在目前互动导向的背景下，市场导向并不能完全解释企业与顾客之间的变化关系。互动导向理论继承和发展了市场导向理论，与市场导向相比，互动导向更加注重顾客的作用，而且更加适合市场发展的需要。主要表现在以下两个方面：首先，互动导向对待顾客的态度更加积极。市场导向将顾客看作价值的消极接受者；而互动导向将顾客看作价值的共创者。其次，互动导向更加强调个体顾客，将个体顾客看作企业营销的起点；市场导向虽然也强调顾客的作用，但以细分市场作为企业营销活动的出发点。

基于以上分析可以看出，市场导向理论是互动导向理论的前提和基础，互动导向理论是市场导向理论的继承和发展。因而，市场导向理论为互动导向理论的形成提供了重要的研究思路。

2. 价值共创理论

价值共创理论最早可追溯到 19 世纪，研究主要分布于服务经济学的文献之中。Storch 在研究服务行业对经济的贡献时就曾经指出"服务过程需要生产者与消费者之间的合作"，这一观点暗含了企业价值创造是由生产者和消费者共同决定的。价值共创理论着重关注顾客在价值创造过程中所扮演的角色，其具体内容主要包含以下几个方面：首先，在价值共创过程中，顾客不仅仅扮演着价值消耗的角色，同时还肩负着价值共创的重担（许晖和许守仁，2014）；其次，在价值共创活动中，顾客与企业之间的互动活动促进了顾客潜在价值的实现（Auh et al.，2007）；再次，为了促使价值共创的实现，企业需要提供良好的共创环境，以促进顾客的融入（武文珍和陈启杰，2012）；最后，无论是在生产领域还是消费领域，价值共创活动都会对经济交互行为产生影响（武文珍和陈启杰，2012）。

价值共创理论认为价值是由企业和顾客共同创造的。该理论着重对价值进行分析，并认为企业只能提供价值主张，对目标顾客来说只是具有潜在价值，只有消费者使用该产品，其潜在价值满足顾客需要，才能够转化为价值（Vargo and Lusch，2004）。因此价值发生在企业与顾客的交叉点，要么通过顾客与企业之间的互动直接实现，要么通过企业提供的产品间接实现（Lusch and Vargo，2006）。

根据价值共创理论，为了较好地实现产品价值，企业应该与顾客互动共同创造价值，互动导向作为企业一种全新的战略导向出现，体现了价值共创理论的精髓，是对价值共创理论的抽象和升华。

3. 顾客参与理论

顾客参与理论最早起源于 20 世纪 70 年代末，早期研究主要集中于服务业，这是由于服务产品的生产和销售密不可分，因此服务产品的生产离不开顾客的参与（李红亮，2010）。随着研究的不断深入，学者们将顾客参与理论应用于其他领域的研究中，发现顾客参与对于其他类型的企业同样重要。

学者们对顾客参与理论的定义、内涵、产生动机及对绩效产生的结果都进行了大量研究，形成了较为一致的理论成果。在对比顾客参与和互动导向相关理论时发现，顾客参与和互动导向都强调了顾客的重要性，并强调企业与顾客之间应当紧密相连。同时，二者也存在着一定的差别：首先，研究视角不同。互动导向是从企业角度分析的一种战略导向，探讨的是一种宏观布局；而顾客参与一般是从顾客角度分析的具体执行行为。其次，互动导向理论是在价值共创理论上产生的，认为企业与顾客的互动是价值共创的互动过程；而顾客参与视角较为狭小，只是从共同生产的角度探讨顾客在企业中发挥的作用。

基于以上分析可以看出，互动导向理论汲取了顾客参与理论中"顾客"的相关含义，是在顾客参与理论基础上的应用和发展。因此顾客参与的相关文献也能为互动导向下的顾客与企业行为提供借鉴。

1.5 "三重绩效"相关研究

1.5.1 "三重绩效"的理论追溯

1. 国外研究

本节所阐述的"三重底线"（triple bottom line）理论于1998年由英国Sustain Ability公司总裁John Elkington首次提出，其基本含义如下：企业在追求自身发展的过程中，需要平衡经济发展、社会福利和环境保护三方面的内容。其中术语"底线"一般是指企业的投资回报率，主要指的是为企业所有者所带来的经济利润，而"三重底线"是指除了经济回报之外还应有最基本的环境回报和社会回报。该理论强调企业不仅需要提升所有者的利益，还应对其他利益相关者负有一定的责任。"三重底线"的具体衡量指标为经济绩效、社会绩效和环境绩效，因而也常常被学者们称为"三重绩效"，该指标在一定程度上反映了企业发展的可持续性（尹倩，2012）。

"三重绩效"理论作为"三重底线"理论的具体应用，对企业采取了经济、社会和环境三方面的评价标准。全球报告倡议组织（Global Reporting Initiative，GRI）于1997年成立，该组织致力于将企业可持续发展的"三重底线理论报告"推向世界，试图从经济、社会和环境三个方面对企业的绩效进行评价，进而展示企业的"可持续性"。GRI制定的《可持续发展报告指南》（简称《指南》），目的是促使企业像披露财务信息一样对其社会和环境方面的数据进行披露。GRI采用多利益相关方的参与形式，使来自各行各业不同背景的专家共同探讨可持续发展报告的框架。目前《GRI可持续发展报告标准》取代G4指南，已对金融、科技等多个行业公布了补充指引。

道琼斯可持续发展指数（Dow Jones sustainability index，DJSI）是于1999年由道琼斯公司、欧洲STOXX公司和瑞士SAM公司共同推出的第一个全球可持续发展指数，其目的是将可持续发展的概念引入企业绩效评价当中。DJSI选取全球资本指数最大的2500家企业中的前10%作为评价对象，通过一系列的综合评估，从经济、社会和环境三个方面对企业可持续发展能力进行打分。DJSI的企业绩效评估体系中拥有两类评价指标，即通用指标和特定行业指标。通用指标是指一般行业中的一般性的判断；特定行业指标是指不同行业中的特有评价标准，每类标准又一般都会从经济、社会和环境三个方面进行评价。可以说DJSI指标体系是借助于"三重底线"理论，从经济、社会和环境三个方面对企业进行评价，促使企业在获得较多经济利益的同时可以更好地履行社会责任和环境责任，进而进一步体现"三重绩效"的应用（姜腾飞和李山梅，2010）。

2. 国内研究

国内对于"triple bottom line"的翻译形式多种多样，主要翻译的名词有"三重底线""三重绩效""三重盈余""三重效绩""三重业绩"等。将这些关键词作为文献进行检索后，发现利用"三重底线"和"三重绩效"的研究最多，其中"三重底线"较多地应用于阐述理论发展来源，"三重绩效"较多地应用于具体指标考核当中。本节在追溯其理论来源时发现，在2000年我国出现了第一篇关于"三重底线"理论的文章，该文章虽然没有对"三重底线"理论进行系统的概述，但文中所倡导的提高企业生态效益的可持续发展理念，正是"三重底线"的核心内容之一（华利德和俞玉华，2000）。在具体实践运用中发现，随着我国"可持续性发展"的提出及研究的不断深入，可持续蕴含了经济效益、生态环境及社会福利的均衡发展。企业以追求可持续发展为目标，因此对企业绩效的评价也从单一的财务指标体系延伸至财务、环境和社会三个方面的绩效考核系统（霍江林和刘素荣，2010）。基于此，我国学者从不同行业不同视角对"三重绩效"概念进行相关研究，如单胜道（2003）尝试构建经济、生态、社会的绩效评价体系对森林公园、生态经济防护林等林业资源的综合绩效进行评价；温素彬和薛恒新（2005）从可持续发展和利益相关者两个方面对"三重底线"理论进行了系统的分析；吴杰和张自伟（2006）采取"三重绩效"评价指标体系对我国石油企业进行综合的评价分析；赵佳荣（2010）利用经济绩效、社会绩效和环境绩效对农民专业合作社进行了评价和分析；邱应倩（2013）利用"三重绩效"理论评价了农业上市公司的绩效；等等。

随着我国学者对"三重底线"理论研究的不断深入，此理论已经逐步融入企业的绩效评价，成为有效的考核方法和标准，特别是资源密集型且对环境的依赖程度较高的企业，需要披露更多的社会和环境的考核分析，其中农业是资源密集型较高的行业，且农业是关系我国国计民生的基础性行业，农业的可持续性发展，不仅关系到国民经济的稳步发展，更关系到社会的长期稳定，因此，农业发展在追求经济效益的同时，还要将环境和社会绩效融入整体的绩效考核指标，进而促进农业发展的可持续性。

基于以上论述，"三重绩效"理论提倡"经济—社会—环境"的可持续发展，认为企业不应是单一追求经济利益的"经济人"，而应当是追求经济利益、社会利益和环境利益和谐发展的"社会生态经济人"。因此，要想实现企业的可持续发展，不能只关注其经济价值，还要关注其社会价值和生态价值，进而对企业绩效的研究从传统的经济层面拓展至社会和环境层面。

1.5.2 "三重绩效"的具体内涵

"三重底线"以人类可持续发展为前提，提出了从"经济人"到"社会人"再到"生态人"的假设，同时提出了衡量企业经营活动的三维标准，即经济绩效、社会绩效和环境绩效。"三重底线"或"三重绩效"包含了经济绩效、社会绩效和环境绩效三个方面的具体内容，完善了企业绩效评价体系。

1. 经济绩效

经济绩效是企业绩效评价的基础，是衡量企业经济发展最基本的手段。企业经济绩效通过一系列财务或非财务指标进行衡量，其中财务指标包含的内容繁多，可以用具体的财务形式进行计算，如变现能力比率、资产管理比率、负债比率、营利能力比率、现金流量分析等；非财务指标无法利用财务数据进行计算，但也是衡量企业经济发展能力的重要内容，具体指标包括顾客满意度、产品或服务的质量、企业发展潜能、创新能力、市场份额等。由此可以看出财务指标更多关注的是企业的短期利润，而非财务指标更多关注的则是企业的长期发展，短期利润和长期利润相结合构成了企业的经济评价体系，为企业的可持续发展奠定了坚实的经济基础。

2. 社会绩效

社会绩效是指通过企业履行的社会责任。社会责任概念的形成经历了一系列的发展阶段："企业社会责任"的概念最早由 Sheldon（1923）提出，该理论强调企业社会责任应与利益相关者的诉求联系，并认为企业社会责任应该远高于企业的经济利益，履行社会责任是企业高尚道德的体现；Preston 和 Post（1975）提出了"公司社会响应矩阵"概念，在此概念形成的基础上，Carroll（1991）将社会责任分为经济责任、伦理责任、法律责任和慈善责任；随后，Cochran 和 Wartick 对 Carroll 的模型采取进一步的探索，并认为社会绩效应该包含社会责任和社会响应过程两个方面。

企业社会责任是指企业对股东、员工及各利益相关者应尽的责任和义务，具体包含对员工、消费者、商业伙伴、政府及社会公众的责任。其中对员工的责任包括为员工提供的薪酬与福利、给定的法定休假的权利、保障员工安全、帮助员工职业规划和培训等；对消费者的责任包括提供合格的产品和服务、提供售后服务、及时处理投诉等；对商业伙伴的责任包括遵守商业道德、严格履行商业合同、抵制商业贿赂等；对政府的责任包括遵守国家法律法规、依法纳税等；对社会公众的责任包括积极参与公益事业、关注社会舆论、善用媒体公关等。基于以上分析，社会责任有助于改善企业与各方面利益相关者之间的关系，为企业创造一个良性的发展环境，实现企业可持续发展和社会可持续发展的有机统一。

3. 环境绩效

环境绩效有时也称为生态绩效，是指企业在生产经营过程中，对从事的环境保护、污染治理及资源利用与节约等方面所取得的效果。企业环境绩效主要通过环境指标体现，世界资源研究院（World Resources Institute，WRI）将环境指标分为四项，即原料使用、能源消耗、污染排放及非产品产出。由于不同行业的环境绩效指标是不同的，指标的衡量要具有针对性，对于农业的环境绩效评价旨在引导农业企业在追求代内公平的同时还应注重代际公平，努力形成资源节约型、环境友好型的农业生产体系，使农村生态环境得到明显改善，可持续发展能力不断增强，具体表现在环境保护和资源利用两个方面（赵佳荣，2010）。环境保护的具体衡量指标有环保投资规模、土壤环境质量指数、环保型工业投入品比率、无公害产品销售比率等；资源利用的具体衡量指标有土地净生产率、土地集约化水平、基本农田保护率、高产品种植栽培比率、能源利用率等。

通过对以上环境绩效指标评价分析可以发现，主要有四个方面的衡量标准（Common，2007）：①再生性。合理利用可再生资源。②可持续性。减少不可再生资源的使用。③可吸收性。减少有害物质排放，增加自然吸收能力。④可逆转性。避免逆转的人类行为给自然资源带来不可修复的伤害。

4. 三者之间的关系

企业的经济绩效、社会绩效和环境绩效之间并不是孤立存在的，它们之间是相互关联、协同发展的关系（图 1-5）。

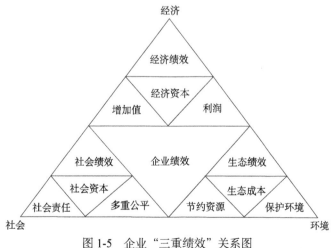

图 1-5 企业"三重绩效"关系图
资料来源：温素彬和薛恒新（2005）

经济绩效与环境绩效之间存在着隐性的正相关关系。经济绩效的提升可以为企业提供充足的资金支持，以便开展环境污染处理和企业绿化；同时环境绩效的提升减少了废弃物的排放，提高了资源利用效率，从而减少了企业为治理环境及寻找资源所花费的成本，最终提升了经济绩效。

社会绩效的实现有助于企业的长远发展。经济绩效提升使企业获得更多经济回报，坚实的物质基础为企业参与更多的公益活动提供了前提；同时企业履行社会责任有助于塑造良好的社会形象，提升企业的品牌竞争力，从而提升企业的长期经济效益。

社会绩效与环境绩效是相互促进、共同发展的关系。社会绩效的提升为企业和社会带来了正能量的扩展，为环境绩效提升提供了支持，如每个企业都承担着保护环境的责任，因而在履行责任的同时加强了环境保护；相反环境绩效的提升说明企业的社会责任履行落到实处。所以社会绩效与环境绩效是相互依存、共同推进的发展关系。

综合以上论述，"三重绩效"理论要求企业重视经济资本的同时，还要重视社会资本和生态资本的保值与增值，即在追求经济利益的同时还应履行企业的社会责任和生态责任。具体来说，企业要想达到最优状态，并不是实现经济、社会、环境的分别最优，而是根据企业自身发展状态对有限资源进行合理配置，兼顾经济、社会和环境的共同发展。

1.5.3　农村产业融合企业绩效的概念

农村产业融合企业绩效由"农村产业融合企业"和"绩效"两个关键名词所组成。从农业的发展过程来看，农业分为传统农业、近代农业和现代农业三个阶段。传统农业和近代农业都是以牺牲自然资源为代价的发展，不符合全球可持续发展的战略思想，因而出现了现代农业的发展阶段。现代农业体现了"可持续性"的发展内涵，学者们将现代农业也称为持续农业（陈清硕，1997）。农村产业融合企业是在现代农业企业基础上进一步的拓展和延伸，同时融合的宗旨是以实现农业的可持续发展为目标，是对"持续农业"内涵的具体应用。国内外有关持续农业的定义较多，直到1988年联合国粮食及农业组织理事会才对持续农业给予了较为系统、全面的定义，即"管理和保护自然资源为基础，调查技术和机构改革为方向，以确保能够持续满足当代和后代人的需要。这种持续发展能够保护土地、水资源和动物基因资源，且不会造成环境退化，同时在经济上可行，能够被社会所接受"，其后于1991年在荷兰农业与环境国际学术研讨会上对这一概念给予了进一步的肯定。持续农业和"农村发展"的概念早在20世纪90年代就已列入《中国21世纪议程》。在20世纪90年代中期，卢良恕院士才第一次将持续农业的概念引入我国农业的发展过程，并认为持续农业是指在不损害后代人利益的基础上，加强自然环境的保护和管理，提供长期满足人们对农产品需求的一种综合性农业（蒋和平，1995）。袁志清（2016）进一步指出现代持续农业以人口、社会、经济、资源、环境协调发展为基础，促进农业生产高效增长，保证农业永续发展。

"绩效"的概念内涵十分广泛，学者们通常将"绩效"分为"个人绩效"和"组织绩效"两个方面，在此我们研究的是有关组织绩效的相关内容，有时也称之为"企业绩效"。Lebas（1995）认为"绩效"是衡量企业是否成功的标准；Rueberk 等（1985）认为"绩效"包含三个层次的含义，即效果（effectiveness）、效率（efficiency）、适应性（adaptability）。国内学者刘志彪等（2004）将"绩效"定义为企业经营者对内外资源的优化配置，最终达成企业目标的程度或表现。

不管是"绩效""组织绩效"，还是"企业绩效"，对于生产经营性的企业来说大多指的都是经济绩效，即仅关注自身的经济发展。然而，基于以上分析，农村产业融合企业追求的是可持续发展，是以经济、社会、环境协调发展为基础的，基于此，本节将"农村产业融合企业绩效"定义为在满足自身经济绩效的同时还应关注其社会绩效和环境绩效。

综上所述，农村产业融合企业绩效的概念遵循了"三重绩效"的理论基础，体现了"经济—社会—环境"的可持续发展的观念。可以进一步地认为农村产业融合企业不是单一追求经济利益的"经济人"，而是应当追求经济利益、社会利益和环境利益和谐发展的"社会生态经济人"。

1.6 本 章 小 结

本章首先回顾了商业模式的发展脉络，并对商业模式的内涵和本质进行了梳理，在对已有商业模式的划分维度进行归纳、总结的基础上提出本书的理论基础，同时对商业模式与绩效之间的关系进行了相关的文献探讨；其次，本章在对产业融合的概念进行综述的基础上，对农村产业融合的概念及类型的划分进行了界定；再次，从资源基础理论和资源依赖理论出发，探讨资源在企业发展中的重要性，以及介绍互动导向的相关理论，为后文的商业模式与绩效之间内在机理研究奠定基础；最后，利用"三重绩效"理论界定农村产业融合企业绩效的概念，完善其绩效评价体系。由此，本章的内容为本书后续研究奠定了重要的理论基础，主要内容总结如下。

（1）商业模式是企业价值创造的一种逻辑，它阐述了企业价值创造的过程及利润获取的方式。在商业模式的相关研究中，学者们对其内涵、构成维度都已进行总结，但已有研究结论存在较大差异，为了后续研究内容的统一，本章在回顾相关文献的基础上对商业模式的内涵、维度进行统一界定。

（2）目前，商业模式与绩效之间的关系逐渐成为研究热点。然而，一方面，由于现有文献一般将绩效都默认为财务绩效或经济绩效，并未深入考察可能存在的社会绩效和环境绩效；另一方面，现有文献大多仅对两者之间的直接关系进行探讨，而忽略了内在的作用机制。所以，本书将在对绩效重新划分的基础上，深入探讨商业模式对绩效的作用机制。

（3）资源、顾客都是企业成功的关键。研究表明，谁拥有关键的资源和能力，谁拥有顾客，谁就能成为市场上最后的胜利者（Teece，1986）。自身资源的有限性，导致必须依赖外部资源才能获取企业长久发展；而顾客的不稳定性，致使必须经常与顾客加以互动、连接"感情"，才能"留住"老顾客、"拓展"新顾客。因此，资源、顾客对企业绩效产生影响，这将成为本书研究的重要切入点。

第 2 章　传统农业的商业模式研究

2.1　传统农业特征

2.1.1　传统农业的定义

农业是人类社会最古老的产业，早在原始社会便已产生和形成，但由于各个国家、地区、民族农业发展的不平衡及农业科学研究的落后，至今还未形成一个学术界较为公认的传统农业的科学定义。总结目前主流学派有关传统农业的定义，主要有以下两种不同的划分方法：第一种是按历史进程来划分，大致可以将其划分为原始农业、古代农业、近代农业和现代农业四个阶段（陈光兴，2010）。其中原始农业产生于远古时期，主要是指在原始自然的条件下，利用简陋的木石农具进行简单的耕作生产；古代农业产生于奴隶社会和封建社会，主要是指通过传承和应用生产活动中的经验积累进行生产活动（翟虎渠，1999）；近代农业产生于资本主义早期，该阶段的农业开始从直接经验转向科学指导，农业生产的社会分工逐步发展起来；现代农业产生于产业革命后，该阶段的农业生产主要建立在科学理论与实验的基础上（董恺忱和范楚玉，2000）。第二种是按生产手段和经营方式来划分，这种划分方法是在第一种划分方法上的概括总结，将农业分为传统农业和现代农业，其中原始农业和古代农业划分为传统农业的范畴，采用的是传统的农耕方式进行生产和经营；近代农业是传统农业向现代农业的过渡阶段，它既存有传统农业的因素和特征，也存有现代农业的因素；现代农业采用的是科学化、机械化的方式进行生产和经营。严格意义上来说，现阶段我国属于上述情况中具有传统农业特征的近代农业范畴，从总体上而言，我国农业目前仍属于传统农业。

薛世权（2012）认为传统农业是在自然经济条件下，以石器、铁器作为主要生产工具，以人力和畜力作为主要劳动生产力，利用传统的农业方法和耕作技术进行农业生产；宋欢等（2014）认为传统农业是一种自给自足的自然经济状态，虽然对整个社会经济的发展没有多大影响，但是传统农业作为一种绿色、原生态的农业，所生产出的农产品不会产生任何副作用，保存了农产品应有的本质。本书借用舒尔茨在《改造传统农业》一书中对传统农业的定义，即"完全以农民世代使用的各种生产要素为基础的农业可以称为传统农业"。

2.1.2　传统农业的基本特征

我国是一个拥有着悠久农耕历史的国家，从古至今，农业一直在整个社会经济中占据主导地位。因此，从很大程度上来说，农业发展速度的快慢直接决定着我国经济社会的发展进程。

传统农业虽然自原始社会便已产生，至今延续了几千年，但在不同时期，在不同国家、地区和民族之间表现出不同的形态、特点和差异。传统农业是与现代农业相对的农业类型，全面地总结传统农业的特征，将有助于正确认识我国农业的现状，并有效地总结出我国农业发展缓慢的症结所在，进而在传统农业向现代农业转变的过程中，为我们提供发展思路和有益的启示。

1. 特征一：生产工具和物质技术相对落后

从农业生产工具的演进来说主要经历了两个发展阶段：一是早期远古时期的木石器阶段；二是古代直至近现代的铁质石器阶段。我国传统农业生产工具主要以铁木工具为主，从历年的考古发掘中可以看到，铁质工具的运用早在西周初年就有记载，运用范围主要集中在中原地区和长江流域，直到战国之后，才在全国大面积地推广铁器，铁质农具逐渐取代木石农具，成为主要的农业生产工具。

我国传统农业生产技术主要依靠农业生产者在长期的生产实践中积累经验，并对此技术加以推广应用。我国南北地区都有着各自的耕作技术体系，在北方黄河中下游地区，主要采取的是适合北方旱地的保墒耕作技术体系；而在长江以南的南方地区主要采取的是水田耕作技术体系，不同的技术体系之下运用着这一时期不同的生产工具。从对该类耕作技术的记录和总结来看，我国传统农业技术是生产实践经验积累的结果，而不是在已有科学技术原理上的技术发明。

总的来说，我国传统农业主要依靠人力、畜力及各种简单的手工工具进行生产，生产工具较目前发展来说相对落后，同时生产技术主要依靠的是经验积累，缺乏科技创造能力。依靠着这些简单落后的生产工具和生产技术维持着简单的生产，致使农业生产率低下，产量增长缓慢，农业没有得到较好发展。与此同时，农业的缓慢发展又会阻碍农业生产工具的创新及技术的进步。由此，传统农业的发展将会陷入长期的恶性循环，要破除此种循环，先进的生产工具和创新性的技术投入必不可少。

2. 特征二：偏重自然经济而非商品经济

自然经济是指为了直接满足生产者个人或经济单位的需要，而不是为了交换的经济形式；商品经济是"自然经济"的对立物，是指商品的生产、交换、出售的总和，是直接以交换为目的的经济形势。在我国传统社会中，长期实行"重农抑商""重本轻末"的政策导致商业精神得不到发扬，致使广大劳动人民缺乏商业头脑，与此同时，自给自足的小农经济作为封建专制统治的经济基础，具有较强的生命力，致使劳动的动力不是盈利而是温饱。因此商业化在农业中的应用一直不广泛。

从经济学的视角来看，任何生产都会受到"利益最大化"原则的支配，为了实现自身最大化的利益，生产经营者将会集中生产利润较高的产品。然而，在农业的生产经营中，由于商业化程度比较低，同时生产经营者也相对分散，农民们并不能准确地把握住市场经营的走向，为了保障自身的基本生活，他们只能从事基本的粮食生产。

基于以上分析，传统农业较多地与自然经济相联系，而不是同商品经济相联系。传统农业生产者的主要生产目的是满足自身及其家人需要，而不是满足市场需要。此种农业生产也会出现剩余产品，生产者会将其中的剩余产品进行出售进而使其转化为商品，但生产者出售剩余产品的目的是换回自己需要的其他产品，而不是实现产品的交换价值。因此，传统农业更多地偏重于自然经济而非商品经济，进而使得其产品的商品率始终保持在较低水平。

3. 特征三：内部分工程度非常低

关于分工的认识最早起源于西方企业理论，在早期的《国富论》和《资本论》中都提到了分工的概念。在《国富论》中，亚当·斯密认为分工可以促进劳动生产力的提升；可以提高劳动力的熟练操作程度；可以强化劳动技能；可以增强劳动力的判断力。在《资本论》中，马克思认为分工可以提高管理的专业化程度和工作效率。

传统农业的内部分工程度较低，许多地区均出现了无专业无分工的现象。在传统农业生产中，大都是自给自足的自然经济。以小农经济为典型代表的农业中，生产者几乎要种植所在地的所有农作物，生产自己需要的大部分产品；除从事种植业外，还要饲养家禽、家畜等经营养殖业。这些特征都是小农经济遗留下的产物，势必会影响农业生产效率的提升。根据比较优势理论，专业分工较低的农业往往会导致较少的农产品生产，进而减少农产品的消费，最终使得农民生活水平受到影响，同时也会影响消费者的消费需求。

2.2 传统农业产业特征

农业是典型的传统行业，具有较强的季节性、地域性，且产品的标准化程度较低、生产者分散，同时还具有较大的自然风险和市场风险。传统农业产业在生产经营过程中主要表现有生产的盲目性、生产成本居高不下、区域和时间的限制等特点。具体表现如下。

（1）生产的盲目性。长期以来，农业生产经营者凭借自身的经验直觉进行生产，导致农产品市场价格大起大落，生产经营呈周期性波动，由此对社会资源造成极大浪费。农业出现盲目生产的原因主要有：①农业市场的信息不对称。传统农业在生产过程中，更多的是埋头生产，较少地了解市场信息，同时，生产经营者与市场沟通渠道的不完善，其无法准确地把握全方位的市场信息及进行有针对性的生产，从而造成了农业发展过程中一个严重问题的形成——"卖难买贵"现象。②短期利益的驱使。大部分的农业生产经营者的文化素养相对较低，缺乏对事物长远的认识，在生产经营过程中往往参考前期的产品收入状况，从而较容易造成某类产品扎堆生产，而另一类产品出现严重的供给不足的现象。

（2）生产成本居高不下。传统农业是以自给自足的独立的小规模生产为主，因而没有规模经济对农业成本的分担，同时由于小农户与大市场之间存在着距离，了解市场、搜集买卖双方的信息需要相应的搜寻费用，因而相对于其他产业，传统农业产业的生产成本相对较高。生产成本居高不下的具体原因主要有：①生产要素利用率不高。农业生产要素包含土地、劳动力、资本、技术，其中家庭联产承包责任制为我国农村经济发展起到了巨大的推动作用，但是所带来的农户土地的小规模经营的局限性和落后性日益暴露；农业劳动力素质偏低及农村劳动力人口的转移加大了农业生产的人工费用；技术创新水平不足导致前期的农药、化肥等生产资料的利用率不高，进而导致单位农产品生产成本偏高。②自然资源有限性的限制。农业资源包含自然资源和经济资源，自然资源是指利用资源元素和自然力（如大气、水、土壤等）进行农业生产；经济资源是指开发并利用自然资源并将其转化为经济财富，因此农业的生产与发展离不开自然资源的支撑。从经济学原理进行分析，稀缺性资源必然会利用高价格进行弥补，自然资源的有限性促使了其稀缺性性质的形成，因而要利用稀缺性资源进行经营生产必然要付出更高的生产成本。

（3）区域和时间的限制。传统农业面临着分割的市场格局和区域性市场的限制，形成这些局限性的原因主要有：①农业生产的鲜活性。农产品的鲜活性使其容易腐烂变质，使得各个生产者只能在有限的范围内进行生产和交易，从而容易造成农业市场分割的现象，与此同时，鲜活性使得农产品的保质时间不宜太久，也对其销售时间给予了严格的限制。②农业生产的季节性。农产品生产具有较强的季节性，传统农业生产中不能改变其气候、环境，只能应季生产，如北方适宜种植小麦、玉米，南方适合种植水稻、瓜果、蔬菜等。因此某些农产品只能在一定区域、一定时间内生产。

总的来说，传统农业产业的生产特性从根本上展现出农业发展的困境，为了解决我国农业发展面临的一系列困难和问题，需要从传统农业产业的生产特征出发，寻找与之对应的解决方式以促进该产业的发展。

2.3 传统农产品形态

"农产品"是指农业中生产的物品，如玉米、小麦、水稻、花生、高粱等各个地区的特产，其中包括种植业、养殖业、水产业、牧业生产的各种植物、动物的初级产品或加工产品。"形态"也称为形式或状态，是指事物存在的表象，或在一定条件下的表现形式。纵观农产品的发展历史，大致可以将其分为四大形式，即初级农产品、初级加工农产品、名优农产品、转基因农产品。其中初级农产品和初级加工农产品表现为传统农产品形态；名优农产品和转基因农产品表现为现代农产品形态。下面将着重介绍传统农产品的两种表现形式。

（1）初级农产品。初级农产品是指种植业、渔业、畜牧业、林业等未经加工的产品，其中种植业具体包含烟叶、毛茶、瓜果、蔬菜、食用菌、苗木、花卉、药材（不包括中成药）、粮油作物等；渔业包含淡水动物和植物、海水动物和植物、利用滩涂养殖的动物和植物，其中还包括水产品类，是指对获取的新鲜动物和植物进行冷冻、腌制和自然风干的产品；畜牧业包括畜、兽、禽、爬虫、昆虫、两栖动物类，具体包含动物的生皮、未经加工整理的动物毛或羽毛、光禽和鲜蛋、附属产生的产品（如燕窝、鹿茸、鲜奶等）及其他陆生动物；林业主要包含原木、原竹、原木和原竹脚料、生漆、天然树脂及其他林业副产品；其他植物类包含棉花、生麻、宁麻、柳条、蔺草等植物。除上述所列农产品之外，还包含各个种植业、养殖业之下的种子、树苗、种苗、种畜、种蛋、花籽等。

（2）初级加工农产品。初级加工农产品也称为农产品初加工，是指不改变农产品内在成分的一次性加工，是对收获的各种农产品进行净化、分类、晒干、去籽或进行简单包装以提供初级市场的服务活动，或进行其他农产品的初加工活动。具体包含小麦、稻米、玉米、薯类、食用豆类等粮食初加工；通过去枝、去皮、去叶等简单加工处理以制成原木、原竹、锯材等林木产品初加工；通过对蔬菜、水果、花卉等的冷藏保鲜、分级、包装等简单加工处理制成净菜、果干、干花等园艺植物初加工。同时油料植物初加工、糖料植物初加工、茶叶初加工、药用植物初加工、畜禽类初加工等都属于农产品初加工的范畴。

综上所述，传统农产品形态所表现出的初级农产品和初级加工农产品，都保留着农业本身的特性，并未利用任何科技手段或其他方式来改变农业生产的本质，因此所表现出的也是一种最初的、最本质的农产品形态，此种形态是农业发展的根本，不管未来如何发展，农产品的基本形态还需保留。

2.4 传统农业产业链

农业产业链一般是指农业产品产业链，是产业链在农业领域的具体应用，它涉及农产品生产、加工、运输、销售等诸多环节。具体包括产前、产中、产后的各部门、组织机构；同时还包括以关联公司的价值链、物流链、信息链、组织链缔结的有机整体。传统农业产业链是指与初级农产品密切相关的产业群构成的网络结构，包括为生产前期做准备的技术、农资等前期产业部门，农作物种植、畜禽养殖等中间产业部门，农产品加工、存储、运输、销售等后期产业部门（图2-1）。

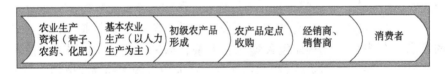

图 2-1 传统农业产业链示意图

目前，我国传统农业产业链的缺陷主要表现为产业链断层、价值错位、风险失控、产业链松散等，具体表现在以下四个方面（张利痒和张喜才，2007）。

（1）产业链的双柠檬市场。"柠檬"在美国俚语中表示"次品"或"不中用的东西"，因此，柠檬市场也称为次品市场，是指在信息不对称的情景下，产品的卖方（生产者）对产品信息的了解程度比买方（消费者）更多。双柠檬市场则是指买卖双方在交易的过程中，一方对相关信息的了解比另一方多，这两个柠檬市场互为外部性，其交集形成了传统农业产业链的困境。双柠檬市场一般是指生产的柠檬市场和消费的柠檬市场。

生产的柠檬市场主要是指在农产品市场中，信息的不对称性导致千千万万小农处于信息的劣势地位，形成此种状况主要有两个方面的原因：①农资质量的隐蔽性和复杂性致使农业生产者很难判断哪些农资产品合格，哪些农资产品不合格。②搜寻合格农资产品的成本相对于普通小农户来说相当高。因此价格将成为农业生产者选择农资的主要标准，甚至说是唯一标准。为了减少上当受骗的可能，农业生产者一般会选择价格较低的农资产品，那些质量较好但价格较高的农资产品不得不退出市场，于是在农资市场上就出现了逆向选择，生产的柠檬市场就此出现。

消费的柠檬市场是指消费者市场的信息不对称现象，出现此种现象最主要的原因就是质量的隐蔽性。消费者在消费商品时对所用原料及生产过程是否安全是完全隐蔽的，这种隐蔽性会造成消费者倾向性地选择价值低的产品，因而对农产品生产者而言则缺乏了生产高质量产品的激励，由此造成了我国食品安全事件的频频发生。

总的而言，在传统农业产业链形成过程中，"双柠檬市场"的出现对我国整个农业产业链的发展将造成非常不利的影响，如果不及时突破，整个产业链就会形成一个死结，无法促进经济社会的向前发展。

（2）产业链的低水平均衡。进入壁垒和退出壁垒是影响市场结构的两个重要因素。进入壁垒是指行业内已有的企业对潜在进入或刚刚进入该行业内的新企业具有某种优势，换言之，进入壁垒是指行业外的企业需进入产业内时所遇到的困难。退出壁垒也称为退出障碍，是指某行业内的企业想退出该行业时所面临的困难和所要付出的代价。从定义中可以看出，如果行业的进入和退出壁垒都较低，那么该行业就会出现自由进出的状况，此种状况就好比经济学中常提到的"完全竞争市场"，经济运行始终在均衡水平上下浮动，生产者无法在此获得较高的经济效益。

我国传统农业产业链就处于此种"双低"的状况。下面从农业企业和小农户两个方面介绍此种"双低"状况形成的原因：①从农业企业方面来说，生产经营规模小、技术水平较低、竞争力不强、市场占有率不高等导致了农业企业的进入壁垒和退出壁垒都相对较低。进入壁垒低使得企业过度地进入，形成恶劣的竞争环境；退出壁垒低导致产品质量不稳定，假冒伪劣产品大量出现。一再地进入或退出致使资源转换频繁，生产效率低下。"双低状况"的出现造成了农业产业波动性大，竞争恶劣，质量难以保证，不利于农业产业的持续发展。②从小农户方面来说，我国农村地域广阔、居住分散、经营规模小，同时外出务工人员较多，致使农户的兼职化普遍，因此，农户的进入和退出壁垒同样较低。

总的来说，农业企业的"双低"现象使得农业生产的波动性较大，平均利润水平不稳定且较低；小农户的"双低"现象使得农户收益较低且不稳定。农业企业和小农户是我国传统农业产业链的基础，其收益的不稳定使得我国传统农业产业链只能出现低水平的均衡。

（3）产业链市场主体力量的不对等。在传统农业产业链当中，拥有着三股力量主体，即农业企业、经销商和农户。他们的力量是不均等的，其中力量最为薄弱的是小农户。小农户虽然是我国传统农业生产经营的主要力量，但是规模小，生产能力较弱，且缺乏丰富的市场经验，致使在传统农业产业链当中小农户的力量是最小的。最有实力的利益主体是农业企业，农业企业拥有着较大的生产规模，生产能力较强，且每个企业都是通过残酷竞争发展起来的，相对于单个农户来说，市场经验要丰富许多。

经销商既没有直接生产也没有直接接触市场，在传统农业产业链当中起到的是承上启下的纽带作用，建立的是农户或企业走向市场的渠道，渠道的力量就是经销商的力量。农业现在常常面临着"卖难买贵"的现象，本质就是中间渠道的问题，渠道建设是传统农业产业链建设的有效方向，由此也赋予了其中的经销商越来越大的力量。

总的来说，在传统农业产业链的市场主体当中，农业企业的力量最强，其次是经销商，目前经销商的力量基本可以与企业相抗衡。因此，在整个产业链形成过程中，农业企业的力量最强，经销商次之，小农户的力量最为薄弱。

（4）产业链的"双失灵"。在进行经济活动的调节中，存在着两种基本机制，即市场和政府。市场机制又被称为"看不见的手"，市场失灵是指市场无法有效地分配商品和劳务，市场失灵的存在需要政府这只"看得见的手"进行有效调节，然而，政府的有限理性、信息缺失、利益约束等问题，也会导致出现政府失灵的状况。当出现政府和市场同时失灵时，就是"双失灵"。我国传统农业产业链出现"双失灵"的主要原因如下：①一些地方政府和管理部门对农业的定位不准确、发展前景不明确，同时缺乏对农业未来发展的战略规划和研究；②农业产业链中的监管部门过多，导致各部门之间的权责不清晰，同时各个部门都拥有着各自的职能，致使难以整合农业产业链中的各种资源进行统一规划；③随着农业的迅速发展，现行的管理法规在实践中出现严重的局限性，如制度不够健全、监管存在漏洞、惩处力度乏力等。

我国传统农业产业链无法通过正常的市场竞争达到提高市场效率，进而实现农业可持续发展的目标，这是典型的市场失灵。正常的市场竞争，不但没有使农业生产达到预期目标，反而限制了农业的健康发展，如出现的食品安全问题和生态问题等。政府失灵有市场的原因，同时也有政府监管的原因，政府监管的不利也造成了农业发展出现一系列的困难和问题。市场失灵加上政府失灵，使得我国传统农业产业链的困境越来越深化。

基于以上分析，我国传统农业产业链面临着"双柠檬市场"、低水平均衡、主体力量的不对等、"双失灵"等困境，为解决此类困境，最主要的是需要构建现代农业产业链，通过对产业链的优化和延伸来实现现代农业的发展。

2.5 传统农业企业的商业模式分析

2.5.1 商业模式的重要性

商业模式是企业存在的一种形态,任何企业都有自己的商业模式(成文等,2014),农业企业亦是如此。商业模式是指企业在价值网络中创造和获取价值背后的潜在核心逻辑和战略决策(Shafer et al.,2005),体现了企业行为的本质特征,构建与环境相匹配的商业模式,对企业可持续发展具有重要意义。

党的十八大提出了"四化"同步的发展目标,而实现这一目标的关键在农村,农村发展的关键是农业(汪发元,2014);党的十九大进一步提出,"农业农村农民问题是关系国计民生的根本性问题,必须始终把解决好'三农'问题作为全党工作重中之重"[①]。我国是一个传统的农业大国,实行以家庭为单位的分散经营形式。随着我国农业的基础条件、投入程度、科技程度等不断改良和进步,农业逐步向规模化的经营模式发展,同时,新型农业经营主体不断涌现,将传统的分散经营形式向集约化、专业化、组织化、社会化方向发展。虽然农业规模不断扩大,新型农业经营体系不断发展,农业企业的价值网络不断形成,但其经营方式大都还是以传统的经营形式为主,因而了解传统农业企业价值创造和获取背后的核心逻辑和战略决策对研究我国未来农业发展具有至关重要的作用。

2.5.2 商业模式的内涵与构成

商业模式是企业价值创造的一种逻辑(Osterwalder and Pigneur,2005),具体是指由各个参与者所构成的价值网络,并最终为消费者做出贡献,同时在这一过程中满足每个参与者的价值要求(司春林和梁云志,2010)。商业模式作为一个完整的价值体系,要求协调企业内外部资源共同创造价值,并最终把价值传递给目标顾客。在这一完整体系中,价值主张是商业模式构建的基础前提,价值创造是保障商业模式有效运营的核心能力,渠道建设是商业模式重要的实现过程,最终的落脚点在于企业的价值获取。

1. "基础前提"——明晰价值主张

价值主张有时也称为顾客价值主张。顾客是企业生存和发展的基石,创造卓

---

① 习近平. 决胜全面建成小康社会 夺取新时代中国特色社会主义伟大胜利——在中国共产党第十九次全国代表大会上的报告. http://www.gov.cn/zhuanti/2017-10/27/content_5234876.htm,2017-10-27.

越的顾客价值是企业获取竞争优势的关键，那么在构建企业商业模式时首先要回答德鲁克的经典命题"谁是你的顾客以及顾客的需求到底是什么"。价值主张是指企业可以提供怎样的产品或服务，加以顾客的概念可以将顾客价值主张理解为企业可以为顾客提供怎样的产品或服务。Chesbrough 和 Rosenbloom（2002）将顾客价值主张理解为基于特定的生产技术和服务手段为顾客所创造的价值；Teece（2010）指出除非企业可以提供独特的或令人信服的价值主张，否则即使有非常突出的创新技术也会面临失败。由此可以看出，顾客价值主张是构建有效商业模式的前提和基础，是引领企业创造可持续竞争优势的风向标。

了解价值主张就需对目标顾客有一定的认知，传统农业的目标顾客是消费初级农产品的普通大众，随着现代农业的不断发展，创意农业、休闲农业、高科技农业、定制农业等新型农业形式出现，目标顾客发生变化，同时也改变了传统农业所提供的产品和服务，但是不管农业如何发展，其存在着一项基本职能，即广大消费者提供初级农产品的生产和服务，初级农产品最大特点是处于完全竞争市场之中，即目标顾客涉足广泛、市场价格趋于均衡，那么如何在激烈的市场竞争中赢取优势，打造其自身的核心竞争力，创造独有的竞争优势，则是赢得可持续竞争发展的关键。

2. "核心能力"——增强价值创造能力

价值创造是为了实现企业的价值主张而设计及实施的一系列的运营活动。价值创造主要涉及企业的核心资源、关键流程及重要合作。核心资源是企业得以运营的最重要的资产，主要包含实物资源、知识性资源、人力资源、金融资源等；不同类型的商业模式设计需要不同的核心资源，如产品设计聚焦于人力资源，产品生产则聚焦于生产设备资源，等等。关键流程是企业正常运营的重要保障，也是保证企业能够增加收入的关键要素，主要包括设计、研发、营销、培训等流程，如电脑生产上的关键流程在于供应链管理，而咨询公司则在于为顾客提供可靠的解决方案。重要合作是建立各利益相关者之间的伙伴网络，以保证企业的顺利运行。重要合作体现了价值网络的思想，注重的是合作与共赢，打破了传统的价值链的线性思维，强调了相互之间融合的动态过程，由此重要合作逐渐承担起了商业模式中的基石作用。

价值创造能力是企业有效运营的保障，是获取独有竞争优势的关键环节。传统农业大多实现的为区域化经营方式，即利用本地特有优势种植或养殖相应的农副产品，其核心资源体现为土地资源优势，关键流程为种植或养殖环节，而对于重要合作来说传统农业并未体现，因为传统农业的价值创造过程是一种线性的价值链流程，各环节都是独立经营或生产，没有"利益相关者"，更没有由此而形成的伙伴网络；而现代农业企业以农业生产为基础，与第二产业的技术资源、第三产业的服务资源进行有效整合，形成核心资源优势，其优势可以表现为生产优势、销售优势或技术优势等，利用优势资源确立企业的关键业务，最终利用产业之间的合作共享达到互利共赢的局面，如农民合作社建立的合作平台，利用相互之间的优势资源，实现了各相关者之间的资源共享、利益共享。因而，现代农业拥有着与现代工业或服务业同样复杂的价值创造流程，每一环节都会促进企业竞争优势的形成，为企业获取可持续的竞争力奠定基础。

3. "实现过程"——拓展价值传递渠道

价值传递是指企业将已开发和创造的产品和服务有效传递给顾客的过程。价值传递与价值主张一样，同样强调顾客的重要性，不同的是价值主张强调的是一种未投入具体价值创造过程中的"愿景"或"蓝图"规划，体现的是一种对未来的期盼和愿望；而价值传递强调的是如何将已生产的产品或服务有效地让顾客感知，体现的是一种"价值实现过程"。价值传递具体包括目标顾客、客户关系和渠道通路三个方面的内容。在这一具体过程中，企业首先要建立与顾客之间的渠道通路，并将相关资源进行整合，从而制造出网络经济效应；其次要加强客户关系建设，顾客是企业生存和发展的根本，通过良好的客户关系可以使企业进一步地获取顾客、维系顾客和发展顾客；最后，不管是渠道建设还是客户关系建设，最终都是为了提升目标顾客价值（V），由此可以为企业获取更大的增值空间。

价值传递的前提是企业生产的产品和服务是否能真正满足顾客需求，即价值传递建立在价值主张和价值创造基础之上；同时还衡量了企业是否能将企业价值有效地传输给顾客，以形成最终顾客价值。传统农业由于不关注顾客需求，只是埋头生产，最终导致农产品附加值低、行业利润薄的困境，同时由于渠道通路不畅，"卖难买贵"现象频现；而现代农村产业融合企业打通了各产业之间的销售渠道，同时还根据顾客需求对农产品进行适当的加工处理，从而不会在价值传输过程减少最初的价值产出，最终实现了企业价值与顾客价值等值，如农民合作社作为农业生产者与销售者的连接平台，有效地整合各方信息，加强了生产和销售之间的渠道建设，实现了价值的等值传送。

4. "落脚点"——实现价值获取多样性

价值获取主要是指企业的收入模式或盈利方式，主要包括收入来源和成本结构两个方面的内容。企业收入来源主要是指从目标群体中所获取的收益，如果说目标顾客是商业模式的"心脏"，那么收入来源就是商业模式的"动脉"，企业要时刻提醒自己目标顾客究竟会为什么而买单，只有明确这个问题，才能在目标顾客中发掘一个或多个收入来源；成本结构是指企业在运营过程中所产生的全部成本，成本分为固定成本和可变成本，通过成本结构可以将商业模式划分为成本导向型和价值导向型。收入来源回答的是企业"凭什么收费"及"怎样收费"的问题，成本结构回答的是"凭什么花费"及"如何花费"的问题。

如果说价值创造体现为企业的"造血"功能是否强大，那么价值获取则检验企业是否"造血"成功。任何企业的发展最终都离不开盈利，只有具备良好的盈利模式，才能确保未来的可持续发展。传统农业盈利模式单一，满足的仅是简单的消费需求，顾客价值（V）无法提升，且种子、农药、化肥的投入导致成本相对固定（C）。传统农业处于完全竞争市场之中，单个企业没有定价权，导致价格固定（P），最终致使农产品的收入微薄。而现代农业企业通过提升顾客价值（V）或扩大规模效应降低成本（C）等方式提高收入，如目前的农民合作社，提供的是最基本的初级农产品生产，虽然没有过多的顾客价值（V）提升空间，然而合作社采取合作经营的方式扩大规模，在一定程度上降低生产成本（C），也一定程度上抵御了小规模所产生的不确定性风险。

基于以上论述，价值主张是构建商业模式的前提和基础，是将企业战略规划落实到具体实践的切入口，通过与目标顾客的互动，进一步明确企业战略目标；如何实现所确立的战略目标，价值创造则为目标实现提供可能，通过特定的资源和能力以形成企业独有价值；企业价值要最终转化为顾客价值才能促进企业价值增值，价值传递渠道的建设则保障了企业价值与顾客价值的等值转化；价值创造能力的提升控制了企业成本，目标顾客价值的提升拓展了企业的收入来源，最终提高了企业的价值获取能力，而价值获取能力的提升为企业设定下个更高层次的战略目标奠定基础，同时为实现这一更高目标创造可能。因而，价值主张、价值创造、价值传递、价值获取环环相扣，每一环节价值实现才能使企业最终获得成功发展（图2-2）。

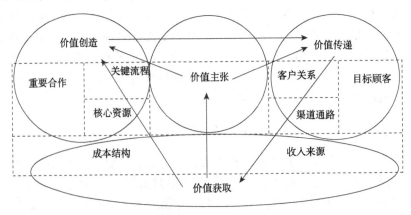

图 2-2　商业模式示意图

2.5.3　商业模式画布简介

商业模式画布模型是一个视觉化的商业模式架构和分析工具，可以帮助企业更直观地分析自身的商业模式并加以调整。Osterwalder 和 Pigneur（2005）在博士论文中提出了四大维度九大要素的商业模式的基本模型，Osterwalder 和 Pigneur（2013）出版《商业模式新生代》，将"商业模式画布"作为分析工具，对该理论进行了丰富和发展。该工具通过商业模式九要素来分析企业的商业模式，并在国外一些企业中进行推广利用，如沃尔玛、施乐、IBM、戴尔、亚马逊等；近几年，国内越来越多的研究者也在尝试着利用商业模式画布模型对企业进行分析，如胡保亮（2015）对物联网商业模式的研究，张文成（2016）对民宿问题的研究。

商业模式画布基于商业模式构成模型，包含四大界面九大要素，四大界面九大要素包括产品/服务界面（价值主张）、资产管理界面（重要合作、关键业务、核心资源）、客户界面（客户关系、渠道通路、客户细分）和财务界面（成本结构、收入来源）（图 2-3）。综上，商业模式包含了价值主张、价值创造、价值传递和价值获取的全过程。

重要合作（KP）	关键业务（KA）	价值主张（VP）	客户关系（CR）	客户细分（CS）
	核心资源（KR）		渠道通路（CH）	
成本结构（C$）			收入来源（R$）	

图 2-3　商业模式画布

2.5.4　传统农业企业商业模式画布分析

根据第 1 章的文献梳理发现，有关商业模式的研究大都从价值主张、价值创造、价值传递和价值获取四个方面进行介绍，商业模式画布图是对这四个方面进行的拓展介绍，且学者们都普遍认为价值主张是商业模式研究的重点，同时也是研究起点。下面将以传统农业企业为探讨对象，从价值主张出发，研究其价值创造能力、价值传递渠道及价值获取方式（图 2-4）。

政府、农资企业等（KP）	初级农产品及农产品初加工生产（KA）	满足人们基本生活需求（VP）	档口销售人员，批发市场（CR）	大众农产品消费者（CS）
	土地资源、环境资源等（KR）		政府指引、口碑宣传（CH）	
种子、农药、化肥（C$）			销售农产品（R$）	

图 2-4　传统农业企业商业模式画布

价值主张是指企业通过提供具有一定特性的产品或服务来满足顾客需求，并挖掘出顾客潜在价值的行为。价值主张体现了企业所提供的产品或服务是否对顾客价值具有提升作用（Osterwalder and Pigneur，2005；Barnes et al.，2009），它回答了"为什么顾客要购买你的产品或服务"这一问题。价值主张在某种程度上确定了企业的战略规划及目标定位，传统农业的基本定位是为全社会提供粮食、油料、棉花、畜产品、园艺产品等农产品，该农产品应当符合人们的基本健康需要，价格也是人们所能承受的，并承载着一定的经济价值、社会价值和环境价值。基于以上分析，传统农业企业的价值主张是以满足人们基本生活需求为目标，其内容是以提供人们基本的生产、生活所需产品为主，具体是指为人们提供基本的粮食、食用油、肉、禽、蛋、奶等初级农产品和农产品初加工产品。

价值创造是指企业在生产过程中为目标顾客所需的产品和服务而进行的一系列运营活动。价值创造主要涉及企业的关键资源、关键能力及重要合作伙伴，要合理利用企业内外资源及利益相关者的作用，进而提高对价值创造的推动作用（Osterwalder and Pigneur，2005）。传统农业企业的价值创造能力主要体现在生产初级农产品或农产品初加工产品的资源利用、能力体现及伙伴关系的建立上，关键资源主要体现自身所拥有的环境、土地和文化优势等；关键能力主要体现在对初级农产品的生产能力，如粮食、蔬菜、水果等的种植能力及水禽类的养殖能力；重要合作伙伴主要包括企业的利益相关者，同时政府也在其中占据了举足轻重的作用，因为传统农业的发展很大程度上获得了政府的支持，如政府规划给予农业企业发展指引，政府减税为农业企业提供较大的资金支持，等等。

价值传递是指企业的价值传递渠道，主要涉及目标顾客、渠道通路及客户关系三个方面内容。传统农业企业为市场提供的是大众农产品，满足的是普通消费者的基本生活需求，因此，其目标顾客为无任何特殊需求的普通农产品消费者；对于初级农产品的销售渠道政府都有明确指引，大都实行统一收取、统一贩卖，多数企业所生产出的产品更多运往统一的销售地点，如批发市场或各个销售档口等，因此，其渠道通路主要是政府的有效指引或是人与人之间的口碑宣传，且客户关系也主要涉及档口销售人员、批发市场等。

价值获取主要涉及企业的收入方式和成本支出两个方面。传统农业企业的收入主要来自于销售的农产品收入，由于此类型企业属于完全竞争市场，其产品的价格一般与市场价格持平；成本支出主要来自于购买种子、农药、化肥等方面，由于是统一收购、固定贩卖，因此后期的营销、策划等费用几乎为零。

2.6 传统农业企业的营利能力分析

营利能力也称为资金或资本增值能力，是指企业获取利润的能力，通常表现为在一定时期内企业的收益数额及其收益水平的高低；企业营利能力指标通常采用营业利润率、成本费用利润率、盈余现金保障倍数、总资产报酬率、净资产收益率和资本收益率进行衡量。农业企业营利能力是指农业企业在一定时期内通过业务经营而获取利润的能力，表现为农业企业实现资产、资本增值的能力，此种能力的高低决定着该企业未来发展的前景和方向；农业企业的盈利指标通常采用毛利率、营业收入利润率、营业成本利润率、资产报酬率等指标进行衡量。农业企业的营利能力不仅可以利用盈利水平的高低进行衡量，还可以利用营利能力的稳定性和持久性进行衡量。

农业企业一般分为传统农业企业和现代农业企业，下面仅仅利用营利能力进行分析，传统农业企业的营利能力相对较差，其主要原因有：①收现能力不高、偿债能力不强。传统农业以初级农产品和农产品初加工为主，而农产品的生产受到自然条件的约束，很难像工业产品那样可以通过不断地增加生产资料而加快生产，同时也很难像现代农业企业那样通过技术创新等方式减少自然条件的约束，由此传统农业企业的经营周期相对比较长，且收现能力也将受到影响；传统农业企业的规模一般相对较小，资金相对来说并不是特别充裕，当企业遇到困难时，很难由资金进行债务偿还，因此此类企业的偿债能力不强。②风险程度较高。传统农业企业的生产很大程度上受自然环境的影响，具有明显的季节性，相较于工业产品来说，甚至相较于现代农业企业来说，传统农业企业的经营风险比较高。同时一般企业都是经营种植业、养殖业等多种业务，业务品种繁多，容易分散企业的专注力，更容易增加企业的风险水平。高风险一般能带来高收益，但是传统农业企业属于完全竞争市场行列，利润不可能过高，同时还具有不稳定的风险。③政府补贴过多。我国市场经济改革的时间不算长，同时早期市场经济改革的重点主要集中在工业、服务业等行业，因此，致使农业发展相对落后。然而农业又是我国的支柱产业，为了提高农业的发展能力，政府利用所得税返还、价格补贴、公益性补贴等方式进行不同程度的补助，甚至有的地方政府采用强制干预的手段形成地区垄断以保护当地农业企业的发展，因此依赖于政府保护的农业企业并不能完全通过市场竞争获得盈利，虽然表面上具有较强的生产能力，但是其实际的营利能力不强。

将企业比喻成人的身体，那么企业的营利能力就好比人身体中的造血功能，没有"血液"的投入，整个企业将会陷入瘫痪状态，那么如何提高传统农业企业的营利能力呢？有以下几种方式可以采纳：①扩大企业的生产规模。农业企业的生产经营规模代表着企业所投入的资源，经营规模越大代表着企业所投入的资源越多，那么在一定时期内就能获得更多产品，利润来源自然也会更多，从而更容易形成规模效应。特别是对于传统农业企业来说，处于完全竞争市场之中，要想获得更多的利润，不能利用提高价格来增加利润，那么只能通过产量的增加来提高利润。因此，传统农业企业经营规模的扩大可以在一定程度上提升其营利能力。②增加企业的核心竞争力。传统农业企业生产的一般都为大众农产品，其替代性较强，极容易被模仿。为了增加此行业的进入壁垒，必须增加他人不可模仿的核心竞争力，使其不能轻易被替代。农业企业的核心竞争力是维持农业企业生产和发展的基础，是企业核心价值的体现。核心竞争力可以以有形的方式和无形的方式存在，有形的方式是指可以在会计账面上予以显示，如某企业的销售能力为其核心竞争力，因此可以以会计记入的方式直接显示；无形的方式是指不能用货币的方式进行准确计量，且在会计账面上无法反映，如企业的商誉、品牌带来的收益，人力资本带来的收益等，这种有形或无形的核心竞争力在不同程度上都会提升企业的营利能力。③减少对政府的依赖。我国目前不管是何种类型的企业，都是在市场经济中运行的企业。市场经济的运行规律是由"看不见的手"进行市场指引，只有当市场出现失灵状况的时候，政府这只"看得见的手"才应发挥其作用。然而，农业地位的重要性及农业经济薄弱的现实性，致使市场未出现失灵的状况时，政府也实行了更多的干预，干预后的结果是滋生了企业的惰性，使更多的农业企业的成立不是为了获得更强的营利能力，而是为了获得更多政府的资助，最终资金无法落到实处，整体农业企业的发展仍然止步不前。因此，减少政府的干预，或者是进行适当干预更有利于传统农业企业真正获得企业的营利能力。

2.7 本章小结

本章主要探讨的是传统农业的商业模式，首先对传统农业特征及传统农业的产业特征进行介绍，以此对传统农业及其产业的现存状况进行全面了解；其次了解传统农产品的形态及传统农业的产业链组成，以此对传统农业产业链可能存在的问题进行深入分析；再次探讨传统农业企业的商业模式，从商业模式的内涵、定义出发，通过商业模式画布理论深入分析其商业模式构成，由此深入地探知传统农业企业的运营模式；最后从营利能力出发，探讨为什么我国传统农业企业的营利能力较弱，如何才能有效地提升其营利能力。

　　总的来说，传统农业企业是我国目前农业企业存在的主要形式，该类企业发展速度缓慢及存在的一系列问题严重阻碍了我国农业的向前发展，因此，本章主要是从各个方面认识传统农业中存在的各类问题，第 3 章将从典型的现代农业企业（农村产业融合企业）入手探讨未来农业的发展方向。

第3章 农村产业融合的商业模式研究

传统农业是一种低消耗、低投入、低产出、劳动生产率较低的自然经济形态。传统农业生产方式的延续，使得城乡之间的差距越来越大。通过对过去农业农村工作的总结，发现加强现代农业经营体系的构建，对我国未来农业的发展起到至关重要的作用。然而，现代农业是一个相对宽泛的概念，为了将农业发展政策落到实处，政府提出了农业产业化经营，在过去的20年间，农业产业化的推广有效地推动了农业龙头企业的发展，但并未惠及广大的普通农民群众，为此，政府在此基础上进一步提出了农村产业融合发展，利用二三产业的力量助推农业的前进，由此可以真正提升农业发展的整体水平。因此，农村产业融合不仅有自身特点，同时还融合了现代农业及农业产业化的相关内涵，下面将以此为基础介绍农村产业融合的相关内容。

3.1 农村产业融合特征

农村产业融合是传统农业的升级过程，是农业生产力和市场经济发展的必然产物。农村产业融合借鉴了二三产业的发展思路，尽可能还原农业原有的产业特质，将相对独立的各个要素组合起来，延伸产业链条，进而提升经济绩效。与传统农业相比，农村产业融合是以市场为导向、资本投入为基础、工业化生产为手段、先进科技为支撑，利用科学化的经营理念进行管理的组织形式，具有市场化、合作化、科技化、功能多样化等特征，下面将对这些特征进行具体介绍。

（1）市场化。与传统农业相比，农村产业融合在制度基础上与之相区别。传统农业是在自给自足的自然经济条件下产生并发展的，农业生产的主要目的是让农业生产者自身的需要得以满足，只有自身需要完全得以满足，农业生产者才会将富余的农产品拿出来进行交易，此种交易的市场化行为是一种偶然的结果。农村产业融合是在现代农业和农业产业化的基础上发展起来的，此种经营形态是以市场经济为条件，农业生产者所进行的农业生产是以市场为导向，其目的是实现利润最大化。农业生产者根据市场需求确定生产产量及产品种类，根据市场原则选择生产技术等，因此农村产业融合的发展是以市场价格为指导对农业资源进行合理化配置的生产行为。

（2）合作化。传统农业生产的主要目的是满足自身需要，所以对于传统农业生产者而言，分散化、小规模化、封闭化的经营方式较为常见。随着市场范围的不断扩大，彼此间的交易不确定性增强，同时受信息不对称性的影响，交易风险变得越来越大。农业生产者面对此种状况，只有通过合作化经营来获取更加完善的信息，才能有效抵御不确定性市场的风险。在现代农业发展的早期阶段，其交易不确定性、信息不对称性只在产业内部发生，随着农村产业融合的发展，此种不确定性和不对称性从产业内发展到产业间，其相互间的合作经营范围更大，合作化程度也更高，如休闲旅游农业，不仅要实现农业产业内部的合作生产，还需要与相关旅游部门进行旅游推广，相互间的合作经营有效地降低了市场风险。因此，通过合作化经营，能够有效降低农业生产者的交易成本，有效地促进资源利用效率的提升。

（3）科技化。传统农业建立在小农经济精耕细作的基础之上，对农业技术的应用也只体现在使用畜力及小型农机替代人力上，此种情形下，传统农业资本的利用效率相对较低，也使得农业发展一直停滞不前。目前，我国大力提倡科技创新，有效地推动了我国农业的向前发展。其中，农村产业融合中的高科技农业体现得最为明显，即农业与高新技术融合的产业，强调的是依靠资本的高投入，使得农业技术发生质的改变，如无土栽培、航天育种等在生物技术、航天技术、信息技术基础上发展起来的农业科技，使农业摆脱了自然条件的束缚，大大拓展了农业发展的空间，进而有效地实现了现代农业技术和各种农业技术的相互融合，以此完美体现出农村产业融合的科技化特征。

（4）功能多样化。传统农业的基本功能是为农业生产者本身及全社会提供粮食、棉花、园艺产品、畜产品等农产品。对农业生产者来说，传统农业以获取经济收益为目的，是农业生产者自身谋生的基础。因此，传统农业强调的主要是经济功能，但现代农业特别强调农业的多功能理念，不仅要求提升农业的经济功能，同时还强调需要提升其社会、文化、生态等功能。农村产业融合体现了农业功能多样化的特征，如典型的乡村旅游农业、休闲观光农业、体验农业、都市农业等，不仅可以通过满足人们日益增长的物质生活的需要体现其经济功能，同时还可以通过倡导健康的生活理念，保护自然生态环境，进而满足人们的文化和精神生活的需要，体现其文化功能和生态功能等。农村产业融合的发展体现了产业链延伸的纵向一体化，同时也体现了功能拓展的横向一体化，提高了农业附加值水平，增加了农业对经济、社会、文化、生态建设的基础和支撑作用。

3.2　融合后的新型农产品形态

产品是指能够供给市场，被人们消费和使用，并能满足人们某种需求的任何内容，包括有形产品、无形服务等。农产品分为传统农产品和现代农产品，农村产业融合后的新型农产品形态属于现代农产品的范畴，现代农产品是指利用现代物质条件和先进的科学技术装备和改造的农业产品。由于农村产业融合具体表现为延伸型融合、交叉型融合、渗透型融合和循环型融合，下面将分别从这四类融合形式出发，介绍其具体的产品类型。

（1）农业旅游产品。农业旅游是指将农事活动与旅游相结合的农业发展形式，体现了农村产业融合中的一三产业交叉型融合模式，具体是指利用农业景观和农村空间吸引游客前来参观的一种新型农业经营形态。旅游产品也称为旅游服务产品，由实物和服务两部分构成，指由旅行商提供给旅游者的设施设备、项目及相应的旅游线路产品，由单个企业提供给游客的旅游景点、旅游饭店等，具体包含观光旅游产品、度假旅游产品、专项旅游产品、生态旅游产品、旅游安全产品五大类型。农业旅游产品结合了农业产品和旅游产品的相关特点，是指为游客提供特色服务的产品，具体是指以农、林、牧、副、渔等广泛的农业资源为基础开发的旅游产品。

（2）生态农产品。生态农产品生产的基础是必须发展生态农业。生态农业的发展依据生态学原理，以建立完整的生物产业链为目标，将畜牧业、种植业、养殖业等产业融为一体，实现节约农业资源、保护生态环境的目的。此种经营形式体现了农村产业融合中的产业内循环型融合模式，如此前应用广泛的虾稻共作，则较好地体现了种植业和养殖业的融合，形成了一套较为完善的循环农业体系。基于以上论述，生态农产品是指在保护和改善农业生态环境的前提下，遵循生态学、生态经济学等规律，运用现代科学技术和系统工程方法，采用集约化经营的农业发展模式，生产出的无公害、有营养、健康的农产品，具体包含瓜果蔬菜、粮食作物、鸡鸭鱼肉等各类农产品。

（3）高新技术农产品。高新技术是指对某一国家或地区的政治、经济、军事等各方面的进步都产生了深远影响，并能够形成产业的先进技术群的技术。高新技术产品的主导技术必须是所属的高技术领域，且必须包括技术前沿的工艺或技术突破，具体包括信息技术、生物技术等。高新技术农产品是指高新技术在农业领域中的应用，此种经营形式在农村产业融合中体现为高新技术渗透型融合模式，具体表现为信息农业和生物农业。信息农业的典型形态是数字农业和精确农业，数字农业是指将信息作为农业生产要素，利用现代信息技术对农业对象、环境及全过程进行可视化的表达、数字化设计和信息化管理的现代农业，实现了信息技术和农业各环节的有效融合，对改造传统农业及转变农业生产方式具有重要意义；精确农业是指利用全球定位系统（global positioning system，GPS）、遥感（remote sensing）等现代高新技术，获取农田作物生产环境因素等相关信息，并采取技术上可行、经济上有效的调控措施进行区域对待，按需实施定位的"处方农业"。生物农业的典型形态是生物种业、能源农业和医药农业，生物种业是指将现代育种手段与传统育种方式相结合，改良动植物品种，由此促进农业产量增长和生产能力提高；能源农业是利用现代生物技术，将农业生产中的非企业进行加工转化，以形成生物柴油、生物酒精、沼气等新型能源；医药农业是指利用现代农业技术和生物技术手段生产出高价值产品，如生物农药、动物疫苗等绿色环保产品。基于以上论述，高新技术农产品是指以农业生产为基础，以高新技术为支撑，以满足市场需求和消费者认可为宗旨的创新产品。

（4）深加工农产品。农产品深加工是指产业链延伸下的深加工形式，此种经营形式在农村产业融合中体现为产业链延伸型融合模式。农产品深加工对应着农产品初加工，农产品初加工是指不改变农产品内在成分的一次性加工，那么农产品深加工主要体现在改变农产品内在成分的多次加工，多次加工的目的是提高农产品的附加值水平，如将大米、玉米粉加工成爆米花、玉米糊等工程，均称为深加工。因此，深加工农产品是指对初级农产品进行深度加工制作以体现其生产效益最大化。

综上所述，农村产业融合后的新型农产品形态所表现的四种产品类型，都在不同程度上改变了农业本身的特性，同时采取的相应的科技手段或其他方式改变了农业生产的具体形式。所有的产品类型表现出的都是一种改良后的农产品形态，此种农产品形态符合当前的市场需求及消费者偏好，由此为未来农业的发展提供了较好的产品支撑。

3.3　农村产业融合产业链

产业链是指各个产业部门之间都基于一定的技术经济关联，并依据一定的逻辑关系和空间布局关系形成的链条式的关联形态，其本质是用于描述一个具有某种内在联系的企业群结构。农村产业融合涉及四类型的融合模式，每个模式之下都有着与之对应的产业链形态，下面将对这四种产业链进行分别介绍。

（1）全产业链。全产业链是在中国居民消费升级、农产品升级及食品安全形势严峻的大背景下产生的，最初是由中粮集团有限公司（简称中粮集团）提出来的一种发展模式。全产业链对应着农村产业融合中的产业链延伸融合模式，是一种较为典型的纵向一体化的融合方式。农业产业链延伸是以农业为中心，通过产业链上下游贯通，打破传统农业的产业界限，从产业链的生产和加工环节不断地向前、后延伸，通过对产业链各个环节的实施控制，实现全程安全可追溯。全产业链是指由田间到餐桌所覆盖的种植与采购、加工与深加工、贸易与物流、品牌推广、食品销售等多个环节构成的完整的产业链系统。

作为全产业链发展最为完善的中粮集团，其产品品类丰富，几乎包括了从原材料生产到食品加工的所有环节。在上游，中粮集团在宏观上把控产品结构，并从选种、选地到种植、养殖等环节进行严格把控；在中间的加工环节，中粮集团实现了对产品品质的全程可追溯，保证食品安全；在下游，中粮集团通过技术研发和创新生产，向消费者提供更多既健康又营养的食品。中粮集团真正地以消费者为导向，通过对原料获取、物流加工、产品营销等各个环节进行有效控制，最终实现了"从田间到餐桌"的全产业链贯通。中粮集团的全产业链示意图如图 3-1 所示。

图 3-1　中粮集团全产业链示意图

基于以上论述，全产业链中最重要的环节是上游的种植（养殖）和下游的营销，其中最为重要的是上游的自给。全产业链使得上下游形成一个利益共同体，将最末端的消费者需求，通过市场机制和企业计划反馈到最前端的种植养殖环节，由此也可以看出产业链上的所有环节都是以市场和消费者为导向（图 3-2）。

（2）农业旅游产业链。农业旅游是以旅游资源为依托，以消费者对农村休闲旅游和关联题项需求为导向，以三产联动、交叉融合为理念，构建横跨农村一二三产业，并融合生活、生产、生态、体验等功能的产业体系。农业旅游产业链对应着农村产业融合的产业交叉型融合模式，是产业链向二三产业延伸的一种横向一体化的融合方式。

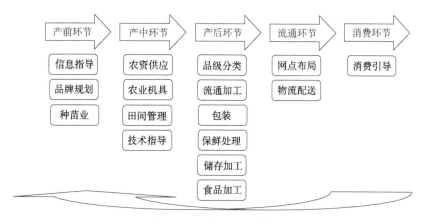

图 3-2　全产业链示意图

　　农业旅游产业链的形成是以一二三产业为基础发展而来的，首先需要建设以一产为基础的农业休闲园区；其次需要加强农产品的深加工建设，进而可以有效地提高农产品附加值；最后以龙头企业为主体，发展集休闲、旅游、度假、会议、培训等于一体的多功能综合商务旅游区。

　　总的来说，农业旅游产业由农业产业和旅游产业两大产业所构成，因而农业旅游产业链是集合了两大产业的相应特点所形成的一种新的产业链形式（图 3-3）。

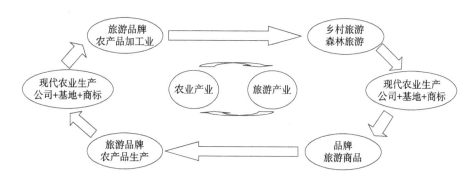

图 3-3　农业旅游产业链示意图

　　（3）生态循环产业链。生态循环农业是指在良好的生态条件下所进行的高产量、高质量、高效益的生产。生态循环产业链对应着农村产业融合的产业循环融合模式，也称为产业内整合型融合模式，是产业链在农业产业内部各子产业延伸的一种横向一体化的融合方式。产业内整合是指农业产业内的种植业、养殖业、畜牧业等子产业依据产业链基本原理在经营主体内或主体之间建立起的产业上下游之间的有机关联，采用循环产业链，以提升资源的综合利用效率。

　　生态循环产业链是指建立起"资源—产品—废弃物—再生资源"完整的农业

生物产业链。在循环经济体系下，采用最新的科技手段，以农业物质循环为流动方式，实现资源的高效运营。生态循环产业链的建立，能保护和改善生态环境，延伸产业链，丰富产品结构，提升农产品附加值，为农业、农村带来良好的经济价值和社会价值。

　　基于以上论述，生态循环是在农业子产业内的循环，如种植业和养殖业融合、养殖业和畜牧业融合、种植业和畜牧业融合等。因此生态循环产业链是农业产业内各子产业链融合而成的（图 3-4）。

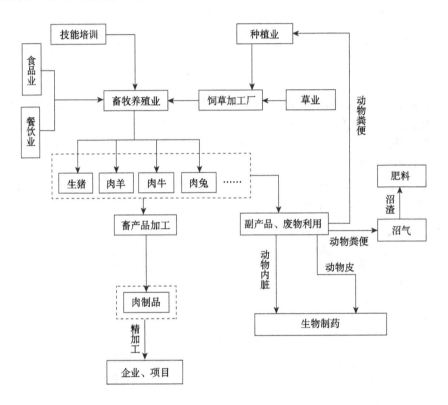

图 3-4　生态循环产业链示意图（种植业和畜牧业融合）

　　（4）高新技术产业链。高新技术农业是以现代生物技术、信息技术、航天技术为代表的高新科技向农业经营领域进行渗透和扩散，使农业与二三产业间的边界模糊化，实现高新技术对农业技术水平的带头作用。高新技术产业链对应着农村产业融合的高新技术渗透型融合模式，是高新技术产业与农业产业进行横向一体化融合的方式。

　　高新技术产业链融合通过"农业高新技术企业＋科研机构＋基地＋农户"的方式进行推进。先进技术对农业的渗透型融合既模糊了二三产业间的边界，也大大缩短了供求双方的距离，推动了网络营销的发展。高新技术产业链的推广打破了传统农业粗放式的发展模式，提高了农业经营各环节的技术含量，有效地节约了农业生产成本，推动农业产业升级。

目前，高新技术在农业领域应用最为广泛的是互联网推广，互联网属于信息技术的发展。"互联网+农业"是指利用互联网提升农业生产、经营、管理、服务等水平，培育的是信息化、智能化、精细化的现代"种养加"生态农业。互联网的推广促进了农业生产领域的全方位变革，进而也培育出了新的农业产业链形态（图 3-5）。互联网的应用发展，加快完善了新型农业的生产经营体系，培育了多样化的管理服务模式，逐步建立起农产品质量安全追溯体系，有效地促进了农业现代化水平的提升（图 3-5）。

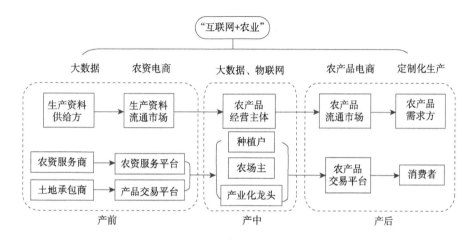

图 3-5　高新技术产业链示意图（"互联网+农业"）

3.4　农村产业融合企业的商业模式分析

第 2 章节对商业模式的重要性、商业模式的要素内涵及商业模式画布进行了简要介绍，同时还对传统农业的商业模式进行了具体分析，在此就不再赘述。下面将着重介绍与传统农业相对应的现代农业的商业模式构成。

商业模式是由价值主张、价值创造、价值传递和价值获取所构成的，其中每个要素之下还有相应的子要素。农村产业融合企业是指以农业生产经营活动为主，有效融合二三产业生产资源，拓展产业内或产业间的生产边界，使各个分散的生产要素融合为一体，在经营方式和经营指标上达到规定标准并经有关部门认定的企业。依据农村产业融合发展方式的划分，产业交叉型融合是指在农业生产经营中植入休闲、服务理念，体现的是农业与旅游业的交叉发展，最有代表性的企业形式为休闲农业；产业延伸型融合是指在生产和加工环节不断向前和向后延伸，最具有代表性的企业形式为农产品加工业；产业整合型融合是以生态循环为主要发展方式，目的是打造资源节约、环境友好的"两型"生态农业，"生态""绿色""环保"等是此种融合模式的主要目标，与此同时，目前各地兴起的定制农业则是以生态、绿色、环保为主体的生产，因此，定制农业将成为生态循环农业中具有的代表性企业；产业渗透型融合是指诸多高新技术性传统农业领域的渗透和扩展，此种融合方式目前在休闲农业、农产品加工业、定制农业，甚至传统农业生产中都有所体现。下面将以休闲农业、农产品加工业、定制农业这三大类型的企业为研究对象，从价值主张出发，研究其价值创造能力、价值传递渠道及价值获取方式，并利用商业模式画布图清晰地展示其中的商业模式运行机制。

3.4.1　休闲农业商业模式画布分析

休闲农业是在经济发达的条件下，为满足城市居民的休闲需求，利用农业景观资源和生产条件，发展观光、休闲、旅游的一种新业态经济。我国各地的发展实践表明，都市农业和乡村旅游不但可以充分开发农业资源，调整和优化结构，延伸产业链，带动农村运输、餐饮、住宿、商业及其他服务业的发展，促进农村劳动力转移，增加农民收入，而且可以促进城乡人员、信息、科技、观念的交流，增强城市居民对农村、农业的认识了解，加强城市对农村、农业的支持，实现城乡协调发展。

1. 乡村旅游

乡村旅游是以旅游度假为宗旨，以村庄野外活动为空间，以人文无干扰、生态无破坏、游居和野行为特色的村野旅游形式。乡村旅游的价值主张是向游客提供旅游度假服务，让其享受乡村田园的自然风光；从价值传递方面来看，通过大型农事节活动与游客建立良好的客户关系，利用网络电视、报纸、微信等手段向游客进行乡村旅游路线及内容介绍；从价值创造方面来看，乡村旅游通过与政府、企业、高校、协会和社会组织等进行合作，利用自身的环境、土地和文化资源优势，开展农耕体验、文化娱乐、养生养老等活动；从价值获取方面来看，主要的成本在于场地的投资及广告宣传费用，主要的收益来自于顾客对提供的旅游产品消费及旅游地的附加消费（图3-6）。

政府、企业、高校、协会、社会组织（KP）	农耕体验、文化娱乐、养生养老等（KA）	提供旅游度假、乡村田园生活（VP）	大型农事节活动（CR）	游客（CS）
	环境、土地、文化资源优势（KR）		网络、电视、报纸、微信等（CH）	
场地投资、宣传费用（C$）			顾客消费（R$）	

图 3-6　乡村旅游商业模式画布

2. 都市农业

目前，多数学者认为都市农业是在大都市中心或边缘区域，借助现代科学技术和装备，以现代农业产业体系为中心，以满足广大市民需求为目的，融合生产、生活、生态、科学、教育和文化，向城市提供良好产品或服务的新型农业发展形式。都市农业的价值主张是向大城市人群提供肉粮蛋奶等有形产品及休闲、娱乐、农事体验等服务性产品；从价值传递方面来看，通过政府的大力推广，大城市人群对都市农业有更深入的了解，从而建立起良好的客户关系，再利用网络、电视、报纸、微信等手段向大城市人群进行产品介绍，以扩大可供消费的群体；从价值创造方面看，都市农业通过与政府、企业、高校、协会和社会组织等进行合作，利用科学技术为支撑，进行农业生产、农业教育及高科技推广等活动；从价值获取方面来看，主要的成本来自于农业科技的研发投入，主要收益来自于顾客对产品的消费及政府拨款（图 3-7）。

政府、企业、高校、协会、社会组织（KP）	农业生产、农业教育、高科技推广（KA）	提供肉粮蛋奶等有形产品、农事体验等服务性产品（VP）	政府推广（CR）	大城市人群（CS）
	科技支撑（KR）		网络、电视、报纸、微信等（CH）	
科研开发（C$）			顾客消费、政府拨款（R$）	

图 3-7　都市农业模式画布

3.4.2　农产品加工业商业模式画布分析

农产品加工业是衡量农业现代化水平的重要标志，是经济社会发展的重要支柱产业，也是保障国民营养安全健康的重要民生产业。下面根据目标群体的不同，将原料加工农业分为加工原材料和加工食品两大类。

1. 加工原材料

随着我国经济的不断发展，资源、环境压力倍增，利用农业资源加工原材料实现了可再生资源的利用，同时也解决了生产废物对环境造成的污染问题，因而利用农业资源实现加工原材料的生产是未来我国经济发展的重点。加工原材料行业的价值主张是向工业生产、生物能源、生物制药等公司提供工业、生物质原料；从价值传递方面来看，政府大力推行的可再生资源的利用，使得传统农业生产者与生物能源等公司建立了良好的客户关系，利用农户和企业对接的方式向生物能源等公司提供原料产品；从价值创造方面来看，加工原材料产业与政府、高校和科研机构合作，采用材料提取技术，生产出政府所提倡的可持续性原材料，利用再生原料的生产代替不可再生原料的生产；从价值获取方面来看，主要的成本来自于开发可再生原材料技术的投入，主要的收益来自于对再生原材料产品的售卖及政府对可再生能源开发的补助（图 3-8）。

政府、高校、科研机构（KP）	可持续生产（KA）	提供工业、生物质原料（VP）	政府推动（CR）	工业生产、生物能源、生物制药等（CS）
	材料提取技术（KR）		企业+农户对接（CH）	
技术投入（C$）			政府补助、产品销售（R$）	

图 3-8　加工原材料商业模式画布

2. 加工食品

随着工业化、城镇化进程的快速推进，我国食品消费结构变化显著加快、加工制品需求迅速上升，主要呈现以下明显特点：一是越来越多农村人口进入城镇，原来的农业生产者变成农产品消费者，对农产品及其加工制品的需求呈现刚性增长趋势；二是城乡居民收入不断提高，从消费初级农产品为主，向消费初级农产品和加工制品并重转变；三是以温饱型为主的消费格局，向营养型、便捷型、功能型方向转变。这些变化表明，我国加工食品的消费已经进入高速增长期，将会推动农产品加工业持续快速发展。

加工食品行业的价值主张是向多样化需求的消费者提供多样化、优质的产品；从价值传递方面来看，通过政府推动、互联网推广和展销会等形式与消费者建立良好的客户关系，利用农商直供、产地直销、电子商务交易等渠道进行产品销售；从价值创造方面来看，通过与新型农业主体、科研机构及高校等合作，利用自身的地理优势，采用先进的科技手段和装备技术，进行精细作业和机械化生产；从价值获取方面来看，主要成本来自于先进装备、科研技术的投入及渠道的建设；主要的收益来自于提升的产品附加值（图 3-9）。

新型农业主体、科研机构、高校（KP）	精耕细作、机械化生产（KA）	提供多样化、优质产品（VP）	政府推动、互联网推广、展销会（CR）	多样化需求的消费者（CS）
	地域优势、科技支撑、先进装备（KR）		农商直供、产地直销、电子商务交易（CH）	
装备、技术投入、渠道建设（C$）			产品附加值增值（R$）	

图 3-9　加工食品商业模式画布

3.4.3　定制农业商业模式画布分析

近年来，随着城市居民对食品安全的担忧和对绿色生态农产品需求的增加，直接向农民下订单的农产品消费模式正成为一种新的流行趋势。定制农业的价值主张是向高品质需求的消费者提供安全、有机、绿色的农产品；从价值传递的方面来看，采取一对一的定制化服务建立良好的客户关系，采用互联网监管、冷链物流等方式与消费者建立互通渠道；从价值创造方面来看，与合作社、冷链物流配送、监管部门等合作，利用网络数据平台，向消费者传递真实的无公害化、绿色生产；从价值获取方面来看，主要成本来自于冷链物流配送、人工费用等，主要收益来自于农产品的高溢价值（图 3-10）。

合作社、冷链配送、消费者参与、监管部门（KP）	无公害、绿色生产（KA）	安全、有机、绿色产品（VP）	定制化一对一服务（CR）	高端、高品质消费者（CS）
	网络数据平台（KR）		互联网监管、冷链物流（CH）	
冷链物流成本、人工费用（C$）			农产品高溢价值（R$）	

图 3-10　定制农业商业模式画布

综上所述，不同的资源能力决定着不同的价值主张，不同的价值主张针对着不同的目标顾客，目标顾客是农业企业得以发展的关键要素，如何抓住目标顾客则需要通过一系列的关键活动、关键资源、关键伙伴作为支撑，并通过客户关系和渠道通路向目标顾客传递产品价值。因而不同类型的农业企业都有着自身的空间和市场，应当确定产品定位，找准目标顾客，利用自身资源优势开发出市场需求的产品。

3.5　本 章 小 结

本章主要探讨了农村产业融合的商业模式，首先对农村产业融合的特征进行介绍，以此对农村产业融合的相关内容进行全面了解；其次了解农村产业融合的农产品形态及农村产业融合的产业链组成，对农村产业融合四大类型的产业链进行深入分析，以此了解农村产业融合不同的结构类型；最后探讨农村产业融合企业的商业模式，从商业模式的内涵、定义出发，通过商业模式画布理论深入分析其商业模式构成，对四大类型的农村产业融合企业进行分别探讨，由此可以深入探知农村产业融合企业的运营模式。

　　本章并未探讨农村产业融合企业的经营手段和盈利模式，本书介绍的农村产业融合企业的商业模式包含了经营手段与盈利模式的探讨，因此，将在后续章节中加以具体介绍，本章在此就不再赘述。

第4章 商业模式对农村产业融合企业绩效作用机制的理论分析

在农村产业融合的背景下，农业的生产经营方式发生了巨大变化。那么，如何适应不断变化的内外环境？通过商业模式变革改变传统农业企业旧的做事方式，将成为农村产业融合企业成功经营的有效路径。对农村产业融合企业绩效提升的作用机制具体可以从内部和外部两个层面分析：从内部层面来看，农村产业融合促进了各产业间的资源流动，解决了企业内部生产中的资源困境问题；从外部层面来看，企业的发展都离不开目标顾客的认可，顾客是企业生产和发展的外在动力所在，同时也离不开政府的支持，特别是农业企业，政府的资金支持及政策支持是企业发展的又一外在推动力。

4.1 农村产业融合与商业模式之间的互动机制分析

4.1.1 农村产业融合促进新的商业模式形成

农村产业融合是以农业为基本依托，通过产业联动、产业集聚、技术渗透、体制创新等方式，将资本、技术、资源等进行跨界集约化配置，使农业生产、加工、销售及其他服务业有机结合在一起，农村一二三产业之间紧密相连、协调发展，最终实现农业产业链延伸、产业范围扩展和农民收入增加。很显然，农村产业融合促进了农业企业经营发展和产业的转型升级，助推了农业新的商业模式出现，为农业经济探索出新的发展道路，具体表现在以下几个方面。

（1）产业融合通过重组产业链促进企业新的商业模式形成。在产业融合的趋势下，企业为追求经济效益而采取多元化的经营方式，即在原有业务的基础上开展新的经营范围，使其业务、技术、市场、管理等产业构成要素相互整合、重组，最终使得原有产业链发生实质性变化。具体而言，重组后的产业链改变了原有企业的价值主张、价值创造方式及价值获取渠道，促进了企业新的商业模式形成。例如，传统农业只单独经营农林牧副渔中的某一类产业，价值主张、价值创造方式及价值获取渠道形式单一；而融合后的农业出现各内部产业间的融合发展，如养殖业和种植业的融合（虾稻共作等），或者出现农业产业内部的价值链延伸，如原有种植业向加工业延伸等，其价值主张范围拓宽、价值创造方式和价值获取渠道多样化。总的而言，通过产业链重组出现的农业内部子产业之间的融合拓宽了目标顾客的范围，拓展了企业的合作伙伴，并与合作伙伴之间采取资源共享、能力共用的方式进一步推进企业的价值创造，最终促成企业新的商业模式形成。

（2）高新技术与传统农业的深入融合，带动了新兴行业的快速发展。集中表现在生物技术、数字技术、航天技术、信息技术等诸多高新技术向传统农业领域的渗透和扩散，从而导致传统农业生产方式及管理方式的变革。其中对传统农业影响最为深入的是互联网信息技术的发展。在目前"互联网+"的背景下，互联网和传统农业深度融合，打造了新的商业模式支撑平台。由于互联网不断应用到一二三产业中，传统的产业界限更加模糊，创造出的电子商务、物联网金融必然对原有商业模式提出更多新的要求。具体表现在信息技术的不断推广，拉近彼此的空间距离，改变了原有的价值传递渠道，合作范围更加宽广，且农业经营者还可以对相关信息进行及时、准确、高效的收集、整理、分析、对比，从而可以有效地提升农业产业的附加值水平，拓宽农业的发展空间。

（3）产业边界交叉的生产方式，打破了原有产业内的商业模式，构建了产业价值链共赢体系，促进了新的更高层次的产业融合式的商业模式产生。交叉型融合主要表现为农业充分发展自身所具备的多功能性，在农业生产经营活动中植入休闲、服务理念，结合农村自然景观资源，实现产业间的交叉型融合。其中农业与休闲旅游业之间的融合在交叉型融合中表现得最为普遍，也最为典型，同时它也是休闲旅游业萌芽和产生的内在产业机理（段海波和曾福生，2014）。传统农业仅仅满足了消费者的最为基本的物质生活需要，交叉型产业融合的发展，为消费者创造了更多顾客价值，在满足人们最基本的物质生活需要的同时还满足了消费者精神需求，进而拓宽了农业生产的价值主张。

4.1.2　商业模式影响农村产业融合企业的发展

商业模式是企业价值创造的核心逻辑，农业与其他产业的融合通过价值链重组，将原有分属于各产业内的核心价值逻辑融为一体，进而催生出新的商业模式。农村产业融合企业在商业模式形成过程中首先需要解决四个方面的关键问题：首先，确立企业的价值主张，即如何对客户价值和细分市场进行重新定位；

其次，更新企业内部价值创造环境，即重新定义企业的业务边界，重新整合企业的资源和能力，重新界定利益相关者及其交易结构；再次，完善企业的价值传递方式，即打通企业与顾客间的沟通渠道，使得顾客与企业之间互通有无；最后，培育多样化的价值获取渠道，即重新设计盈利模式，使企业可以获取持续的营利能力。

1. 价值主张与农村产业融合

企业提供怎样的产品和服务来实现顾客价值，这体现了商业模式体系构成的起点。在产业分立的背景下，农业与其他各产业都在各自的边界内经营，如传统农业仅仅为目标顾客提供粮食、油料、棉花、畜产品、园艺产品等满足人们基本生活需要的单一农产品。随着人们生活水平的提升，消费者越来越追求绿色、生态、有机的农产品，同时还希望在农产品生产过程中加强其参与性，以获得独特的农耕体验等。农业产业的边界越来越模糊，产业内部或产业之间均出现了融合的发展趋势，"满足人们基本生活需要的单一农产品"不再是农业企业提供给顾客的价值；"高质高量地提供多样化的农副产品及独特愉悦的农耕文化体验"才是农村产业融合企业需要努力去满足的真正客户价值。

在农村产业融合的过程中，农业生产以顾客需求为导向，需要重新定位顾客价值，寻找自身的发展空间。农业不仅仅是农产品的"价值载体"，也是给消费者带来独特农耕体验的"价值载体"，这意味着农产品的内容和形式是可以分离的，可以利用更多的内容对这个"价值载体"进行丰富，也可以利用这个价值平台对更多的农业资源进行整合。因此，顾客价值主张的变化，为农村产业融合企业的生产提供了方向和指引。

2. 价值创造与农村产业融合

企业如何利用自身资源和能力的优势，构建利益相关者的交易结构，从而实现企业所设定的价值主张，这就是企业内部价值创造的过程，是商业模式要素构成的核心部分。在实施价值创造过程中需要识别本行业成功的关键要素，同时还需分析自身的资源和能力及与不同利益相关者之间的关系（郑豪杰，2011）。例如，传统农业的价值创造关键要素在于自身所拥有的地理和环境资源优势，并利用祖辈遗留的农耕方式进行农作物生产，利益相关者的相关关系也只是简单的买卖关系，相关者之间的合作、互利、共赢局面极少产生。农村产业融合背景下，行业成功的关键要素发生了重大变化，原来影响其他产业的关键成功因素，也会影响到农业产业的价值创造系统，农业与其他产业融合后的业务系统必须进行相应调整，进而带来该行业的业务系统创新。例如，以种植瓜果蔬菜为主的农业生产企业或地区，通过产业融合开发出大面积的实践互动基地供人们参观旅游，该企业或地区不但需要关注原来的生产业务系统，而且需要掌握相应的旅游文化系统，从而使企业原有的价值创造体系发生变化。因此，价值创造方式的改变，促进了农村产业融合企业新的经营方式的形成。

3. 价值传递与农村产业融合

如何使顾客接受企业生产的产品和服务，即实现顾客与企业之间的无缝对接，这就是企业的价值传递渠道，是企业价值得以实现的关键要素。传统农业"埋头生产"的特点常常因为市场不认可或市场需求不平衡而难以有效地将价值传递给顾客，如经常出现某地某一农产品滞销，而另一地区该农产品出现短缺的情况，这主要是产品的价值传递渠道不通畅导致各地区的供求不平衡。价值传递渠道的建设使农村产业融合企业实现了精准营销、一对一营销，最大限度地实现顾客价值。具体是采用现代科技手段，利用互联网技术解决各地信息不畅的现象，进一步打通产业内或产业间的传递渠道，将企业的生产价值传递给顾客进而最大化地实现企业价值。因此，价值传递渠道的建设，为农村产业融合企业营销机制的建立奠定了基础。

4. 价值获取与农村产业融合

传统农业的产品、定位、业务系统、功能、组织结构、成本结构及营销模式等的同质化现象十分明显，盈利模式单一，主要依赖出售农副产品获取收入，这也使得我国农业发展长期陷于低经营水平、粗放式发展的境况。农村产业融合现象产生后，作为"农产品价值载体"的农业企业，不仅可以承载农产品的内涵，还可以承载多元化的文化、旅游等内容，突出其文化艺术价值或旅游价值，拓展多元化的价值增长点，最终打破原来单一依靠出卖农产品的盈利模式，获得多元化的盈利方式。因此，价值获取方式的变化，有效地建立了农村产业融合企业的利润获取机制。

总的来说，产业融合改变了原有企业的商业形态，在快速融合和发展过程中，谁率先构建自身的商业模式，谁就越有可能在市场竞争中获取胜利。因而，农村产业融合的发展促进了企业新的商业模式形成，对商业模式构成要素的解读又进一步促进了农村产业融合企业的发展。

4.2　农村产业融合企业商业模式及其对绩效的影响分析

基于第 1 章的理论基础与文献回顾，将农村产业融合企业分为以下四大类型：一是农业内部产业的整合型融合，即种植业和养殖业相结合，发展高效立体农业，形成农业内部紧密协作、循环利用、一体化的发展经营模式；二是农业与其他产业的交叉型融合，即农业与原料供给、文化传承、观光旅游之间的融合，大大拓展了传统农业的功能；三是高新技术对农业的渗透型融合，加大信息技术等在农业领域的推广应用，如"互联网+"下，农业生产实现了信息化管理；四是农业产业链延伸型融合，以农业为中心向前后链条延伸，即向前将种子、农药、化肥供应与农业生产连接起来，向后拓展到农产品加工、销售领域等。以上四种类型的企业分别面临着不同的商业模式，且企业绩效将受到新的商业模式影响，下面将解释不同类型下的商业模式对企业绩效可能产生的影响，以及其产生影响的内在机制。

4.2.1　不同类型融合企业商业模式对绩效的影响

1. 整合型融合

整合型融合（生态循环农业）是指农业内部各子产业的融合。在进行产业融合之前农业各个产业（农林牧副渔）资源独立、各自之间独立发展，且不同产业经营主体之间的经济交易主要通过市场来实现。传统农业发展是一种简单的种养模式，遵循的是"资源—产品—废弃物"的线性流动方式，大量废弃物的排放不仅浪费了农业资源也污染了生态环境，农业的可持续性发展面临挑战；整合型融合农业产生之后，农业内部各子产业之间进行有机联系，发挥产业内部整体的协同效应，且农业经营主体（农户或企业）出现了整合或分化，客观上需要进行组织创新，进而可以利用新的经济组织来实现企业绩效。

整合后的农业内部子产业从价值主张到价值获取均发生了相应改变。传统农业的价值主张是为消费者提供基本的生活需要；价值创造主要通过自身的地理优势和资源优势及基本的农业工具进行农作物生产；价值传递主要利用市场来实现；价值获取主要来自于农产品销售。随着人们生活水平的不断提升，对农产品质量要求逐步提升，之前高农药化肥的投入受到消费者摒弃，且资源的减少也形成了未来农业发展的瓶颈，整合型农业解决了这一系列的问题，如种养结合的"虾稻共作""水稻、牲畜共养共种"，利用农业本身拥有的土地资源优势种植水稻，将秸秆和加工大米后的米糠作为绿色饲料直接用于生态养殖，将在养殖过程中产生的粪便搜集起来作为水稻的土壤肥料，在整个过程中确保不使用或少使用农药和化肥，这从价值主张上来看为消费者提供了绿色、无公害的农产品，切合了当前消费者的需求；从价值创造角度来看节约了农业资源，对各子产业资源都进行最大化利用；从价值获取角度上来看，各子产业之间的相互整合减少了废物排放和处理的费用，且由于高质高量的产品受到市场青睐，顾客价值得到提升，从而获取了较高的利润获取空间。

总的来说，从经济效益上分析，农业内部子产业融合成功地将外部市场交易转化为内部市场交易，大大节约了交易成本，同时也有效地提高了资源配置效率，并满足更多顾客价值，即价值提高，成本降低，这使得其中的价格获得了更广阔的空间，经济效益提升；从环境效益上分析，农业内部子产业的融合改变了原有的线性流动方式，形成了一种"资源—产品—废弃物—再生资源"的循环流动方式，并由此将农业打造成资源节约型、环境友好型的"两型"生态农业，从而提升了环境效益；环境绩效的提升在一定程度上对整个社会环境形成了积极的影响，进而提升了企业的社会绩效。

2. 交叉型融合

交叉型融合（休闲旅游业）主要体现在农业与第三产业之间的融合，主要是指农业与旅游业的交叉发展，充分开发出农业的多功能性，在农业生产经营中植入休闲、服务的理念，扩大农业的价值范围。传统农业体现了最基本的食品安全功能和经济功能，进行着粮食与非粮食生产，为消费者提供优质粮食和肉、蛋、奶、油、园艺等农产品的稳定供给，并获得一定程度的经济回报，维持地区的经济平衡和稳步发展；交叉型融合在传统农业功能的基础上挖掘出更深层次的农业功能，如文化功能、社会功能和生态功能。具体而言，人类在与自然长期协调发展的过程中，创造出各具特色的农业系统，产生了多样性的独特景观，形成人类有形的文化遗产；农业文化功能的开发，促进了农业社会的发展，为农业提供更多的就业岗位和社会保障，从而进一步体现了农业的社会功能；农业要获取长久发展，就要与环境生态保持良好的共生关系，因而一定程度上也体现出农业的生态功能。

休闲旅游农业是最为典型的交叉型融合类型，其价值主张是指为城市居民和旅游消费者提供农村景观和农业活动场所，以满足目标顾客的物质和精神需求；价值创造主要是以农业生产为依托，把原本属于传统农业范畴的经济资源和生产经营活动与旅游产业所包含的休闲、观光、娱乐、购物、餐饮等产品或服务相融合，是一种从关键资源、关键能力到重要合作伙伴的融合，从而为目标顾客创造更多可能的价值；价值传递不再是传统的市场信息传递，而是通过大型的农事节活动的宣传及地域特色的文化宣传，进而促进了信息、文化、资源的交流，扩大地域及产品特色的影响力；价值获取中拓展了传统农业组织和广大农民的收入来源渠道，一三产业融合横向拓宽农业发展空间、纵向增加农业增值环节，进而提高了农业整体竞争力。

总的来说，从经济效益上分析，休闲旅游农业扩大了目标顾客范围，并提供了多样化的顾客价值,满足了更多的消费组合空间及产品增收渠道,如农业体验、餐饮、旅游小商品等,最大限度地挖掘农业的经济价值;从社会效益上分析,休闲旅游农业带动了某一地域农业经济的发展,进而一定程度上解决了当地农民的生产和生活保障,在为社会减负的过程中提升了企业的社会绩效;从环境效益上分析,休闲旅游农业更多的是以参观、休闲、观赏为主,减少了农业资源的投入,且为了保持原有农业的生态价值,减少了对原始资源的开采,一定程度上在不使用原始资源的同时还对相关资源起到保护、修缮的作用,从而提高了企业的环境绩效。

3. 渗透型融合

渗透型融合("互联网 + 农业")主要表现为生物技术、信息技术、航天技术、数字技术等诸多高新技术向传统农业领域的渗透和扩散,进而导致传统农业生产方式和管理方式的变革。目前,高新技术的快速发展对经济社会各个方面的影响越来越广泛且深刻,农业作为传统产业,受到了这种影响和渗透,并且从生产到经营的全方位变革被引发了。这些高新技术主要包括数字、模拟、通信、网络、遥感等技术及 GPS 等,其中在农业领域中应用最为广泛的是互联网技术,它彻底改变了农业生产的经营模式,从价值主张到价值创造再到价值获取,全方位变革了传统农业的生产经营方式。目前最为典型的信息农业形态是数字农业(digital agriculture)和精准农业(precision agriculture)(梁伟军,2010)。

随着互联网信息技术的广泛发展,消费者与生产者之间的信息交流更为便利和频繁,其中在价值主张过程中可以精确地生产消费者所需的产品或服务,从根本上减少农产品滞销的状况;在价值创造过程中实现了资源共享,扩大了合作伙伴范围,提升了农业生产的能力;在价值传递过程中打破了原有的价值链渠道,使各个利益相关者都处于同一价值网络当中,全方位打通了生产者和消费者的沟通渠道;由于资源的共享降低了企业的生产成本,消费者对产品的接受程度的上升提高了企业的收益,进而最终提升了企业的价值获取空间。

总的来说,从经济效益上分析,互联网的发展打破了地域限制,扩大了目标顾客的范围,且在信息沟通畅通的情况下,更加精准地确定目标群体,进而可以最大限度地满足目标顾客的需求,提升顾客价值(V)。信息的互通发展也促进了生产者之间的信息交流,实现了资源共享,从而进一步降低了企业的生产成本(C),这使得企业获得了更大的定价空间(P),经济绩效提升。从环境效益上分析,传统农业经常会出现农产品滞销的状况,且在生产过程中经常出现资源利用的不充分,进而导致资源的浪费,随着信息技术的发展,生产者之间及生产者与消费者之间信息沟通频繁,实现资源共享,同时在销售过程中实现了完全营销,资源得到最大化利用。在社会效益上分析,精准农业的发展,最大限度地满足了消费者的需求，进而提升了整个社会的福利水平。

4. 延伸型融合

延伸型融合（农产品加工业）也是农业的全产业链发展，在生产过程中涉及上游的原材料生产、下游的农产品加工，进而改变了传统农业的单一生产模式，在价值主张、价值创造、价值传递和价值获取过程中涉及多方面的利益相关者，整个生产模式是循环的网状关系。

产业链延伸过程中重要的环节即上游的种植（养殖）与下游的营销，其中最为重要的是上游的生产。全产业链模式下使得上下游形成一个利益共同体，把末端消费者的需求反馈到最前端的种植和养殖环节，产业链上的所有环节都必须以市场和消费者为导向，因而产业链延伸型融合企业的价值主张仍是为目标顾客提供产品和服务，但是提供产品和服务的范围有所扩大，如传统农业仅仅为目标顾客提供基本的粮食和非粮食生产，而融合后的企业提供形式多样的加工农产品，满足了消费者多样化的需求；延伸型融合企业扩大了价值创造的范围，使得原本松散的利益相关者变成一个利益共同体；传统农业在价值传递过程中需要建设前端供应商与后端经销商之间的关系，产业链的前后延伸扩大了农业企业自身的经营范围，进而免去与供应商、经销商的渠道建设，仅仅需要简单地处理顾客需求与企业生产之间的关系；价值获取过程中由于经营范围的增加扩大了企业的收入来源渠道，但由于要支持产业链延伸后的发展，同时也增加了企业的成本开支。

总的来说，从经济效益上分析，产业链延伸满足了消费者的更多需求，提升了顾客价值（V），然而要维持延伸后企业的正常经营，则需增加更多额外开支（C），因而产业链延伸后的企业并不一定能提升企业的经济绩效；从环境效益上分析，延伸型融合的企业将原有多个企业间的合作囊括于一个企业之中，使得原有企业间的资源共享变为某一企业的资源独享，如果该企业的资源利用能力较强，则会提升其环境绩效，反之亦然；从社会效益上分析，延伸型融合的企业实现了上游源头可追溯，下游加工、销售环节的可控可管，提升了顾客满意度，整体社会福利得到加强。因而，对于产业链的延伸直至全产业链的发展应当慎重进行，否则融合后的绩效不会提升反而会降低。

4.2.2 农村产业融合企业绩效的内外影响因素分析

1. 内在源泉——资源整合

资源整合是融合企业绩效提升的内在源泉，是企业在农村产业融合过程中获取竞争优势的必要手段。

目前，随着市场竞争加剧，产品更新换代迅速，企业更加重视提升其内部资源能力来应对外部市场竞争的风险，并通过资源整合能力的提升使企业拥有的核心资源优势得以持续开发（田立法等，2015），同时为企业绩效的提升提供重要保障。农村产业融合企业则是在传统农业企业的基础上，通过重新组合现有资源，以及有效地挖掘、识别、利用新的资源，以实现更多价值的创造。

农村产业融合企业实现了整个网络的资源分配，共享了各利益相关者资源，而资源只有通过能力的转换才能发挥其应有的价值。从资源整合能力的三个阶段，即稳定调整、丰富细化、开拓创造来看：在稳定调整阶段中，各利益相关者之间打破以往资源分配格局，将原有资源进行重新分配和调整；在丰富细化阶段，将重新分配的资源进行细化利用，使其原有资源得以充分利用；在开拓创造阶段，原有企业资源不能适应融合后的新企业发展，因而需要在原有资源的基础之上开发出新的资源优势，以适应未来企业的成长所需。如上所述，资源整合能力的三个阶段的应用也正是企业创造价值的关键所在。

商业模式可以被看作企业价值创造的一种逻辑，通过不断整合企业内外资源得以实现。商业模式构建会带动企业内部流程的改进和外部组织结构的优化（Teece et al.，1997），而这种改进和优化可以有效地形成企业自身的能力和优势。Worre 等（2002）认为商业模式通过资源整合对企业绩效的影响分为三个阶段：首先，企业通过资源整合摆脱传统设计思路，探索出不同的产品设计方案，提高了企业资源配置能力；其次，充分认识自身核心资源，建立高效运作体系，提高外部变化的反应速度；最后，在资源整合过程中，企业不仅要发挥自身资源优势，还要充分利用供应商、合作伙伴及其他利益相关者等资源，为价值创造和传递提供有利条件，进而提升企业的盈利水平。

基于上述分析，商业模式将会影响企业的资源整合，而根据相关文献综述可知，资源整合对企业的竞争优势和绩效等产生作用（表 4-1），商业模式同时也会作用于企业绩效，由此本书拟探索资源整合在商业模式与企业绩效中的中介作用。

表 4-1 资源整合作为中介变量的研究

学者（年份）	论文标题
田立法等（2015）	差异化战略、二元创新与企业绩效：资源整合能力的调节或中介作用
崔楠等（2015）	商业模式创新对新产品绩效的影响：资源整合的中介作用
李云鹤（2015）	在孵企业商业网络、资源整合能力与创业绩效的关系研究
马鸿佳（2008）	创业环境、资源整合能力与过程对新创企业绩效的影响研究
刘树森（2014）	创业环境对新创科技型企业成长影响研究
王建中（2011）	创业环境及资源整合能力对新创企业绩效影响关系研究

学者（年份）	论文标题
任萍（2011）	新企业网络导向、资源整合与企业绩效关系研究
董保宝和周晓月（2015）	新企业创业导向与绩效倒 U 型关系及资源整合能力的中介作用
蔡莉等（2010）	新创企业市场导向对绩效的影响——资源整合的中介作用
裴旭东和黄聿舟（2016）	创业支持政策对科技型小微企业孵化的影响——资源整合的中介作用
段艳玲等（2016）	我国体育产业协调创新网络能力和创新绩效：基于资源整合的中介效应研究
孙善林等（2017）	高管团队社会资本对企业开放式创新能力的影响研究——以资源获取与资源整合为中介变量
王凯男（2016）	资源获取对农民创新行为的影响研究——资源整合的中介作用

2. 外在动力——互动导向

互动导向是农村产业融合企业绩效提升的外在动力，为企业获取可持续竞争优势提供方向和指引。

农村产业融合企业的最终目的是获取可持续性盈利水平，而盈利的关键在于顾客的接受程度，如果顾客价值（V）越高，则说明企业越有获取较高盈利水平的可能，那么如何获取较高的顾客价值，企业与顾客之间的互动则变得较为重要，互动可以使企业自身资源、能力同外部环境相匹配，从而适应外部环境的变化（Ramani and Kumar，2008）。虽然企业界和学术界一直都十分重视顾客的作用（Narver and Slater，1991），但之前受到技术条件的限制，导致顾客与企业之间的互动受到了许多限制。近年来，信息技术的迅猛发展给这种互动行为创造了有利条件，让企业与顾客之间的交流变得更加便利（Yadav and Varadarajan，2005）。特别是对于农业企业来说，与顾客的互动使得农产品的生产更具有针对性，从而减少了传统农业中出现的产品滞销状况，有效实现了农产品应有的价值。正如 Fine（2009）所认为的，企业通过互动导向能力的提升，能更好地集中研发和经营，进而提升企业绩效水平。

商业模式被认为是企业价值创造的一种逻辑，而价值主张是进行一切价值创造的起点。价值主张是指为目标顾客提供怎样的产品和服务，那么目标顾客的需求则是价值主张关注的重点。传统企业关注的是目标市场，根据市场需求开发产品并确定价格，再采取一定的促销手段使顾客接受该产品；现代企业采取的是与顾客持续不断互动的方式，双方共同参与产品或服务的制定，形成一致的价值主张，并持续保持良性的动态合作关系（Narver and Slater，1991）。互动使得顾客不再是产品的消极接受者，而是参与产品创造的价值共创者（Prahalad and Ramaswamy，2004）。互动活动能够提高顾客对企业组织的归属感，提升顾客满意度，从而可以提高企业绩效（Ramani and Kumar，2008），如波音公司与它的顾客（航空公司）进行互动，开发了波音 777 客机，大获成功（Condit，1994）。由此说明，企业需要从战略高度重视互动，并对互动进行有效的管理，才可为企业获取可持续竞争优势提供可能（Rayport et al.，2005）。

基于以上分析，互动导向对企业竞争优势和绩效的提升起到一定的促进作用。其中，互动导向在于对企业本身商业模式的深度解读，通过互动关系提升商业模式对企业绩效的影响程度（表 4-2）。由此本书拟探索互动导向在商业模式与农村产业融合企业绩效间的调节作用。

表 4-2　互动导向作为调节变量的研究

学者（年份）	论文标题
吴兆春等（2013）	互动导向、创新方式与公司绩效——基于珠三角的实证研究
谢礼珊等（2017）	服务一线员工创新行为：企业互动导向和顾客价值共创的驱动作用
韩飞和许政（2012）	互动导向、创新意愿与创新能力
许政（2013）	互动导向、创新和企业绩效的关系研究
吴兆春和于洪彦（2013）	互动导向、顾客关系与公司绩效——基于中国大陆的实证研究
袁平等（2015）	互动导向、顾客参与创新与创新绩效的关系研究
刘艳彬和袁平（2012）	互动导向与企业绩效关系的实证研究
谢礼珊等（2015）	服务导向和顾客价值共创对一线员工顾客需求知识的影响——互动导向的跨层次调节作用

4.3　研究框架

如上所述，农村产业融合企业改变了传统农业价值创造方式，同时，信息技术的发展使得利益相关者之间实现资源共享、渠道通畅，进而对企业绩效产生了积极影响。目前，虽然研究已经表明商业模式能够提高企业绩效，并在理论界和实业界都做出大量探讨，但对于商业模式对企业绩效内在作用机制的分析还不透彻，还有待进一步去研究探讨。

商业模式是本节研究的核心内容，以此为中心提出农村产业融合企业商业模式与绩效的研究框架模型（图 4-1）。本节将这一研究主题分为两个研究内容：①商业模式及其驱动因素对农村产业融合企业绩效的影响；②商业模式对农村产业融合企业绩效的内在作用机制研究。需要说明的是，从商业模式、资源整合、互动导向、政府支持、融合企业绩效五要素关系的剖析中不难看出，商业模式作为动力要素在提升企业绩效的过程中起到重要作用。因此，在本书中，把商业模式作为一个关键变量进行考量。

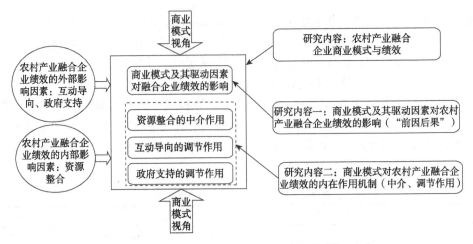

图 4-1　农村产业融合企业商业模式与绩效的研究框架图

4.4　本章小结

　　本章通过严密的逻辑推导和理论推演，将本书的研究主题分成两个研究内容进行具体研究。研究内容一将探讨商业模式及其驱动因素对农村产业融合企业绩效的影响；研究内容二将探讨商业模式对农村产业融合企业绩效的内在作用机制。基于前文的文献综述及理论推演，研究内容二将重点探讨商业模式内在机理的形成，其中将着重讨论资源整合在商业模式与绩效间的中介作用、互动导向在商业模式与绩效间的调节作用和政府支持在资源整合与绩效间的调节作用。本书的总体概念框架如图 4-2 所示，后文将在此研究基础上进行展开。

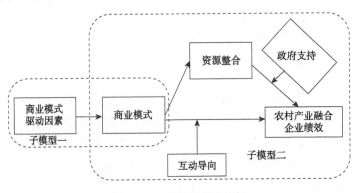

图 4-2　本书总体概念框架

第5章　商业模式驱动因素识别及量表开发

通过文献回顾，本章认为商业模式是在明确价值主张的前提下进行价值创造和价值传递，最终实现企业价值获取的流程设计，是维持企业正常经营的框架图，即商业模式是企业进行价值创造活动的整体逻辑分析框架。商业模式驱动因素是指影响企业商业模式形成的变量，在已有文献中，很少有人关注商业模式驱动因素与商业模式的关系，同时不同类型企业商业模式的驱动因素是不同的。因此，本章的主要任务是识别农村产业融合企业商业模式驱动因素并进一步开发有效、可靠的测量量表，以此为后续研究奠定基础。本章的研究思路：首先，运用一主多辅的多案例研究方法，识别商业模式驱动因素的变量构成；其次，将观测出的有关商业模式驱动因素的构成维度与商业模式理论、战略管理理论及营销管理理论等相关文献进行对比研究，修正相关名称并确定最终测量指标；最后，遵循问卷设计基本方法形成初始问卷，通过预测问卷对初始量表进行修正和完善，形成最终的测量量表，并运用统计分析软件进行问卷实证检验，以验证量表的可靠性和有效性。

5.1　研究设计

5.1.1　研究方法选择

案例研究方法是管理学研究的基本方法之一（李怀祖，2004），包含了非常完整的设计逻辑、资料搜集及资料分析方法。案例研究不仅是一种资料搜集方法或是一种资料分析方式，还是一种研究设计，它是包含了三者内容的一项完整的研究策略（Yin，1984），特别适合于回答"是什么""为什么""怎么办"的问题。相较于其他研究方法，案例研究能够对案例进行厚实的描述和系统的理解，而且对动态的互动历程与所处的情景脉络加以掌握，并获得一个较为全面、整体的观点（Gummesson，1991）。本章研究的主要问题是商业模式的驱动因素主要有哪些？其目标是识别影响商业模式的关键要素。根据当前的研究问题和研究目标，作者采取了多案例对比研究的方法（Eisenhardt，1989），具体有如下四个理由：首先，多案例的对比研究，能够更好地实现对其内在机理和影响机制的把握，进而促进了理论的构建与拓展（Yin，2009）；其次，由于不同案例间可能存在的差异性，多案例研究可以促使研究者针对不同的研究问题进行更广泛探索和思考（陈晓萍等，2012）；再次，多案例对比研究设计探讨不同农村产业融合企业的商业模式驱动因素，能更好地识别其相互间的因果关系和匹配关系；最后，多案例研究遵循着复制原则，每个案例都相当于一个独立实验（Yin，2014），因此，多案例的研究构建所进行的反复验证增加了探索性案例研究的有效性，保障了研究的信度、效度水平（姚明明等，2014）。总的来说，多案例研究就好像多项实验一样，其结论比单案例研究更有说服力，且不同案例间的对比和复制，利于理论模型构建，可以得到更为一般化及可以验证的理论（Eisenhardt and Graebner，2007；陈晓萍等，2012）。

本章主要采用一主多辅的多案例研究方法，首先对主案例荆沙蔬菜专业合作社[①]进行充分的纵向、横向研究，其目的是清晰观察事物发展的全过程及背后运行的规律，识别出影响商业模式的关键因素；其次通过多案例的辅助检验，确保案例研究结论具有较好的普适性（Yin，1984）；最后在多案例验证性研究的基础上，构建商业模式的驱动因素模型，并提出相应的研究假设。

5.1.2　多案例样本选取原则

多案例样本选取需要经过标准的筛选过程，主要依据理论抽样原则和多案例复制逻辑，而不是通过简单的统计抽样来选取样本（Glaser and Strauss，1967）。这是由于案例研究关注案例本身涉及现象所处情景，会产生大量的变量，如果采取统计抽样的方法，涉及的所有变量都会列入考察范围，导致研究过于复杂。因此，选取样本的标准是根据案例的特殊性而非一般性，其中最基本的标准则是看哪些案例能够有效地回答研究的问题，使其变量选择更具针对性（张

---

① 选择荆沙蔬菜专业合作社作为主案例研究主要有两点原因：第一，该合作社的经营性质与企业相似，即运用各种生产要素向市场提供商品或服务。大部分合作社都仅仅体现在互助上，盈利水平极其低下，而该合作社领办人充分发挥了合作社内部成员优势，扩大规模，有效地提升了合作社的盈利水平，这与企业发展的宗旨相一致，因此该合作社是较为特殊的一种企业形式。第二，该合作社的成本、收入均与农业相关，是典型以农业为主导的经营组织，能较好地代表农村产业融合以农业为依托的内涵。

敬伟和王迎军，2014）。

具体而言，本章根据第 1 章介绍的农村产业融合企业划分类型，将其分为渗透型融合、交叉型融合、整合型融合及延伸型融合。因此，根据研究目标，研究团队分别进行实地调研，每一类型选取 3 个备选案例，共选取 12 个案例作为案例集，备选案例的选择标准应遵循以下原则：①所选案例必须是农村产业融合企业；②具有一定规模的企业，如土地规模在 5 000 亩（1 亩≈666.7 平方米）以上或注册资金 5 000 万元以上；③所选案例必须具有代表性，能够覆盖不同的地区和行业。

从案例研究数量来说，Eisenhardt（1989）认为多案例研究的案例数量以 4~8 个为宜，因此在上述案例集内，本章最终选取 5 家企业作为研究样本，除遵循备选案例选择原则以外，具体还应具备如下选取标准：①案例企业来自于不同的融合类型，其中延伸型融合涉及面较广，且本章采用该类型进行主案例研究，因此，本章选取 2 家延伸型融合企业进行案例探讨。②可进行专题性对比。遵循 Yin（2003）的逐项复制原则，在每一类型融合企业中都选取尽可能相似的代表性案例。③资料的完备性。本章采取直接观察、档案记录、文件等方式获取资料，其中包括对企业创办人、股东、老员工等多方访谈、对企业文档记载及外部报告搜集等，确保资料的完整性，方便进行三角验证。④企业可接触性。符合上述条件的企业愿意配合，便于后续研究工作的开展。

由于浙江省是高新技术企业及全产业链企业的发祥地，而湖北省的休闲旅游农业和生态循环农业发展的态势较好，同时湖北省还是作者人脉聚集中心，因而本节的研究对象主要从浙江和湖北两地进行抽取。本章选取的 5 家案例企业，分别是浙江欧诗漫集团有限公司、洪湖蓝田水产品开发有限公司、湖北荆香缘生态农业有限公司、浙江青莲食品股份有限公司、荆沙蔬菜种植专业合作社，案例企业的基本情况如表 5-1 所示。从选取案例企业来看，它们均是典型的农村产业融合企业，且具有行业的分散性和可对比性的特点。案例企业所在行业包括高新技术、生态循环、休闲旅游、食品生产、食品加工；同时，所选案例企业相对于传统农业企业来说商业模式变化较大，有利于本书做深入分析。

表 5-1　案例企业简介

企业名称	成立时间	融合类型	行业类型	核心业务	访谈者角色	商业模式变革前后	地理位置
浙江欧诗漫集团有限公司	1994 年	渗透型融合	高新技术企业	从事珍珠化妆品生产	董事长、总经理	珍珠养殖—珍珠深加工	浙江德清县
洪湖蓝田水产品开发有限公司	1998 年	交叉型融合	休闲旅游业	发展生态农业旅游	总经理、负责人	水产品开发—休闲旅游	湖北洪湖市
湖北荆香缘生态农业有限公司	2015 年	整合型融合	生态循环农业	高标准进行虾稻共作、虾鳅稻、虾鳖稻、蛙稻生产	总经理、股东	单一作物生产—循环作物生产	湖北荆州市

企业名称	成立时间	融合类型	行业类型	核心业务	访谈者角色	商业模式变革前后	地理位置
浙江青莲食品股份有限公司	2001年	延伸型融合	全产业链企业	集生猪食品生产、加工、销售一体化生产企业	董事长、总经理、研究院院长	生猪养殖—肉制品加工	浙江嘉兴县（现嘉兴市）
荆沙蔬菜种植专业合作社	2009年	延伸型融合	向后一体化延伸企业	从事白萝卜种植、加工、销售、冷藏、物流为一体新型合作经济组织	领办人、财务负责人、主要合作者	萝卜种植—萝卜生产一体化	湖北钟祥市

5.1.3　多案例样本介绍

湖北钟祥市荆沙蔬菜种植专业合作社（简称 JS），成立于 2009 年 12 月，注册资金 5 566 万元，入社社员 1 360 户，是一家以优质白萝卜种植、加工、清洗、销售、冷藏、物流为一体的新型农村合作经济主体。目前，以合作社为主体的萝卜种植产业，已经覆盖周边沙洋、天门县市的 3 个乡镇、10 多个自然村、2 000 多个农户、20 000 多亩耕地。年生产优质食用白萝卜 20 万吨，年销售收入约 3.1 亿元，每年为社员增收 4 000 多万元。由于合作社的示范带头作用大，辐射拉动能力强，近几年先后获得了"湖北省农业产业化重点龙头企业""湖北省农民合作社示范社""湖北省十大优秀农民专业合作社""湖北省十强蔬菜专业合作社""全国一村一品示范社""国家农民合作社示范社"等荣誉称号。合作社严格按照国家食品生产的管理规定，建立健全生产、加工、销售等全过程的质量管理体系。合作社建有产地农残检测室，配备了检测设备和专业技术人员，产品质量全部达到国家标准，"荆沙"牌白萝卜获得了国家绿色食品认证，"七里湖白萝卜"办理了农产品地理标志登记，旧口镇农兴村获评"全国一村一品示范村"。申请注册了"楚沙""锐兴""七里湖熊哥""荆沙七里湖"等系列产品商标。2015~2017 年，在湖北省农业厅、湖北省农业科学院、钟祥市农业局等部门领导和专家的大力支持和指导下，打造萝卜全产业链示范合作社，呈现基地生态化、经营规模化、生产标准化、产品安全化、营销品牌化、管理规范化的"六化"特点，效果显著。本节以 JS 作为主案例研究对象，重点关注 JS 商业模式驱动因素的形成过程，通过严谨的内容分析法和案例研究法分析出商业模式的关键影响要素。

浙江欧诗漫集团有限公司（简称 OSM）成立于 1994 年，是致力于珍珠养殖、珍珠深加工、技术研发和销售服务的珍珠产业化集团企业。主要经营化妆品、保健品和珍珠首饰系列产品，拥有"欧诗漫"和"樱尚"两大品牌，被誉为"珍珠美学专家"。公司是农业产业化国家重点龙头企业、全国企事业单位知识产权试点企业、国家首批两化融合贯标试点企业、全国轻工业成长能力百强企业、化妆品十强企业。随着企业发展，公司于 2013 年 6 月开工实施"欧诗漫珍珠生物产业园项目"，该项目用地 300 亩，总建筑面积约 25.8 万平方米，项目建成后将新增年产珍珠深加工系列产品 1 亿盒的生产能力，新增销售收入 23.6 亿元，新增利税 4.3 亿元，助推欧诗漫"十年百亿"目标的实现。

洪湖蓝田水产品开发有限公司（简称 LT）始建于 1993 年 5 月，该公司依托洪湖丰富的水生资源，在发展农业产业化的同时，大力兴办生态旅游农业，在洪湖的西北角建造一个 1.2 万多亩的生态园，于 1998 年开园。洪湖市为深挖旅游潜力，于 2001 年引进广东华年生态投资有限公司，对洪湖蓝田生态园进行拓建，直到 2011 年广东华年生态投资有限公司接管蓝田工业园、蓝田生态园、蓝田旅行社、蓝田码头及船队、鸳鸯湖酒店、莲花酒店、人间天堂酒店、5 万亩大湖养殖场等资产，洪湖蓝田水产品开发有限公司以保护湿地生态环境为主题，集旅游业、工业、农业于一体，倾力打造中国中部地区湖泊生态旅游度假胜地和湖北首届一指的农业产业化示范基地。洪湖蓝田水产品开发有限公司的洪湖蓝田生态旅游风景区先后被评为国家 AAAA 级旅游风景区、全国农业旅游示范点、全国红色旅游经典景区。

湖北荆香缘生态农业有限公司（简称 JXY）成立于 2015 年 10 月，注册资金 5 000 万元，通过 8 个月的努力工作完成土地流转 6 300 亩，已建成高标准虾稻连作面积 4 500 亩，虾鳅稻 500 亩（再生稻），虾鳖稻 500 亩，蛙稻 200 亩，精养虾塘 600 亩。2016 年成产优质稻 756 万斤（1 斤=0.5 千克），小龙虾 189 万斤，泥鳅 1.5 万斤，全年产值 3 758.7 万元，销售收入超过 3 000 万元。规划在五年内投资 3.3 亿元，建设总面积 1 万亩，分三期建设 8 000 亩稻田综合种养基地（虾稻、蛙稻、虾鳅稻、虾鳖稻），1 000 亩池塘生态养殖示范基地，500 亩大棚蔬菜种植基地，500 亩精品果园；栽植经济林、用材林 30 万株；大力发展鸡、猪、畜禽养殖与台湾有机肥新技术配套，形成养种循环产业链。力争五年内把园区建成湖北省标准化稻田综合种养示范基地、全国农业物联网平台、智能农业、休闲农业样板区。

浙江青莲食品股份有限公司（简称 QL）成立于 2001 年 10 月，以"提供优质食品"为使命，是一家提供高品质、安全、健康猪肉的供应商和服务商。作为综合性农业产业化国家重点龙头企业，目前已形成覆盖良种繁育、养殖屠宰、冷链物流、肉制品深加工、品牌连锁、文化休闲旅游等全产业链环节布局。公司致力于构建高品质猪肉全产业链的商业模式，全力推进中国黑猪高端品牌发展战略，贯穿全产业链品质控管，实现从牧场到餐桌的无缝对接。得益于全产业链的品控优势，近年来 QL 获得了社会的广泛认可，不但多次成为省运会、世界青年田径锦标赛、世界乒乓球锦标赛等大型体育竞技赛事定制肉食供应商，更获得了中国极地中心的认可，连续十年 14 次完成了科考船"雪龙号"的供货任务，并成为 2010 年上海世界博览会指定肉类供应商、2015 年第二届世界互联网大会·乌镇峰会肉品供应商、2016 年中国杭州 G20 峰会定点屠宰企业。

通过对以上 5 家企业的基本介绍，不难看出这些都是典型的农村产业融合企业，其中涉及产业内融合和产业间融合，涉及类型较为广泛。由于中国的农村产业融合推广时间较短，这些企业成立时间大都比较短暂，但此类企业在一定程度上都改变了传统农业企业的商业模式，因而这些案例企业为商业模式的研究发展提供了较好的实践支撑。

5.1.4 数据收集及信度效度分析

为保证研究的信度和效度水平，本章在数据收集过程中应对多来源数据进行"三角验证"（Miles and Huberman，1994）。针对本章的样本企业，一方面利用实地调研、现场观察、深度访谈等方式收集一手资料，访谈对象包括高层管理者、相关部门负责人及企业利益相关者；访谈结束后，还通过电话、微信、QQ、电子邮件等方式对所需信息进行补充，并对相关信息进行核对和整理；为了规避研究者意见，研究团队包括一名教授、一名农业技术专家、三名博士生和四名硕士生，团队成员的不同视角和知识背景有利于收集丰富的数据并发现不同的问题。另一方面通过二手资料，如内部电子文档、纸质材料、专题论文等进行收集和整理，并对数据进行补充和完善。

为了保证研究结论的信度和效度水平，本章根据卡麦兹（2009）的建议，主要从以下三个方面进行评估：第一，从样本分类上，首先将 5 个样本案例分别设置为研究组（样本企业 JS）和对照组（样本企业 OSM、LT、JXY、QL），通过内容分析法对主案例企业 JS 进行编码分析，建立初步理论框架；其次利用对照组案例进行完善、补充以形成最终理论；最后通过实证检验对研究结果进行验证。第二，在研究过程中采取的是一手资料和二手资料相结合的方式，为了确保研究结论的可信性和一致性，本章采取多人编码、小组讨论、商定后形成最终编码，并对最终编码进行一致性检验。第三，为了更好验证多案例得出的理论框架具有较好的信度和效度，笔者将在第 6 章通过大样本统计分析对理论模型进行定量实证检验。

5.2　数　据　分　析

5.2.1　主案例探索性分析

在案例分析过程中，为了增强结论的可靠性和客观性，同时考虑到研究发现要紧紧依托于研究过程，本书将采用内容分析法对所收集的内容进行分析。内容分析法（content analysis）是以建模、主题提取、倾向识别为目的，对内容进行客观的、系统的、量化的描述和分析，具体分析的内容包括报纸、文献、录音等。内容分析的核心是编码，即把所收集的资料进行分解和处理，从而实现在繁杂的资料中建立和发展理论。这一编码过程主要由本书作者和其他两位研究生共同完成，在对每一份资料进行编码时，都要征询三位编码人员的意见，并计算出相互判断同意度（inter-judge agreement）。在进行正式编码之前，根据事先的要求，笔者抽取 10 份资料作为前样本测试，并由三位编码人员按其说明分别进行编码，将编码结果根据 Holsi 提出的信度和内容分析法相互同意度公式进行计算，公式如下所示：

$$R = \frac{n \times \bar{K}}{1 + (n-1) \times \bar{K}}$$

其中，R 为编码人员的信度；n 为参与编码人员的数量；$\bar{K}$ 为编码人员的平均相

互同意度，$\bar{K} = \dfrac{2\sum\limits_{i=1}^{n}\sum\limits_{j=1}^{n}K_{ij}}{n \times (n-1)}$（$i \neq j$）；$K_{ij}$ 为编码人员 i 与编码人员 j 的相互同意

度，$K_{ij} = \dfrac{2M}{N_i + N_j}$，$M$ 为编码人员 i 与编码人员 j 的意见一致项数，N_i 为编码人

员 i 做出的分析总项数，N_j 为编码人员 j 做出的分析总项数。结果表明，编码

人员平均相互同意度 $\bar{K} = \dfrac{2 \times (0.785 + 0.852 + 0.834)}{6} = 0.824$，编码人员的信度是

$R = \dfrac{3 \times 0.824}{1 + 2 \times 0.824} = 0.934$，信度的计算结果远远高出一般要求的评定值 0.8，这说

明三位编码人员归类一致性较高，可以进行正式的编码工作。

1. 一级编码

一级编码属于数据分析的前期阶段，其主要目的在于指认现象、界定概念、发现范畴，关键是数据分析者一开始没有任何设定思维，而是以完全开放的态度进行编码，从而规避了研究者的主观因素。本节以荆沙蔬菜种植专业合作社为一

级编码分析对象，为了减少研究者的个人偏见，采用内容分析软件 Rost CM 6.0 中的词频分析和语义网络分析功能对所收集资料进行一级编码，Rost CM 6.0 是一种基于扎根理论进行质性分析的数据软件。使用 Rost CM 6.0 中语义网络分析工具将案例数据库进行分解，在过滤无意义词之后，依据资料内部相关性提炼出 31 个高频关键词构成图谱，每个节点都表示数据分析得出的高频主题词，连接表示主题词之间存在共现关系，分析结果如图 5-1 所示。

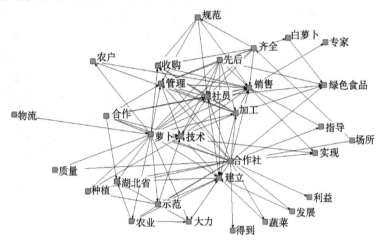

图 5-1　案例合作社数据资料一级编码效果图

图 5-1 的分析结果表明，指向较多的五个主题词为管理、社员、技术、销售和绿色食品，这说明此次调研是以合作社的管理发展为主题，重点关注的为合作社的绿色、可持续发展的过程。

2. 二级编码

二级编码是在一级编码的基础上浓缩资料所蕴含的性质及维度。据此，我们对一级编码所得到的 31 个概念做进一步的归纳和抽象，并且根据这些概念之间的内涵、类型关系、内在联系及概念词的聚集度进行初步连接，最终获得 6 个子类别（subcategory），分别是产品品质、创新管理、组织网络、技术获取、渠道建设、市场发展，具体如表 5-2 所示。

表 5-2　企业案例数据资料二级编码

一级编码——概念	二级编码——子类别	一级编码——概念	二级编码——子类别
绿色食品 质量 加工 白萝卜 农业	产品品质	管理 社员 规范 齐全 示范	创新管理

续表

一级编码——概念	二级编码——子类别	一级编码——概念	二级编码——子类别
收购 发展 规范 场所 实现	市场发展	合作 社员 合作社 利益 建立	组织网络
专家 技术 指导 规范	技术获取	物流 销售 收购 加工	渠道建设

（1）产品品质。产品是企业成功发展的基础，没有好的产品支持，则不会有企业长期的可持续发展。荆沙蔬菜种植专业合作社是以优质白萝卜种植、加工、销售、冷藏、物流为一体的新型农村合作经济主体，"荆沙"牌白萝卜获得了国家绿色食品认证。目前，在物质产品充裕的环境之下，产品质量是企业获胜的重要法宝，荆沙蔬菜种植专业合作社将这一法宝结合消费者的需求，准确地把握企业未来发展趋势，因此能够在众多合作社中脱颖而出。

（2）创新管理。荆沙蔬菜种植专业合作社主要以萝卜生产为主营业务，附带机械化设备管理，并进行萝卜清洗、深加工及运营等一体化管理，有效地实现了供应商与客户之间的合作。荆沙蔬菜种植专业合作社的熊总说："我们合作社由许多合作者组成，萝卜的生产销售受季节限制，因而应当实行统一的生产和销售管理，这样才能保证合作社的机械化统一运作，实现整体的规模效应。"

（3）技术获取。目前农产品病虫害频发，造成产品的收益下降，而人们对农产品的品质要求又在逐渐提升，因而合作社在满足基本需求的同时，应当生产有机、无公害的农产品。荆沙蔬菜种植专业合作社与湖北省农业科学院进行合作，进行资源整合，不仅使湖北省农业科学院的研究者们获得了技术实地试验，也使合作社获得了一定的技术指导。正如熊总所说："合作社迅速发展，光靠我们自己闭门造车是不行的，这需要国内的专家学者进行指导，必要时还需要借鉴国外的先进技术经验。"

（4）市场发展。市场发展可以指引企业未来经营。随着人们生活水平的不断提升，对农产品的需求也从最初的满足温饱再到目前对品质的追求，因而农产品的生产越来越重视绿色、有机的推广。国家也出台了相关政策，如《全国农业可持续发展规划（2015-2030 年）》，将农业的绿色、可持续发展纳入国家的长远规划当中，荆沙蔬菜种植专业合作社遵循了国家政策及市场发展的导向，实现了合作社的健康发展。

（5）组织网络。荆沙蔬菜种植专业合作社的组织形式是通过多种正式和非正式契约逐渐形成，并不断自我演进和自我增强的一种专业化的分工整合机制。

在这一组织网络中有多种不同的治理结构和组织形式。荆沙蔬菜种植专业合作社的组织网络包括：①周边农户。农户在农闲之时在合作社打工，并向合作社出售丢弃萝卜，与合作社形成了一种较为松散的合作管理。②合作社成员。合作社成员来自于全国各地，合作方式多种多样，有技术合作、销售渠道合作、资金方面的合作等。③合作社的内部企业运作，包括机械化萝卜生产、萝卜加工、萝卜清洗、萝卜装运等。

（6）渠道建设。大多数农产品都是大众商品，因而营销对于农产品来说是最为重要的，正如荆沙蔬菜种植专业合作社的合作者大都是拥有一定销售渠道的商贩，他们虽然不懂技术，但是懂得销售，这才是合作社获得良好发展的关键。荆沙蔬菜种植专业合作社有两条销售渠道，一条渠道是自己生产，自己销售，合作社只是生产的平台；另一条渠道则是自己生产交由合作社进行统一销售，在行情不好时可以确保获得最低收益。

3. 三级编码

三级编码是在二级编码的基础上的浓缩，其表现形式更加抽象，概括更为全面。一般有两种编码方式：一是从已有的子类别中进行选择，二是根据解释案例现象的需要在更加抽象的层面给予提炼。本节在团队成员针对上述二级编码中得到的 6 个子类别进行反复分析和对比的基础上，结合研究团队专家的意见，最终将"产品品质""创新管理"整合为主类别"绿色企业家精神"；将"组织网络""技术获取"整合为主类别"合作共享"；将"渠道建设""市场发展"整合为主类别"顾客需求"，最终得出商业模式中三个关键的影响要素（图 5-2）。

图 5-2　商业模式的关键影响因素

以上分析出的三个关键要素分别从不同层面阐释了农村产业融合企业商业模式的影响要素。

（1）顾客需求。顾客需求与市场需求不同，市场需求通常采用需求数量进行衡量，而顾客需求是指在客户购买、使用过程中对产品/服务的功能、价值、成本等方面的要求。商业模式价值主张来源于顾客需求，有时也叫作顾客价值主张，因而评价一个商业模式的价值主张，则看是否能最大限度地满足顾客需求。在对荆沙蔬菜种植专业合作社的调研过程中了解到，无论是对种苗选取还是对后来的口感测试，都是根据大众顾客需求而定，如在访谈过程中，领导者在顾客需求方面提到：

顾客购买萝卜时更多地希望不要裂口，外在品相要好，那我们在选购种苗时则更多的选用了皮厚、外观美的品种。

（2）合作共享。Jackson（2009）认为发展可持续性经济应当建立合作共享系统，而不是恶意竞争。合作共享有两个层面的含义，一是合作，二是共享。由于任何企业的资源都是有限的，不可能在所有业务领域都获得竞争优势，企业要想在长期的竞争中获取胜利，必须实行企业的优势互补，相互合作，利益共享。荆沙蔬菜种植专业合作社的萝卜生产由于病虫害产品质量低下，所以采取了与省农科院的合作，在其后的发展中也采用了合作共享的方式，与政府、其他合作社开展合作等。在采访过程中，合作社领导者多次强调：

以前的农业靠自己家的一块田、一把锄头、一头耕牛；现在的农业靠的是相互合作、互帮互助，建立良性的生态发展圈。

（3）绿色企业家精神。企业家精神是企业家群体所共有的个体特质，是企业家价值观的具体表现。著名的管理学大师彼得·德鲁克曾经说过，"企业家就是赋予资源以生产财富能力的人"，这说明企业家精神体现在创造财富之上。而绿色企业家像其他企业家一样，寻找驱动程序中出现的商业机会，这些驱动程序包含不断变化的客户行为、新的或变化的规则及社会和环境问题等。绿色企业家经常为客户和社会提供更好的经济、环境和社会价值的产品和服务，因而往往都会获得更大的竞争优势，特别在当前农产品供给过剩时，绿色、可持续发展将会拓宽企业发展空间。荆沙蔬菜种植专业合作社由最初几十亩上百亩的合作土地，到至今几万亩的大型合作社，靠的就是合作社领导者的有力指导。在采访过程中，合作社的领导者提到：

合作社要想发展壮大，必须具有一定的创新精神、开创精神和冒险精神，还要把握一定的市场机遇；对于农业而言，应当遵循着政府的发展规划，企业本身还应肩负一定的社会责任和环境责任。

5.2.2 多案例验证性分析

为了更好地验证结论的客观性和有效性，本节在对主案例采取扎根研究的基础上进行跨案例研究，选择其他 4 家典型农村产业融合企业作为案例间的研究样本，以说明顾客需求、合作共享及绿色企业家精神对商业模式的关键影响作用。为了使分析过程一目了然，作者采用了表格的形式进行呈现，具体内容如表 5-3~表 5-6 所示。

表 5-3 浙江欧诗漫集团有限公司

公司名称	顾客需求	合作共享	绿色企业家精神
浙江欧诗漫集团有限公司	满足目标顾客需求，不断挖掘顾客内在价值是浙江欧诗漫集团有限公司成功的秘诀。浙江欧诗漫集团有限公司定位于女性顾客，紧密抓住女性顾客的爱美特征，首次利用珍珠为原料，开发出美白化妆品；利用珍珠独有的药性，开发出珍珠保健品；并利用珍珠独有的高贵特性，开发出珍珠饰品等；将小小珍珠的价值发挥到极致，满足了不同人群的需求	浙江欧诗漫集团有限公司为了更好地进行市场拓展及产品研发，将源头的珍珠养殖换做向农户收购，带动了周边农户的共同致富，实现了利益共享；同时浙江欧诗漫集团有限公司还与中国药科大学等科研机构合作进行技术研发，一方面为集团发展提供了技术支持，另一方面还为科研机构提供了科研经费及科研场所，为我国科研事业做出一份贡献，实现了相互间的合作共享	浙江欧诗漫集团有限公司总经理沈伟新提倡绿色化妆品生产，欧诗漫产品选用天然珍珠作为原材料，不添加任何有害的化学产品，并采用生物工程制剂，在安全无害的前提下，发挥除皱美白、抗衰老的功效

资料来源：访谈记录、公司内部资料和相关二手资料，下同

表 5-4 湖北荆香缘生态农业有限公司

公司名称	顾客需求	合作共享	绿色企业家精神
湖北荆香缘生态农业有限公司	消费者对农产品最基本的需求是安全、健康，湖北荆香缘生态农业有限公司的发展理念是生态农业、环保农业。在短短的一年时间里实现了种植业和养殖业的双增收，不仅满足了消费者对农产品数量的需求，也满足了消费者的质量需求	各级政府在短短 8 个月的时间里完成了 6 300 亩的土地流转，使湖北荆香缘生态农业有限公司能够尽快实现盈利的同时，也为当地政府提升了政绩，同时还在较短的时间内为当地农民提供了就业保障及相关补偿，实现了合作三赢的状态	湖北荆香缘生态农业有限公司负责人王定云表示，企业应按照"创新、协调、绿色、开放、共享"五大发展理念，推进企业未来发展

表 5-5　洪湖蓝田生态旅游风景区

公司名称	顾客需求	合作共享	绿色企业家精神
洪湖蓝田生态旅游风景区	根据马斯洛的需求层次理论，人们在满足基本的物质生活需要时，追求更高的精神需求。洪湖蓝田生态旅游风景区的建设则抓住人们这一需求特点，为逃离喧嚣、烦恼城市的人们提供休闲的生态园	洪湖蓝田生态旅游风景区最初由洪湖水产品开发有限公司成立，但该公司由于经营不善负债累累；之后依托政府立项，利用广东华年生态投资有限公司的资金注入，开发酒店、餐饮、休闲观光等一条龙的休闲旅游度假区，广东华年生态投资有限公司在此项目中获得巨大经济利润，洪湖市政府也获得了较大的业绩，同时还为周围民众起到了良好的带动作用，是一举三赢的共享局面	洪湖蓝田生态旅游风景区负责人黄海青表示，生态旅游强调的是对自然景观的保护，是可持续发展的旅游。该风景区的发展秉承这一宗旨，实现了自然环境保护完好、水草茂盛、湖中生活的鱼类达 70 多种，最终成为全国著名的生态旅游风景区

表 5-6　浙江青莲食品股份有限公司

公司名称	顾客需求	合作共享	绿色企业家精神
浙江青莲食品股份有限公司	由于农业在市场中没有定价权，"盈利模式"也仅仅是生产模式，浙江青莲食品股份有限公司为了掌握农产品的定价权，站在顾客角度，了解顾客所需（如顾客对农产品品牌质量的需求，顾客对农产品追溯地的探求等），最大限度地扩大农产品的定价空间，同时拓展农业产业链的市场延伸，让顾客方便、快捷地享受青莲食品	浙江青莲食品股份有限公司对农户、合作社、家庭农场实行恒定定价机制，以统一模式带动"公司+合作社+农户"，助推养殖形成规模利润；以品质议价带动优质优价，以众筹模式实现利益分享，形成"品牌+渠道+农场"销售新模式；对产业关联者实行股权激励、建立项目孵化模式、强强联手；同时与各科研单位实现互利合作。最终浙江青莲股份有限公司与各个相关者实现了合作共享局面	浙江青莲食品股份有限公司董事长许明曙表示，企业应始终坚持探索生猪产业的转型升级之路，坚持绿色发展理念，从良种、保育、良牧、优养，到安全、透明的质量控制，实行品质坚守，再到企业品牌文化的传播，最终实现企业的可持续发展

5.2.3　研究发现

基于以上多案例分析，本节得出围绕顾客需求、合作共享、绿色企业家精神与商业模式之间的三个研究假设（见表 5-7，具体模型见图 5-3）。

表 5-7　基于案例间分析得出的研究假设

理念构念		主案例分析	案例间分析	案例发现
影响关系		事实依据	事实依据	研究假设
自变量	因变量			
顾客需求	商业模式	JS	OSM、LT、QL、JXY	H₁
合作共享		JS	OSM、LT、QL、JXY	H₂
绿色企业家精神		JS	OSM、LT、QL、JXY	H₃

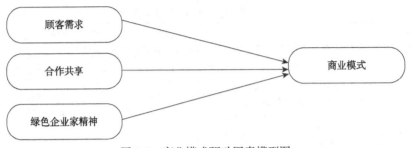

图 5-3　商业模式驱动因素模型图

发现一：顾客需求对商业模式产生影响。

随着经济社会的发展，顾客需求不断提升，产品呈现多样化、个性化的趋势。顾客需求的变化导致新产品替代传统产品，新的顾客价值取代原有客户价值，以价值为核心的商业模式必将发生调整和改变，进而推动新的商业模式产生。上述案例中提到的浙江欧诗漫集团有限公司、浙江青莲食品股份有限公司等都属于农业龙头企业，然而与传统农业相比，这些企业发挥了各产业间的优势，将农业与其他产业融合，迸发出新的价值创造能力。同时该类企业都是以用户为导向，最大限度地满足顾客需求，如浙江欧诗漫集团有限公司价值定位于女性顾客，对不同女性顾客的不同层次需求进行挖掘，从化妆品到饰品进行全方位满足；浙江青莲食品股份有限公司则站在顾客角度考虑食品安全的重要性，以及设身处地地为顾客考虑，采取产业链延伸的方式，实现从源头到餐桌的全产业链管理，从根本上消除消费者对食品安全问题的担心，从而为企业获得更大的定价空间。

在现有理论中，Allen 和 O'Driscoll（2005）认为企业建立商业模式是为了寻找最合适的价值满足顾客，企业与顾客之间应当经常性地进行互动，在了解顾客需求变化的同时调整企业的经营方向，从而可以为企业创造可持续性的竞争优势。著名的摩托罗拉公司、诺基亚公司的失败案例显示，企业的商业模式不能满足顾客需求就一定会失败，即便是有非常独特的价值主张，也需要不断关注顾客需求变化。Kalling 和 Hedman（2003）认为商业模式框架将与企业相关的客户、供应商、资源等联系起来，通过合作经营实现企业盈利。而企业的最终目的是满足消费者的需求，因而只有这些需求得到满足后企业才能创造真正价值。

总的来说，各种各样的商业模式都必须以顾客需求为中心，通过不断发掘客户潜在价值需求来发展商业模式，最终赢得商业机会和企业发展。

因此，基于上述分析，本书提出如下假设：

H_1：顾客需求对商业模式有显著正向影响。

发现二：合作共享对商业模式产生影响。

　　在传统的价值链模型中企业的核心竞争力来源于产品设计、生产成本、市场份额及对顾客需求的满足，实施的是产品中心化战略，但在当前的双边或多边市场中，企业所关心的不仅仅是内部资源和能力提供给顾客的直线价值，还关注着周围利益相关者的价值获取，因而从传统的价值链模型拓展为价值网络模型，各相关者不是你上我下的竞争关系，而是互惠互利的合作关系。上述案例中提到的湖北荆香缘生态农业有限公司、浙江欧诗漫集团有限公司等都体现出了合作共享的观点，如湖北荆香缘生态农业有限公司利用政府的牵线搭桥（资源）在短短 8 个月的时间中获得了 6 300 亩的流转土地（能力），最终使得政府在工作中获得政绩、当地农民获得理想的收入、企业缩短了筹备时间，最大限度地提升了企业的经济价值，实现了合作三赢的局面；浙江欧诗漫集团有限公司为了提升企业的品牌战略，舍弃前端养殖基地，这为广大养殖户带来生存空间，从而实现了利益均摊、合作共享的局面。

　　在现有的理论中，Eisenmann 等（2006）指出企业在建立商业模式的过程中需要充分整合内外部资源，以本企业为基础建立双边或多边市场来推动企业的发展，同时强调竞争合作的观点并希望在企业、竞争者、顾客及利益相关者之间实现"合作共享"。Sánchez（2012）提出在电信领域创建可持续商业模式和双赢的生态系统，即未来的电信行业的有效模型是在平衡各方利益的基础上形成的可持续商业模式。Morioka（2015）指出实现共享价值的企业能够有效地应对外部可持续竞争的挑战，并利用 Odebrecht 公司的案例论证了外部利益相关者之间的合作实现了价值共享，促进了企业的商业模式形成，最终实现了经济的可持续发展。

　　因此，如上所述，本节得出以下研究假设：

　　H₂：合作共享对商业模式有显著正向影响。

　　发现三：绿色企业家精神对商业模式产生影响。

　　"企业家精神"是指企业家为企业创建的一种理念、一种文化，是企业家群体所具有的共同特征，为企业发展提供方向指引。与其他企业家一样，绿色企业家在不断变化的环境中寻找客户需求，从中发现商业机会，但与普通企业家不一样的是，绿色企业家提倡通过环境友好的过程（如资源有效性生产）提供绿色、环保、可持续的产品和服务（如利用废物管理、可再生能源、绿色技术等）。上述案例中提到的洪湖蓝田生态旅游风景区、湖北荆香缘生态农业有限公司等都提倡绿色环保的经营理念，如洪湖蓝田生态旅游风景区由最初的洪湖水产品开发有限公司开发，后由广东华年生态投资有限公司进行接管，在长达 20 年的时间里，水域资源保护完好，湖水无明显污染，开阔水域水质持续达到了国家地表水二类标准，这来自于企业负责人对洪湖蓝田生态旅游风景区的生态定位，保护了完整的自然和文化生态系统，让前来的游客体验该风景区的原始性和独特性。湖北荆香缘生态农业有限公司采取的是种养结合的经营方式，企业提倡"创新、协调、绿色、开放、共享"五大发展理念，积极发展绿色高产高效农业。

在现有文献中，Prahalad 和 Hamel（1990）指出企业家精神创造了企业的核心价值体系，通过有效地利用各种战略资源创建企业的核心竞争力，因而企业家精神是企业核心竞争力的原型。有学者指出绿色企业家的经营动机与战略目标的不同体现在最初创业之时，绿色价值观指引着企业家进行商业运作，但是这并不意味着企业家不打算有经济回报，而是说其看重的是更加持久的发展目标。

因此，如上所述，本节得出以下研究假设：

H₃：绿色企业家精神对商业模式有显著正向影响。

5.3 量 表 开 发

根据 5.2 节分析结果，界定了商业模式的三个驱动因素（图 5-3）。在此基础上，本节将开发和设计商业模式驱动因素变量的测量量表，之后通过量表预测分析，进一步验证测量量表的有效性，进而为商业模式的后续研究奠定基础。

为了保证测量工具的信度和效度，本节将借鉴国内外已有文献所使用过的量表，并根据其研究目的进行适当修改。在问卷设计中，除基本资料外，所有变量均采用李克特五级量表设计。

1）顾客需求测量量表

由于顾客需求测量量表在现有文献中研究较少，本节主要根据 5.2 节各案例分析中对顾客需求的界定，即体现出的独特性、多样性、层次性等特点，并结合相关访谈内容，设计了 5 个测量题项，即"顾客需求的个性化程度越来越高""顾客需求呈现多样性的趋势""顾客对增长服务的要求增加""顾客对农产品质量意识加强""提供产品/服务时非常在意顾客体验与感受"。

2）合作共享测量量表

单独开发合作共享测量量表在现有文献中相对较少，但在商业模式、创新等相关文献中有较多的涉及。例如，Amit 和 Zott（2011）开发了效率型和新颖型的测量量表，在该量表中提到"在交易中能够用新颖的方式来激励合作伙伴""能够减少合作伙伴库存成本""可以降低合作伙伴其他成本"等，都体现出合作共享概念；Edison 等（2009）也在相关文献强调了竞争合作的观点，期望实现企业、竞争者、顾客及利益相关者的"共赢"局面；Porter 等（2011）提出了 7 个影响合作生产的要素，即进入者、环境影响、供应商、雇员、员工技能、员工健康、工作安全，这为合作共享量表的开发提供了理论基础。在利用相关文献探索的基础上，结合上述案例访谈内容，本节设计了 5 个测量题项，即"企业（合作社）主动跨越边界、寻找合作伙伴""提供产品或服务时鼓励多方参与""企业（合作社）与各方合作为顾客提供优质的产品或服务""企业（合作社）与外部利益相关者（竞争对手、政府、供应商等）合作创造更大价值""内部环境因素满足了企业（合作社）可持续性发展需求"。

3）绿色企业家精神测量量表

绿色企业家拥有着与普通企业家同样的精神，即创新精神、冒险精神、合作精神、敬业精神、学习精神等，但除这些精神以外，绿色企业家还拥有着可持续发展精神。在有关企业家精神研究中，许多学者已经进行相关的量表开发，其中 Covin 和 Slevin（1989）设计的企业家精神量表在研究中被广泛运用；Khandwalla（1977）、Miller 和 Friesen（1982b）从"创新性""开创性""冒险性"三个方面设计出 9 个题项进行测量。直到 2015 有学者在企业家精神的基础上提出了绿色企业家精神的概念，而在农业发展研究中，绿色、可持续属于其基本功能，因而本节结合上述案例访谈资料，设计出 5 个测量题项，即"非常强调产品的绿色、环保、无污染""强调可持续性发展（环境可持续性）""强调资源有效性生产""注重废物管理、可再生能源、绿色技术的发展""经常引进先进的产品或服务、管理技能和操作技能等"。

经过初步设计，商业模式驱动因素变量三个维度的测量题项如表 5-8 所示。在此基础上设计了预测试问卷，共 15 个测量题项，其中三个变量维度各包含 5 个测量题项。

表 5-8 商业模式驱动因素测量初始题项

代码	测量题项	来源
客户需求（CD）	①顾客需求的个性化程度越来越高 ②顾客需求呈现多样性的趋势 ③顾客对增长服务的要求增加 ④顾客对农产品质量意识加强 ⑤提供产品/服务时非常在意顾客体验与感受	科特勒和阿姆斯特朗（2015） 定性访谈
合作共享（PS）	①企业（合作社）主动跨越边界、寻找合作伙伴 ②提供产品或服务时鼓励多方参与 ③企业（合作社）与各方合作为顾客提供优质的产品或服务 ④企业（合作社）与外部利益相关者（竞争对手、政府、供应商等）合作创造更大价值 ⑤内部环境因素满足了企业（合作社）可持续性发展需求	Amit 和 Zott（2001）；Porter 等（2011）；定性访谈
绿色企业家精神（GES）	①非常强调产品的绿色、环保、无污染 ②强调可持续性发展（环境可持续性） ③强调资源有效性生产 ④注重废物管理、可再生能源、绿色技术的发展 ⑤经常引进先进的产品或服务、管理技能和操作技能等	Khandwalla（1977）；Miller 和 Friesen（1982b）；Covin 和 Slevin（1989）；定性访谈

5.4　量表预测

量表预测目的是检验上述测量量表的信度和效度，并根据测量结果精炼相应测量题项，进而形成可用于正式调研的量表。Churchill 表示在进行信度、效度分析之前，应当精炼初始测量题项，之后才能进行探索性因子分析。预测问卷信度分析利用项目总计相关性系数（corrected item-total correlation，CITC）进行题量净化，并用 Cronbach's α 系数评价量表的内部一致性信度，对于低于一定标准（CITC<0.5 或 Cronbach's α<0.7）的测量题项予以剔除（但对于预测试小样本来说可以将标准扩大至 CITC<0.3 或 Cronbach's α< 0.6）；效度分析通过探索性因子分析检验量表划分维度的正确性和合理性，进一步对初始测量题项进行净化。

5.4.1　预调研样本描述

本节预调研数据的收集时间为 2017 年 4 月至 2017 年 7 月，获取样本的渠道主要是实地调研、参会发放及其他社会关系。问卷发放主要采取纸质调研或将问卷链接直接发给调研对象，以便被调研者可以随时应答。由于网络的便利性，预测样本企业涉及全国各地，从而保证了样本的普适性。通过上述方式，共发放问卷 130 份，剔除过多信息缺失及无效问卷，最终回收问卷 109 份，有效问卷回收率为 83.8%，满足小样本预测问卷的信度、效度测量要求。预调研样本的基本概况如表 5-9 所示，问卷采用李克特五级量表，被测者对每个测量题项都进行真实性判断，并选取相应分值，其中 1 代表非常不同意，5 代表非常同意。

表 5-9　样本描述统计（N=109）

描述指标		比例	描述指标		比例
性别	男	64.2%	年龄	30 岁及以下	20.6%
				30~40 岁（含）	30.1%
	女	35.8%		40~50 岁（含）	37.3%
				50 岁以上	12.0%
受教育程度	初中及以下	31.7%	所属类型	休闲旅游农业	18.3%
	中专或高中	33.3%		工厂化农业	26.1%
	大专	21.4%		高科技农业	16.7%
	本科	11.9%		生态循环农业	33.3%
	研究生及以上	1.7%		其他	5.6%
成立年数	2 年及以下	30.1%	员工总数	20 人及以下	26.9%
	2~5 年（含）	35.7%		20~50 人（含）	22.2%
	5~10 年（含）	19.8%		50~100 人（含）	27.7%

描述指标		比例	描述指标		比例
成立年数	10~15 年（含）	4.9%	员工总数	100~200 人（含）	12.6%
	15 年以上	9.5%		200 人以上	10.6%
所属职位	董事长	15.1%	工作年限	3 年及以下	35.2%
	总经理	20.6%		3~6 年（含）	37.1%
	部门经理	37.5%		6~10 年（含）	11.9%
	业务主管	17.4%		10 年以上	15.8%
	其他	9.4%			

从样本企业描述统计中可以看出，被测者的性别、年龄和受教育程度的覆盖范围较为全面，且被测企业分别覆盖农村产业融合的四大类型，因而保证了样本采集信息的代表性和全面性。

5.4.2　调查题项的描述性统计

表 5-10 显示商业模式驱动因素各测量题项数据的统计分析结果，其中包括均值、标准差、偏度和峰度，利用获得数值验证所得数据是否服从正态分布。数据是否服从正态分布将会对后续研究产生重要影响，Kline（1998）认为，当偏度的绝对值小于 3，峰度的绝对值小于 10 时，表明样本基本服从正态分布。表 5-10 中统计结果显示偏度绝对值为 0.405~1.600，峰度绝对值为 0.075~3.287，均值为 4.17~4.63，标准差为 0.516~0.807，商业模式驱动因素能够服从正态分布，可以进行信度、效度分析。

表 5-10　商业模式驱动因素的描述性统计（N=109）

维度	题项代码	均值	标准差	偏度（|SK|）		峰度（|BK|）	
		统计量	统计量	统计量	标准差	统计量	标准差
CD	CD1	4.59	0.581	1.359	0.231	2.422	0.459
	CD2	4.43	0.644	0.906	0.231	0.765	0.459
	CD3	4.57	0.516	0.487	0.231	1.295	0.459
	CD4	4.63	0.572	1.600	0.231	3.221	0.459
	CD5	4.36	0.701	0.793	0.231	0.075	0.459
GES	GES1	4.61	0.607	1.337	0.231	0.747	0.459
	GES2	4.45	0.739	1.085	0.231	0.215	0.459
	GRS3	4.49	0.633	0.841	0.231	0.304	0.459
	GES4	4.39	0.720	1.363	0.231	3.287	0.459
	GES5	4.17	0.727	0.412	0.231	0.500	0.459

续表

维度	题项代码	均值	标准差	偏度（|SK|）		峰度（|BK|）	
		统计量	统计量	统计量	标准差	统计量	标准差
PS	PS1	4.23	0.777	0.667	0.231	0.282	0.459
	PS2	4.36	0.616	0.405	0.231	0.641	0.459
	PS3	4.41	0.627	0.583	0.231	0.575	0.459
	PS4	4.25	0.722	1.015	0.231	2.459	0.459
	PS5	4.18	0.807	1.210	0.231	2.757	0.459

5.4.3　内部一致性信度分析

信度即可靠性，是指采用相同方法对同一对象重复测量时所得结果的一致性程度。检验信度的方式多种多样，本节使用 SPSS 19.0 统计分析软件计算内部一致性最常用的指标是 CITC 系数和 Cronbachs's α 系数。在实际应用中，一般认为当 Cronbach's α 系数越大，表示题项间的相关性越好，其中大于 0.8 表示具有高信度，0.6~0.8 表示具有中信度，小于 0.6 表示低信度，Nunnally 和 Berstein（1994）认为在实际应用中 Cronbach's α 系数大于 0.6，问卷才有意义，如果信度较低，则需要对问卷中的题项进行调整。

Tian 等（2001）指出进行信度分析时需要根据每个题项的 CITC 系数来净化测量题项，凡是 CITC 小于 0.5 的题项，都按照量表修正标准，应当考虑作为垃圾题项进行剔除；但也有相关学者指出，在进行小样本测试中对题项的删除应当保持谨慎态度，可以将 CITC 小于 0.3 作为题量净化的标准（陈晓萍等，2012）。

内部一致性的信度分析结果见表 5-11。可以看出商业模式驱动因素的三个维度的 Cronbach's α 值均超过了 0.6 的判定值，说明这三个维度的测量量表的可靠性都较好，但在 CITC 系数上，多数题项的 CITC 值超过了 0.5 的判断值，有部分题项的 CITC 值为 0.3~0.5，为了保持对题项删除的谨慎态度，本节将 CITC 小于 0.3 的题项进行删除，删除该题项后，顾客需求的 Cronbach's α 系数由 0.688 提升至 0.710，因此决定删除这个题项。

表 5-11　各维度的内部一致性分析结果

维度	题项代码	CITC	已删除的 α 值	Cronbach's α 系数
CD	CD1	0.538	0.597	0.688 0.710[*]
	CD2	0.498	0.612	
	CD3	0.533	0.607	
	CD4	0.392	0.658	
	CD5	0.299	0.710	

续表

维度	题项代码	CITC	已删除的 α 值	Cronbach's α 系数
GES	GES1	0.657	0.785	0.826
	GES2	0.634	0.789	
	GES3	0.690	0.775	
	GES4	0.616	0.794	
	GES5	0.539	0.817	
PS	PS1	0.552	0.659	0.731
	PS2	0.557	0.665	
	PS3	0.452	0.699	
	PS4	0.483	0.688	
	PS5	0.439	0.710	

*表示删除了其中一项之后，所获得的新的 Cronbach's α 值

5.4.4　探索性因子分析

在预调研的基础上，为了进一步检验维度划分的正确性，在删除了 CD5 这个测量题项之后，我们对剩余的 14 个测量题项进行探索性因子分析，检验样本是否适合进行因子分析，采用 KMO 样本测度和 Bartlett 球形检验的结果作为依据。根据分析结果，商业模式驱动因素问卷的 KMO 值为 0.789，大于 0.5 的基本要求，并通过 Bartlett 球形检验（$P<0.000$），这说明预调研数据适合做探索性因子分析。

Baum 等（1970）指出，测量题项的因子负载小于 0.5 应删除，且解释方差的累积比例大于 50%，表明测量条款符合要求。本节运用主成分分析方法，以特征值 1 的标准进行最大化方差正交旋转，共获得 4 个特征值大于 1 的因子，累积解释方差变动的 63.887%。每个测量题项在单一维度的因子负荷都大于 0.5 时，才表明测量量表具有较好的收敛效度和单维度性，分析结果显示 GES5、CD4、PS4、PS5 均未达到最低因子负荷值，因此对未达到要求的 4 个测量题项予以删除，最终得到包括三个维度共 10 个测量题项的商业模式驱动因素测量问卷。具体分析结果见表 5-12。

表 5-12　预调研探索性因子分析结果

题项	因子 1	因子 2	因子 3
CD1		0.757	
CD2		0.806	
CD3		0.744	
GES1	0.744		

续表

题项	因子 1	因子 2	因子 3
GES2	0.760		
GES3	0.782		
GES4	0.635		
PS1			0.789
PS2			0.610
PS3			0.642

注：仅显示因子负荷大于 0.5 的题项

综上所述，本节以上述 3 个测量维度为基础，加上企业统计变量的相关题项，最终形成本节用于大规模正式调研的问卷。

5.5 正式调研与量表检验

5.5.1 数据收集与样本概况

在预测试问卷中，采取小样本对问卷中的测量题项进行修正和完善，在正式调查中则需要采用大样本测试问卷对测量量表进行检验。李怀祖（2004）认为样本选择是研究工作中很重要的环节，如果所得出的结论适应范围比较小，没有共性，那么调查就是一种浪费。本节的目标是从商业模式视角下考察农村产业融合企业对绩效的影响，为了扩展样本的普适性，样本来源于全国各地的融合企业，被调查对象基本都是企业的创办人或是高层管理者，因而对问卷中涉及的选项内容具有一定的知识储备，可以有效保证调研数据的质量。调研对象都是针对性地集中于融合企业的领导者，因而对于问卷的收集具有一定的难度，为了进行大量的且有质量的收集问卷，本节的问卷收集主要在全国各地农业产业化或农村产业融合的会议中进行；或将问卷设置成链接发送至各个调研对象进行网上收集；同时还利用相关的社会关系进行实地调研，进行部分问卷的现场收集。

Nunnally 和 Berstein（1994）认为有效样本量应当达到测量题项的 5~10 倍，本节调查自 2017 年 8 月至 2018 年 1 月，历时半年的时间，通过以上三种方式共发放问卷 408 份，在回收问卷中剔除不合格问卷，包括问卷中的未作答、多选、漏选等无效问卷，最终回收有效问卷 354 份，有效回收率为 86.8%。样本基本情况如表 5-13 所示。

表 5-13 样本描述统计（N=354）

描述指标		比例	描述指标		比例
性别	男	79.7%	年龄	30 岁及以下	12.4%
				30~40 岁（含）	29.1%
	女	20.3%		40~50 岁（含）	41.5%
				50 岁以上	17.0%
受教育程度	初中及以下	21.3%	所属类型	休闲旅游农业	12.3%
	中专或高中	43.6%		工厂化农业	27.2%
	大专	21.0%		高科技农业	15.6%
	本科	12.9%		生态循环农业	36.4%
	研究生及以上	1.2%		其他	8.5%
成立年数	2 年及以下	14.3%	员工总数	20 人及以下	36.9%
	2~5 年（含）	45.0%		20~50 人（含）	21.8%
	5~10 年（含）	24.8%		50~100 人（含）	20.8%
	10~15 年（含）	7.5%		100~200 人（含）	11.6%
	15 年以上	8.4%		200 人以上	8.9%
所属职位	董事长	42.3%	工作年限	3 年及以下	23.7%
	总经理	22.9%		3~6 年（含）	42.3%
	部门经理	21.6%		6~10 年（含）	18.6%
	业务主管	8.6%		10 年以上	15.4%
	其他	4.6%			

表 5-14 对商业模式驱动因素各测量题项数据都进行描述性统计分析，包括均值、标准差、偏度和峰度，来验证所获得的调研数据是否服从正态分布。表 5-14 中的统计结果显示商业模式驱动因素的各个测量题项均值为 4.12~4.65，标准差为 0.558~0.793，在正式调查中，变量数据的偏度和峰度在正态分布的范围之内，可以进行信度和效度分析。

表 5-14 变量题项的描述性统计（N=354）

维度	题项代码	均值	标准差	偏度（|SK|）		峰度（|BK|）	
		统计量	统计量	统计量	标准差	统计量	标准差
CD	CD1	4.48	0.598	0.852	0.130	0.583	0.259
	CD2	4.38	0.676	0.852	0.130	0.479	0.259
	CD3	4.54	0.558	0.796	0.130	0.176	0.259

维度	题项代码	均值	标准差	偏度（|SK|）		峰度（|BK|）	
		统计量	统计量	统计量	标准差	统计量	标准差
GES	GES1	4.65	0.564	1.384	0.130	0.946	0.259
	GES2	4.44	0.676	0.964	0.130	0.424	0.259
	GRS3	4.42	0.626	0.953	0.130	1.949	0.259
	GES4	4.42	0.665	1.004	0.130	1.406	0.259
PS	PS1	4.12	0.793	0.735	0.130	0.432	0.259
	PS2	4.27	0.620	0.323	0.130	0.258	0.259
	PS3	4.31	0.607	0.361	0.130	0.222	0.259

5.5.2　内部一致性信度检验

与预调研相同，本节首先要评价商业模式驱动因素测量量表的内部一致性信度，依旧采用的是 Cronbach's α 系数和 CITC 系数作为评价指标，具体测量结果如表 5-15 所示。

表 5-15　各维度的内部一致性分析结果

维度	题项代码	CITC	已删除的 α 值	Cronbach's α 系数
CD	CD1	0.655	0.729	0.805
	CD2	0.697	0.686	
	CD3	0.615	0.771	
GES	GES1	0.539	0.748	0.780
	GES2	0.594	0.720	
	GES3	0.676	0.677	
	GES4	0.536	0.751	
PS	PS1	0.564	0.767	0.784
	PS2	0.592	0.722	
	PS3	0.550	0.735	

表 5-15 可以看出，商业模式驱动因素各维度测量题项的 CITC 值均大于 0.5，且量表三个维度的 Cronbach's α 系数都为 0.780~0.805，均高于 0.7 的评判标准，而且删除某一测量题项都会引起 Cronbach's α 系数的降低，这说明商业模式驱动因素的测量量表具有较好的内部一致性。

5.5.3　探索性因子分析

与预调研方法相同，本节通过探索性因子分析来检验量表的结构效度。我们采取主成分分析法，以特征值 1 作为提取标准，采用最大方差法进行正交旋转，具体结果如表 5-16 所示。探索性因子分析结果显示 KMO 值为 0.785，大于 0.5 的显著标准，且通过 Barlett 球形检验（$P<0.000$），这说明所收集的数据适合做因子分析。

表 5-16　正式调研探索性因子分析结果

题项	因子 1	因子 2	因子 3
CD1		0.802	
CD2		0.852	
CD3		0.812	
GES1	0.734		
GES2	0.725		
GES3	0.808		
GES4	0.715		
PS1			0.805
PS2			0.822
PS3			0.596

注：仅显示因子负荷大于 0.5 的题项

研究结果显示，样本数据在进行正交旋转之后，共提取 3 个特征值大于 1 的因子，方差累计解释率为 65.157%，且所有测量题项在相应维度上的因子负荷值均大于 0.5 的最低标准，没有出现跨因子负荷的现象。这说明本章开发的测量量表具有较好的结构效度，即商业模式驱动因素三个维度的划分是正确的，可以进一步对测量量表的收敛效度和区别效度进行检验。

5.5.4　量表信度和收敛效度分析

Simonin（1999）认为信度是指测量结果所反映出的系统变异程度，即测量工具是否具有一致性或稳定性。柳恒超等（2007）认为收敛效度是指采用不同方式测量同一概念时，所观测数值间的相关程度。根据 Anderson 和 Gerbing（1988）的建议，我们采用验证性因子分析的方法来验证本章商业模式驱动因素测量量表。具体来讲，Fornell 和 Larcker（1981）指出可以用组成信度（composite reliability，CR）和平均方差抽取值（average variance extracted，AVE）这两项指标对潜变量的内部一致性和信度进行检验。Tseng 等（2006）认为组合信度需要超过 0.6，AVE 需要超过 0.5，量表才被认为具有较好信度。具体分析结果如表 5-17 所示。

表 5-17   信度和收敛效度分析

潜变量名称	变量代码	标准化因子负荷	信度系数	标准化误差项	T 值	CR	AVE
CD	CD1	0.774	0.599	0.401	11.005	0.809	0.59
	CD2	0.820	0.670	0.330	12.956		
	CD3	0.694	0.485	0.501	11.927		
GES	GES1	0.589	0.347	0.653	7.956	0.784	0.50
	GES2	0.737	0.543	0.457	9.886		
	GES3	0.805	0.648	0.352	10.248		
	GES4	0.617	0.381	0.619	8.848		
PS	PS1	0.598	0.599	0.401	8.234	0.756	0.51
	PS2	0.684	0.673	0.327	8.400		
	PS3	0.681	0.482	0.518	8.388		

表5-17的结果显示，商业模式驱动因素问卷的10个测量题项各维度的组合信度 CR 值均超过了 0.70，各维度的 AVE 值都超过了 0.50，且 T 值均大于 1.96，并且 $P<0.001$ 的条件具有显著性。这说明本章的商业模式驱动因素量表具有较好的信度和收敛效度。

为了评估假设模型对理论模型的拟合效果，本章通过验证性因子分析对测量模型的绝对性拟合指标和比较性拟合指标进行检验。在绝对性拟合度中采用五项指标进行测量，即 χ^2、GFI、AGFI、RMSEA 和 RMR，其中对于 χ^2 的值一般来说如果越小，代表假设模型与完美模型之间的拟合度越高（Bollen，1989）；CFI 和 AGFI 代表拟合优度指数，其值越接近或达到 0.9 时，表示模型具有较好的拟合度；RMSEA 表示近似误差均方根，一般认为 RMSEA 小于0.08时，模型的拟合程度才可以被接受；RMR 代表拟合残差平均值的平方根，一般认为其值小于 0.05 时，模型才具有较好的拟合度。在比较性拟合度中有三项指标进行测量，即 χ^2/df、CFI 和 NFI，其中 χ^2/df 代表不同模型之间拟合程度的相对效率，研究者一般建议其值在2~5时表示模型拟合度较好，其中df表示模型的复杂程度，模型越简单则 df 值越大；一般认为 CFI 和 NFI 的值应大于 0.9，模型才具有较好的拟合度。

本节采用 AMOS 24.0 统计分析软件测量商业模式驱动因素模型的拟合结果，结果显示 RMSEA 的值为 0.089，查看修正指标发现将误差项 e_5、e_7 由固定参数改为自由参数，至少可以降低 χ^2 值 17.137，因而修正前后的拟合结果如表 5-18 和图 5-4 所示。

表 5-18   修正前后的因子分析拟合指数结果

指标	χ^2	df	χ^2/df	GFI	AGFI	NFI	CFI	RMSEA	RMR
修正前	120.628	32	3.770	0.939	0.896	0.898	0.922	0.089	0.020
修正后	91.023	31	2.936	0.952	0.915	0.923	0.947	0.074	0.018

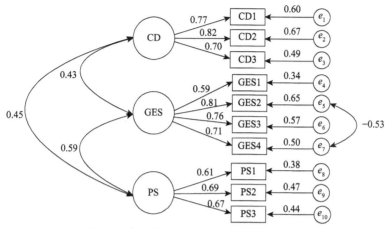

图 5-4　商业模式驱动因素验证性因子分析

由验证性因子分析结果显示，商业模式驱动因素三维度测量模型的 χ^2 为 91.023，df 值为 31，χ^2/df 为 2.936，介于 2~5；绝对拟合度值 GFI、AGFI 分别为 0.952、0.915，超过了 0.90 的标准值，RMSEA 值为 0.074，小于 0.08 的评判标准，RMR 值为 0.018，小于 0.05 的优选标准值；相对拟合度值 NFI、CFI 分别为 0.923、0.947，也都超出了 0.90 的标准。上述的检验结果显示，本章的验证性因子分析的模型与数据拟合度良好。

5.5.5　区别效度分析

区别效度检验一个测验构想效度，具体是指某一维度和其他维度之间是否存在足够差异。Fornell 和 Larcker（1981）认为区别效度通常的检验方法是 AVE 法，即考察每个维度的 AVE 值的平方根是否大于两个维度之间的相关系数。具体如表 5-19 所示，其中对角线上的数字为每个维度 AVE 值的平方根。

表 5-19　区别效度分析结果

潜变量	CD	GES	PS
CD	0.77		
GES	0.47	0.71	
PS	0.46	0.61	0.71

表 5-19 结果显示，商业模式驱动因素各维度的 AVE 值平方根分别为 0.77、0.71、0.71，而各维度间的相关系数为 0.47、0.46、0.61，每个维度 AVE 值的平方根均大于其他维度之间的相关系数，这说明本节开发的商业模式驱动因素测量量表中各维度间具有较好的区别效度。

5.5.6 二阶验证性因子分析

上文已经利用验证性因子分析对一阶 3 个因子模型进行验证，为了指出各维度间的相关性程度，本节进一步采用二阶验证性因子分析的方法以提取更高阶的共同因子。二阶因子分析模型较一阶模型更为抽象，可以利用一阶模型中的因子载荷到二阶模型中的共同因子之上，采取其标准化路径系数对量表的收敛效度进行检验。本节把商业模式驱动因素的三个维度作为模型的第一阶因子，把商业模式作为第二阶共同因子，通过对数据进行分析，可以得到以下检验结果，如表 5-20、表 5-21 和图 5-5 所示。

表 5-20　二阶因子分析拟合指数结果

χ^2	df	χ^2/df	GFI	AGFI	NFI	CFI	RMSEA	RMR
91.023	31	2.936	0.952	0.915	0.923	0.947	0.074	0.018

表 5-21　二阶验证性因子分析结果

二阶因子	一阶因子	路径系数	T 值	观测变量	标准化负荷系数
BM	CD	0.580	5.003	CD1	0.774
				CD2	0.818
				CD3	0.696
	GES	0.748	5.505	GES1	0.586
				GES2	0.809
				GES3	0.757
				GES4	0.708
	PS	0.785	5.718	PS1	0.614
				PS2	0.687
				PS3	0.666

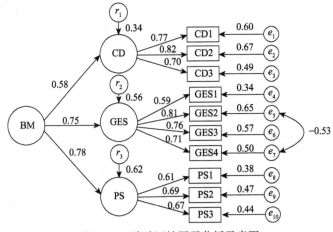

图 5-5　二阶验证性因子分析示意图

　　表 5-20 所示的各项拟合指标均达到了拟合度标准，这些拟合度指标说明二阶因子模型与数据拟合度较好。表 5-21 的结果显示，三个维度的第一阶因子负荷到第二阶共同因子的标准化的路径系数分别为 0.580、0.748、0.785，均大于基本的设定标准，这说明二阶因子模型的内在拟合度较好，即测量量表具有较好的收敛效度。基于二阶验证性因子分析结果可知，本节开发的商业模式驱动因素的三个维度测量量表能很好地收敛于商业模式这一更高层面的概念。

5.6　本　章　小　结

　　本章运用案例分析与实证相结合的方法分析出商业模式的三个驱动因素，并建立其操作化的测量量表。

　　本书首先以荆沙蔬菜种植专业合作社作为研究对象，通过扎根分析和数据编码对荆沙蔬菜种植专业合作社进行探索性的单案例研究，并在案例研究基础上与理论文献进行充分对比，得出了商业模式驱动因素包含三个维度，即客户需求、合作共享、绿色企业家精神；其次采取多案例的验证性分析，进一步验证该模型的理论构念。

　　在理论构念生成之后，我们在案例研究及理论回顾的基础上，生成了包含 15 个测量题项的初始量表，并通过小规模预调研的方式对量表进行题量净化，最终得到包含 10 个测量题项的正式调研问卷。最后，通过大规模正式调研的方式，对测量量表的信度和效度进行检验，并证实此量表通过了内部一致性、探索性因子、收敛效度、区别效度及二阶验证性因子分析的检验，其各调研数据均到达了相应的评判标准。因此，商业模式驱动因素的测量量表具有较好的信度和效度，为后续研究奠定了基础。

第 6 章　商业模式"前因" 和"后果"的实证研究

本章首先通过前文的文献回顾及访谈分析，以商业模式为中心，详细阐述了商业模式与农村产业融合企业绩效之间的关系，并在此基础上构建包含驱动因素、企业绩效在内的商业模式研究模型；其次，在研究设计中，利用问卷调查检验商业模式和农村产业融合企业绩效测量量表的有效性；最后，以农村产业融合企业为样本，通过相关分析、回归分析和结构方程模型检验研究假设，并对其研究结果展开充分的讨论。

6.1　理论模型基础

6.1.1　商业模式构成维度

根据第 2 章的研究综述，认为商业模式的核心概念是企业跨边界进行价值创造和价值传递，强调了商业模式从创造到获取的业务逻辑，即商业模式是从价值主张到价值创造和传递再到价值获取的全过程来探讨企业如何进行纵向、横向联合业务的开展。强调的是创造出更大的价值蛋糕并进行适度分配，而不是在现有的价值蛋糕中进行份额的争夺。因此，本书根据张敬伟和王迎军（2010）的价值三角形模型等提出商业模式四维度模型，其各维度及具体含义如表 6-1 所示。

表 6-1　商业模式的构成维度

构成维度	内容描述
价值主张（明晰度）	是指企业未来提供怎样的产品和服务，是企业未来发展的"愿景"和"蓝图"
价值创造（能力）	是指为了实现企业价值主张设计而实施的一系列运营活动的能力

续表

构成维度	内容描述
价值传递（有效性）	是指将企业开发的价值主张传递给顾客的有效性
价值获取（能力）	反映了企业的营利能力，包含着收入模式和成本结构的合理性

1. 价值主张

价值主张利用价值主张明晰度表示，此概念提取自营销管理，是指对产品的完全定位，是基于差异化和定位的利益矩阵。它较好地回答了"为什么顾客要购买你的产品"这一问题，基于此可以让企业生产出更多适应顾客需要的产品。

美国密歇根大学助理教授 Afuah（2004）认为，价值主张是企业要问自己的第一个问题，即企业运用哪些资源可以为顾客产生明确的价值。Hamel（2000）认为，价值主张是指企业实际提供给顾客的特定利益组合，即企业提供哪些利益给顾客。本章认为价值主张可以通过两个简单的问题来回答：①顾客会用什么样的产品来解决问题？（定位）②这些问题会对顾客造成多大影响？（差异化）

上述有关价值主张的研究为其后续的理论发展奠定基础，Ernst 和 Bleeke（1995）的实证研究表明，如果战略联盟的价值主张不清楚或者目标模糊，就会使合作企业间的商业逻辑出现混乱，这样的合作通常以失败告终。

2. 价值创造和价值传递

价值创造和价值传递分别采用价值创造能力和价值传递有效性表示，是指企业整个业务活动系统，包含了企业内部价值链、缔结外部伙伴关系和关键资源能力，回答了"企业如何创造和传递价值给目标顾客？如何保证高效率地完成企业任务"等问题。具体而言，价值创造是指运用本企业独有的能力，将各方资源进行转化，即企业生产满足目标顾客需要的产品或服务的一系列业务活动，是对产品生产和企业管理的过程；价值传递主要是指如何将企业生产出来的产品有效地传递给顾客，让顾客感知到。

总的来说，价值传递依赖于企业的价值创造，企业业务活动系统的核心内容来自于价值创造，Santos 等（2009）提出了如何创造价值的相关问题，它强调的是创造过程本身，发挥企业创造能力主要表现在三个方面，其一要注重内部资源的管理，发挥资源优势和各层级相关的职能，从而形成良性的内部运行机构；其二要注意外部产品开发，开发要适可而止，在满足顾客需求和自身所拥有能力的情况下，尽量地满足市场需求；其三要注重资源和能力的整合，将有限的资源发挥在最大的能力上。然而完整的经营系统是将所创造的价值有效地传递给顾客，Afuah（2004）认为传递路径和客户关系的建设对企业价值的形成也至关重要。

3. 价值获取

价值获取描述企业如何获取收入、降低成本及提高资产利用率，并最大限度地提高财务回报，回答了"企业如何有效地获取经济回报"等问题。Hamel（2000）认为，商业模式除了描述公司的战略、顾客界面、资源、价值网络及其相互连接之外，还有一个重点，就是公司如何赚得应有的利润。当决定了厂商的成本结构和收益模式时，也就决定了厂商能拥有多少价值，而这也是决定商业模式存续的关键因素。本节认为，企业的利润获取主要来自于两个方面：①成本（C），成本的高低决定企业获益空间的大小，适当降低成本，可以为企业带来更大的利润收益；②价格（P），定价越高，企业获利空间越大，而定价高低受顾客感知价值（V）大小的影响，之前的价值主张、价值创造、价值传递都是为了获取较高的顾客感知价值而进行的研究探讨。

价值获取代表着企业的利润收入，利润是企业生存发展的前提，利润获取的多少决定了整个商业模式的成败，如果企业的利润收入不足以支撑公司整体结构的发展，且无法继续投资，那么整个商业模式将会陷入无以为继的困境，最终导致整个商业模式的失败直至整个企业的失败。

6.1.2 融合企业绩效构成维度

根据第 1 章的理论基础与文献回顾可以发现，融合企业绩效蕴含着"三重绩效"理论的相关内容，并指出其绩效是在满足自身经济绩效的同时还应关注其社会绩效和环境绩效。具体含义如表 6-2 所示。

表 6-2　融合企业绩效的构成维度

构成维度	内容描述
经济绩效	主要是指对经济与资源分配及资源利用有关的效率评价
社会绩效	是企业社会责任的概念的延伸，主要包含传统的社会责任及对社会回应的新关怀两个部分
环境绩效	主要是指对其环境进行管理所取得的可测结果，即在环境管理条件下，对环境目标、环境指标等进行的测量

总的来说，经济绩效、社会绩效和环境绩效并不是孤立存在的，它们之间存在着相互协调的关系，具体是指经过人类活动，充分利用环境资源以满足经济增长的需要，但不超过环境系统自我稳定的限度，使得经济、社会和环境能够均衡发展，从而产生持续的生产能力。企业要想获得可持续发展，则要保证经济、社会、环境三个层面的协调发展，具体的来说，企业的目标是获得可观的经济利润，但经济利润的获取需要社会和环境效益的支撑，这样才能使企业获得循环、

可持续发展。

6.2　研究假设和模型构建

6.2.1　商业模式驱动因素对商业模式的影响

在第 5 章已详细阐述了顾客需求、合作共享和绿色企业家精神对商业模式的影响，并提出了 3 个研究假设。

因此，如前文所述，提出具体研究假设：

H_1：顾客需求对商业模式有显著正向影响。

H_{1a}：顾客需求对价值主张有显著正向影响。

H_{1b}：顾客需求对价值创造有显著正向影响。

H_{1c}：顾客需求对价值传递有显著正向影响。

H_{1d}：顾客需求对价值获取有显著正向影响。

H_2：合作共享对商业模式有显著正向影响。

H_{2a}：合作共享对价值主张有显著正向影响。

H_{2b}：合作共享对价值创造有显著正向影响。

H_{2c}：合作共享对价值传递有显著正向影响。

H_{2d}：合作共享对价值获取有显著正向影响。

H_3：绿色企业家精神对商业模式有显著正向影响。

H_{3a}：绿色企业家精神对价值主张有显著正向影响。

H_{3b}：绿色企业家精神对价值创造有显著正向影响。

H_{3c}：绿色企业家精神对价值传递有显著正向影响。

H_{3d}：绿色企业家精神对价值获取有显著正向影响。

6.2.2　商业模式对融合企业绩效的影响

根据上述"三重绩效"的概念和内涵可以判断出"融合企业绩效"是"企业绩效"的拓展和延伸。在探讨商业模式与融合企业绩效关系之前，首先应当理清商业模式与企业绩效之间的关系。

商业模式在企业管理中扮演着积极而重要的角色（Shafer et al., 2005），对企业绩效及其商业目的起着关键性的解释作用（Timmers，1998），是提升企业竞争优势的潜在来源（Teece，2010；Morris et al., 2005）。Afuah 和 Tucci

（2001）认为商业模式是获取和运用企业资源，为客户提供更好价值并获取收益的方式，是直接解释竞争优势和绩效的整体构念。一个新的、有效的商业模式可以创造出卓越的价值，甚至可以替代行业原有模式，成为新的行业标准，并改变这个行业的盈利方式（Magrette，2002）。学者们从不同视角、领域对商业模式与企业绩效之间的关系进行了大量研究。从国内外研究来看，具有代表性的学者及相关研究如下：Morris（2006）认为有效的商业模式能够给企业带来卓越的价值；Afuah（2004）通过对企业战略框架的分析，认为商业模式是企业获取营利能力的核心；Zott 和 Amit（2002，2008）指出，商业模式中价值创造的潜力在于新颖、效率、互补和锁定这四个特征维度，并通过大量的实证分析得出，商业模式越新颖且与差异化、成本领先战略相结合，或是商业模式越有效率且与低成本战略相结合，那么越会提升企业整体的绩效水平；陈琦（2010）探讨了电子商务模式与企业绩效的影响机制，并发现效率型和新颖型商业模式设计对企业绩效有显著正向影响；罗倩和李东（2013）用层次分析法（analytic hierarchy process，AHP）构建了一个商业模式测评体系，最后得出商业模式与企业绩效之间存在显著正相关关系的结论。基于以上研究得出结论，商业模式对融合企业绩效有显著正向影响。

根据融合企业绩效的概念内涵可以看出，"企业绩效"大都强调只追求单一的经济效益，有时甚至为了提升经济绩效而以牺牲环境为代价，超出了企业生存和发展的"三重底线"，进而失去了企业可持续发展的基础。"融合企业绩效"填补了"企业绩效"的概念空白，提出企业在追求经济绩效的同时还应追求社会绩效和环境绩效。基于此，本节提出如下假设：

H_4：商业模式对融合企业绩效有显著正向影响。

H_{4a}：价值主张对经济绩效有显著正向影响。

H_{4b}：价值主张对社会绩效有显著正向影响。

H_{4c}：价值主张对环境绩效有显著正向影响。

H_{4d}：价值创造对经济绩效有显著正向影响。

H_{4e}：价值创造对社会绩效有显著正向影响。

H_{4f}：价值创造对环境绩效有显著正向影响。

H_{4g}：价值传递对经济绩效有显著正向影响。

H_{4h}：价值传递对社会绩效有显著正向影响。

H_{4i}：价值传递对环境绩效有显著正向影响。

H_{4j}：价值获取对经济绩效有显著正向影响。

H_{4k}：价值获取对社会绩效有显著正向影响。

H_{4l}：价值获取对环境绩效有显著正向影响。

6.2.3　基础模型构建

基于以上的假设推导，结合第 4 章的研究框架及第 5 章的商业模式驱动因素的研究结果，我们最终构建了本书的基础研究模型（图 6-1）。该模型以商业模式为中心，包含顾客需求、合作共享、绿色企业家精神三个前因变量，以及经济绩效、社会绩效和环境绩效组成的三个结果变量，对于二者之间的内在关系，将在第 7 章做进一步的深入探讨。

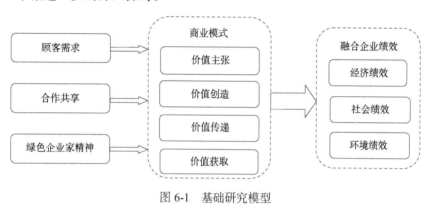

图 6-1　基础研究模型

6.3　研 究 设 计

本节通过对商业模式和融合企业绩效操作性定义和测量的文献回顾，提出了这两个概念的测量量表；在此基础上，通过小样本预测试对量表的信度和效度进行验证，最终形成正式调研的测量量表。

6.3.1　相关概念测量与定义

在上述的基础模型研究中共有 3 个主要概念：商业模式驱动因素、商业模式和融合企业绩效。商业模式驱动因素的测量量表在第 5 章已经做过介绍，下面将重点阐述后两个概念即商业模式和融合企业绩效测量题项的设计过程。

1. 商业模式

根据前文的介绍，商业模式是企业与各个利益相关者建立的整体逻辑分析框架，是企业价值创造的一种逻辑。商业模式包含着价值主张、价值创造、价值传递、价值获取四个构成维度，其中价值主张是商业模式研究的基础，价值创造是商业模式的核心内容，价值传递是商业模式实现的桥梁，价值获取是商业模式追寻的最终目标。由于在现有文献中专门对价值主张、价值创造、价值传递及价值获取的测量量表尚未被开发，本节结合第 1 章有关商业模式的研究理论及第 5 章的实际访谈，同时结合商业模式研究领域的著名学者 Narman 等（2009）、Osterwalder 和 Pigneur（2005）、Zott 和 Amit（2007，2008）的研究成果，将这四个维度转换为可测量的变量。最终形成包括价值主张 3 个测量题项、价值创造 5 个测量题项、价值传递 3 个测量题项、价值获取 5 个测量题项的测试问卷，采用李克特五级量表测量方法（1 代表完全不同意，5 代表完全同意），具体如表 6-3 所示。

表 6-3　商业模式测量量表

维度	题项描述	参考依据
价值主张（VP）	为客户提供优质的产品且价格合理	Osterwalder 和 Pigneur（2005）；Zott 和 Amit（2007，2008）
	及时方便地为客户提供服务	
	客户的满意度和忠诚度高	
价值创造（VC）	竞争对手很难复制我们的核心资源（能力）	
	我们高效的执行关键业务（资源）	
	我们建立了广泛的合作伙伴关系（伙伴）	
	资源和能力实现了高效配置	
	企业在供应链中的影响较大	
价值传递（VD）	我们接触顾客的方式富有创新性（客户关系）	
	我们的渠道通路整合得很好（分销渠道）	
	对客户的需求反应迅速（目标市场）	
价值获取（PM）	该企业投入成本控制在同行业中的较低水平	
	企业的收入来源多样化	
	企业的资产利用效率较高	
	改变了之前传统的收入模式	
	获取利润的方式较过去是创新的	

2. 融合企业绩效

根据本书对融合企业绩效内涵的界定，将其分为经济绩效、社会绩效和环境绩效三个维度。其中经济绩效更多地体现为企业的财务指标，由于 Zott 和 Amit（2007）认为从企业中获取绝对的财务绩效相对困难，他们尝试从成长、获利能力及整体成功三个方面的 6 个指标进行绩效衡量，而 Lane 等（2001）则从定性和定量这两类指标进行衡量;社会绩效更多体现为社会责任的能力和效果的评价,国内学者王冬琴(2014)、邱应倩(2013)主要从该角度对农业企业(合作社)在保障农产品质量安全和带动当地农户等方面进行评价;对于环境绩效的评价主要根据世界资源研究所提出的四项环境绩效指标为依据。

结合上述学者的相关研究,本章采用了 13 个测量题项来度量融合企业的绩效,其中包括经济绩效 5 个测量题项、社会绩效 4 个测量题项、环境绩效 4 个测量题项,并采用李克特五级量表测量方法(1 代表完全不同意,5 代表完全同意),具体如表 6-4 所示。

表 6-4 融合企业绩效测量量表

维度	题项描述	参考依据
经济绩效 (EP)	与同行相比,本企业(合作社)销售利润增长较快	Griffith 和 Harvey(2001); Zott 和 Amit(2007); 赵佳荣(2010); 王冬琴(2014); 邱应倩(2013); GRI 发布的 《可持续发展报告指南》
	与同行相比,本企业(合作社)投资回报率比以前增加了	
	与同行相比,本企业(合作社)的利润率较高	
	与同行相比,本企业(合作社)的产品/服务具有较强竞争力	
	本企业(合作社)近两年市场份额增长较快	
社会绩效 (SP)	能较好地带动当地农民致富	
	加入企业(合作社)成员的生活得到了很大改善	
	对自己农产品质量安全放心	
	合作社能统一销售农产品(仅对合作社)	
环境绩效 (EVP)	较少使用农药(添加剂)等化学产品	
	对于废弃物的回收利用情况良好	
	农业资源材料的利用效率较高	
	减少农业的非产品产出	

6.3.2 量表测试与修正

本节首先通过预调研对初始量表的信度和效度进行检验,并在此基础上对调研问卷进行修正和完善。预调研和本书第 5 章的商业模式驱动因素测量量表同时进行,共发放问卷 130 份,剔除过多信息缺失及无效问卷,最终回收问卷 109 份,有效问卷回收率为 83.8%,满足小样本预测问卷的信度、效度测量要求。预测样本的基本统计情况如表 5-9 所示。

1. 信度分析

由于本节第 5 章已对 Cronbach's α 系数和 CITC 系数值的具体信度区间加以介绍,并得到了较高信度和效度的商业模式驱动因素的测量量表,本书在此不做过多赘述。本节将遵循同样的标准，通过分析各个概念测量量表的内部一致性信度，并对模型中其他概念进行题项净化，我们使用 SPSS 19.0 统计分析软件分别计算出商业模式和融合企业绩效测量量表的 Cronbach's α 系数和 CITC 系数，具体分析结果如表 6-5 和表 6-6 所示。

表 6-5 商业模式各维度内部一致性分析结果（一）

维度	题项代码	CITC	已删除的 α 值	Cronbach's α 系数
VP	VP1	0.657	0.429	0.738
	VP2	0.470	0.637	
	VP3	0.459	0.734	
VC	VC1	0.505	0.761	0.780
	VC2	0.666	0.708	
	VC3	0.493	0.759	
	VC4	0.558	0.739	
	VC5	0.597	0.731	
VD	VD1	0.620	0.781	0.806
	VD2	0.681	0.713	
	VD3	0.673	0.716	
PM	PM1	0.394	0.789	0.772 0.789*
	PM2	0.464	0.757	
	PM3	0.579	0.720	
	PM4	0.677	0.686	
	PM5	0.651	0.693	

*表示删除了其中的一项之后，所获得的新的 Cronbach's α 值

表 6-6 融合企业绩效各维度内部一致性分析结果（一）

维度	题项代码	CITC	已删除的 α 值	Cronbach's α 系数
EP	EP1	0.393	0.751	0.750
	EP2	0.686	0.634	
	EP3	0.666	0.652	
	EP4	0.398	0.746	
	EP5	0.458	0.725	
SP	SP1	0.363	0.636	0.657
	SP2	0.589	0.483	
	SP3	0.466	0.569	
	SP4	0.355	0.651	
EVP	EVP1	0.636	0.770	0.816
	EVP2	0.706	0.734	
	EVP3	0.601	0.785	
	EVP4	0.607	0.782	

　　从表 6-5 中可以看出，该量表的各维度测量结果的 Cronbach's α 系数均达到了 0.7 以上，最小的值都达到了 0.738，可是 CITC 系数都不是特别高，其中最小的 CITC 系数才只有 0.394，且对该测量题项进行删除后 Cronbach's α 系数可以从 0.772 上升至 0.789，但提高的幅度并不是特别大。陈晓萍等（2012）指出在进行小样本测试中可以保留 CITC 值大于 0.3 的测量题项，因而进行相关研究测量后，应对所有题项都进行保留。

　　从表 6-6 融合企业绩效量表的内部一致性分析结果中可以看出，其测量量表的 Cronbach's α 系数最小为 0.657，吴明隆和涂金堂（2012）认为因子层面的 Cronbach's α 系数最好在 0.7 以上，如果是 0.6 以上，也是可以接受的，且每个测量题项的 CITC 值也都超过了小样本测试中的 0.3 的最低标准。对于量表中的测量题项，如果再删除其中的某一项之后将会造成相应概念的 Cronbach's α 系数降低，这表明融合企业绩效测量量表具有较好的内部一致性，应该保留该测量量表中的所有测量题项。

2. 效度分析

　　效度分析即有效性分析，是指测量工具式手段能够准确测出所测量事物的程度，主要考察的是测量量表的内容效度和结构效度。内容效度是指测验内容的代表性及抽样的适当性；结构效度是指测量理论上的构念或特征的程度。在行为和社会科学的研究领域中，在效度的检验上研究者及学者们最常用的方法为"因子分析"（吴明隆和涂金堂，2012），因为因子分析能够根据所提出的公共因子对变量维度进行客观的划分。

　　根据表 6-7 分析结果，商业模式问卷的 KMO 值为 0.794，大于 0.5 的基本要求，并通过 Bartlett 球形检验（$P<0.000$），这说明预调研数据适合做探索性因子分析。本节运用主成分分析方法，以特征值 1 的标准进行最大化方差正交旋转，共获得 4 个特征值大于 1 的因子，得出累积解释方差变动率为 65.213%。每个测量题项在单一维度的因子负荷都大于 0.5 时，才表明测量量表具有较好的收敛效度和单维度性，分析结果显示 VC3、VC4、PM1、PM3 均未达到最低因子负荷值，因此对未达到要求的 4 个测量题项进行删除，最终得到包括四个维度共 12 个测量题项的商业模式测量问卷。具体分析结果见表 6-7。

表 6-7　商业模式探索性因子分析结果（一）

题项	因子 1	因子 2	因子 3	因子 4
VP1				0.853
VP2				0.805
VP3				0.636
VC1	0.783			

续表

题项	因子1	因子2	因子3	因子4
VC2	0.680			
VC5	0.640			
VD1		0.655		
VD2		0.657		
VD3		0.554		
PM2			0.500	
PM4			0.824	
PM5			0.827	

注：仅显示因子负荷大于 0.5 的题项

表 6-8 结果显示，所有测量题项的 KMO 检验值为 0.801，均高于 0.50 的基本标准，这说明观察的测量变量适合进行因子分析，经过最大化正交旋转后，提取出 3 个特征值大于 1 的因子，分别对应本节提出的 3 个变量，且 3 个因子累计解释方差变动率为 61.351%。然而 EP1、EP5、SP4 均未达到最低因子负荷值，因而，对未达到要求的 3 个测量题项进行删除，最终得到包括三个维度共 10 个测量题项的融合企业绩效测量问卷。具体分析结果见表 6-8。

表 6-8　融合企业绩效探索性因子分析结果（一）

题项	因子1	因子2	因子3
EP2		0.772	
EP3		0.815	
EP4		0.718	
SP1			0.686
SP2			0.687
SP3			0.738
EVP1	0.791		
EVP2	0.839		
EVP3	0.717		
EVP4	0.697		

注：仅显示因子负荷大于 0.5 的题项

综上所述，本节首先通过文献回顾、题项筛选等方式形成本章理论模型中各变量的初始测量题项；其次对初始测量题项进行小样本预测试，以检测量表的信度和效度，通过预调研数据分析，我们删除了商业模式维度下的 4 个测量题项及融合企业绩效维度下的 3 个测量题项；最后结合第 5 章已开发的商业模式驱动因素的测量量表，同时加入企业及管理者的基本情况，最终形成本书的正式调研问卷。在调研问卷中，我们对主模型所涉及的商业模式前因及商业模式结果进行调查，所有的测量题项均采用李克特五级量表的形式，其中问卷还包含了企业及被调研管理者的基本信息，如企业性质、所属类型、管理者任职年限等，并在可能的情况下对每位调研者都进行相关内容的访谈，这样更好地保证了数据来源的可靠性和真实性。

6.4 实证分析与模型检验

本节首先对大样本数据调查进行描述性的统计分析，在此基础上对测量量表进行信度和效度检验；其次，采用验证性因子分析方法对测量量表的结构效度和收敛效度进行分析；最后，运用相关分析法和结构方程模型验证各变量关系的路径系数和显著性水平，对理论模型进行拟合、修正，并对提出的假设进行验证。

6.4.1 样本描述

本章正式调研与第 5 章商业模式驱动因素的正式调研同时进行，共回收有效问卷 354 份，调查样本的描述性统计在第 5 章已经做过详细介绍，且模型中的商业模式驱动因素的量表检验已经介绍过，故本章不再赘述。

商业模式维度下各测量题项数据的描述性统计分析如表 6-9 所示，该量表中各测量题项的数据均值为 3.75~4.70，标准差为 0.495~1.042，偏度指标的绝对值均小于 3，峰度指标的绝对值小于 10，这说明商业模式的测量题项数据均服从正态分布。

表 6-9 商业模式构成维度的描述性统计 (N=354)

维度	题项代码	均值	标准差	偏度（|SK|）		峰度（|BK|）	
		统计量	统计量	统计量	标准差	统计量	标准差
VP	VP1	4.70	0.495	1.280	0.130	0.535	0.259
	VP2	4.69	0.509	1.344	0.130	0.805	0.259
	VP3	4.44	0.743	1.233	0.130	1.063	0.259
VC	VC1	3.75	1.042	0.428	0.130	0.621	0.259
	VC2	4.16	0.787	0.773	0.130	0.505	0.259
	VC5	3.97	0.917	0.681	0.130	0.012	0.259
VD	VD1	3.95	0.883	0.571	0.130	0.104	0.259
	VD2	4.07	0.828	0.920	0.130	1.104	0.259
	VD3	4.24	0.805	1.086	0.130	1.341	0.259

续表

维度	题项代码	均值	标准差	偏度（|SK|）		峰度（|BK|）	
		统计量	统计量	统计量	标准差	统计量	标准差
PM	PM2	3.87	0.897	0.807	0.130	0.601	0.259
	PM4	4.09	0.757	0.699	0.130	0.701	0.259
	PM5	4.10	0.820	0.661	0.130	0.211	0.259

融合企业绩效量表的描述性统计分析如表 6-10 所示，分析结果显示各测量题项的数据均值为 3.74~4.60，标准差为 0.650~0.899，偏度指标的绝对值均小于3，峰度指标的绝对值小于 10，这说明融合企业绩效的测量题项数据均服从正态分布。

表 6-10 融合企业绩效的描述性统计（*N*=354）

维度	题项代码	均值	标准差	偏度（|SK|）		峰度（|BK|）	
		统计量	统计量	统计量	标准差	统计量	标准差
EP	EP2	4.07	0.887	0.975	0.130	0.986	0.259
	EP3	4.27	0.786	0.942	0.130	0.662	0.259
	EP4	4.01	0.831	0.516	0.130	0.165	0.259
SP	SP1	4.60	0.650	1.556	0.130	1.898	0.259
	SP2	4.31	0.733	1.037	0.130	1.411	0.259
	SP3	4.20	0.801	0.876	0.130	0.582	0.259
EVP	EVP1	3.93	0.807	0.515	0.130	0.098	0.259
	EVP2	3.74	0.899	0.363	0.130	0.372	0.259
	EVP3	4.03	0.806	0.684	0.130	0.439	0.259
	EVP4	3.88	0.825	0.451	0.130	0.087	0.259

6.4.2 信度和效度分析

1. 内部一致性信度分析

在对商业模式和融合企业绩效的量表测量中，均采用了 Cronbach's α 系数和CITC 系数来检验量表的内部一致性信度。从表 6-11 显示结果可以看出，商业模式测量量表中CICT 值均超过了 0.5 的标准，各维度下的 Cronbach's α 系数也均超过了 0.7 的标准，且删除任意测量题项都会带来 Cronbach's α 系数值下降，这说明净化后的测量题项之间具有较强的相关性，不需要删除任何测量题项，该量表具有较好的可靠性。

表 6-11　商业模式各维度内部一致性分析结果（二）

维度	题项代码	CITC	已删除的 α 值	Cronbach's α 系数
VP	VP1	0.568	0.536	0.718
	VP2	0.549	0.551	
	VP3	0.553	0.629	
VC	VC1	0.561	0.561	0.709
	VC2	0.578	0.559	
	VC5	0.543	0.700	
VD	VD1	0.592	0.752	0.789
	VD2	0.638	0.699	
	VD3	0.654	0.684	
PM	PM2	0.520	0.681	0.726
	PM4	0.632	0.521	
	PM5	0.578	0.575	

　　融合企业绩效的内部一致性分析结果如表 6-12 所示。可以看出，融合企业绩效测量量表中 CICT 值均超过了 0.5 的标准，各维度下的 Cronbach's α 系数也均超过了 0.7 的标准，且删除任意测量题项都会带来 Cronbach's α 系数值下降，这说明净化后的测量题项之间具有较强的相关性，不需要删除任何测量题项，该量表具有较好的可靠性。

表 6-12　融合企业绩效各维度内部一致性分析结果（二）

维度	题项代码	CITC	已删除的 α 值	Cronbach's α 系数
EP	EP2	0.610	0.693	0.775
	EP3	0.652	0.649	
	EP4	0.556	0.739	
SP	SP1	0.564	0.648	0.703
	SP2	0.609	0.456	
	SP3	0.557	0.669	
EVP	EVP1	0.678	0.812	0.848
	EVP2	0.754	0.778	

维度	题项代码	CITC	已删除的 α 值	Cronbach's α 系数
EVP	EVP3	0.636	0.829	0.848
	EVP4	0.685	0.809	

2. 探索性因子分析

在通过探索性因子分析来检验各个变量的收敛效度之前，首先对量表进行 KMO 和 Bartlett 检验。经计算商业模式和融合企业绩效测量量表的 KMO 值分别为 0.780 和 0.824，均超过了 0.5 的最低标准，这说明正式调研的样本数据适合进行探索性因子分析。

其次，我们运用主成分分析方法，采用最大方差法进行正交旋转，利用 SPSS 19.0 统计分析软件得到探索性因子分析的结果。本节将各维度下的所有测量题项放在一起进行主成分分析，以特征值大于 1 作为标准进行方差最大化正交旋转，具体旋转结果如表 6-13 和表 6-14 所示。

表 6-13　商业模式探索性因子分析结果（二）

题项	因子 1	因子 2	因子 3	因子 4
VP1				0.852
VP2				0.815
VP3				0.657
VC1		0.830		
VC2		0.789		
VC5		0.540		
VD1	0.641			
VD2	0.846			
VD3	0.844			
PM2			0.615	
PM4			0.845	
PM5			0.850	

注：仅显示因子负荷大于 0.5 的题项

表 6-14　融合企业绩效探索性因子分析结果（二）

题项	因子 1	因子 2	因子 3
EP2		0.814	
EP3		0.805	

续表

题项	因子 1	因子 2	因子 3
EP4		0.763	
SP1			0.670
SP2			0.874
SP3			0.682
EVP1	0.792		
EVP2	0.856		
EVP3	0.763		
EVP4	0.790		

注：仅显示因子负荷大于 0.5 的题项

表 6-13 结果显示，按照特征值大于 1 的提取标准，商业模式各测量题项共可以提取出 4 个共同因子，4 个因子可以累积解释方差变动率 67.76%。表 6-13 中每个测量题项的因子负荷系数为 0.540~0.852，均大于 0.5 的标准，且各测量题项间不存在跨因子负荷现象，这说明各变量间的区分度较好。

表 6-14 结果显示，按特征值大于 1 的提取标准，融合企业绩效各个测量题项可以提取出 3 个共同因子，3 个因子可以累计解释方差变动率 67.68%。表 6-14 中每个测量题项的因子负荷系数为 0.670~0.856，均大于 0.5 的标准，且各测量题项间不存在跨因子负荷现象，这说明各变量间的区分度较好。因此，经过探索性因子分析之后，问卷的结构效度得到验证，我们可以保留所有测量题项进入后续工作。

6.4.3　验证性因子分析

为了进一步对测量量表加以验证，我们仍然采用验证性因子分析的方法来检验量表的收敛效度和区别效度，本节采用 AMOS 24.0 统计分析软件进行验证性因子分析。模型估计采用最大似然估计法，使用绝对性拟合度中的五项指标进行测量，即 χ^2、GFI、AGFI、RMSEA 和 RMR；并使用比较性拟合度中的三项指标进行测量，即 χ^2/df、CFI 和 NFI，其中 χ^2/df 指标建议为 2~5，GFI、AGFI、CFI 和 NFI 建议大于或接近 0.9，RMR 取值应小于 0.5，RMSEA 取值应小于 0.08，这时模型才具有较好的拟合效果。

对商业模式模型的拟合结果显示，其 RMSEA 的值为 0.095，查看修正指标发现将误差项 e_3、e_4、e_6、e_7、e_8、e_{10} 由固定参数改为自由参数，至少可以降低 χ^2

值 75.998，因而修正后的拟合结果如表 6-15 和图 6-2 所示。

表 6-15　商业模式因子分析拟合指数结果

指标	χ^2	df	χ^2/df	GFI	AGFI	NFI	CFI	RMSEA	RMR
修正前	201.315	48	4.194	0.913	0.859	0.856	0.885	0.095	0.052
修正后	125.317	44	2.848	0.945	0.903	0.910	0.939	0.072	0.045

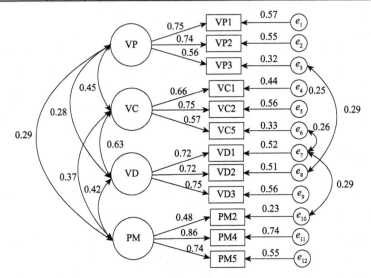

图 6-2　商业模式验证性因子分析

商业模式验证性因子分析结果如表 6-15 所示，其中经过修正后的 χ^2/df 值为 2.848，介于 2~5，其中 GFI、AGFI、CFI 和 NFI 值分别为 0.945、0.903、0.939、0.910，数值均大于 0.9；RMR 值为 0.045，其值小于 0.05；RMSEA 取值为 0.072，小于 0.08 的临界标准。上述结果说明修正后商业模式测量模型与数据拟合效果较好（图 6-2），该测量量表可以用于下一步分析。

对融合企业绩效模型的拟合结果如表 6-16 所示，其 RMSEA 的值为 0.089，查看修正指标发现将误差项 e_4、e_6、e_9、e_{10} 由固定参数改为自由参数，至少可以降低 χ^2 值 29.709，因而修正后的拟合结果如表 6-16 和图 6-3 所示。

表 6-16　融合企业绩效因子分析拟合指数结果

指标	χ^2	df	χ^2/df	GFI	AGFI	NFI	CFI	RMSEA	RMR
修正前	121.913	32	3.810	0.932	0.883	0.910	0.931	0.089	0.033
修正后	70.568	30	2.352	0.962	0.930	0.948	0.969	0.062	0.029

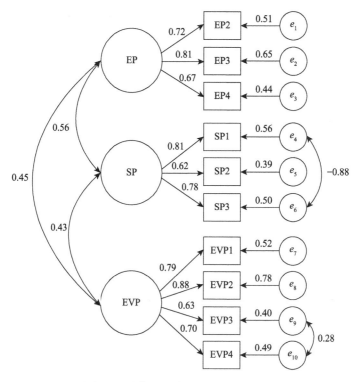

图 6-3　融合企业绩效验证性因子分析

融合企业绩效验证性因子分析结果如表 6-16 所示，其中经过修正后的 χ^2/df 值为 2.352，介于 2~5，其中 GFI、AGFI、CFI 和 NFI 值分别为 0.962、0.930、0.969、0.948，数值均大于 0.9；RMR 值为 0.029，其值小于 0.05；RMSEA 取值为 0.062，小于 0.08 的临界标准。上述结果说明修正后融合企业绩效测量模型与数据拟合效果较好（图 6-3），该测量量表适合用于下一步分析。

6.4.4　模型分析与假设检验

1. 相关性分析

相关性分析是指对两个或多个具备相关性的变量进行分析，从而衡量变量间的相关密切程度。在进行结构方程模型检验之前，有必要对模型中各个变量间的相关性进行检验，只有通过相关性检验，才可以初步确定研究模型中变量间的关系，继续进行下一步的结构方程检验。因此，相关分析是进行模型检验的基础。

本节使用 SPSS 19.0 统计分析软件对各变量间的相关性进行检验（表 6-17）。

结果显示，商业模式及其驱动因素与融合企业绩效间具有较好的相关性。相关关系只是对研究模型的初步检验，虽然反映了变量间的相关程度，但具体的关系系数是多少并不清楚。因此，后续检验中将把各变量纳入结构方程模型，并将做进一步的验证分析。

表 6-17   变量相关性分析

变量	CD	GES	PS	VP	VC	VD	PM	EP	SP	EVP
CD	1									
GES	0.377**	1								
PS	0.346**	0.443**	1							
VP	0.246**	0.200**	0.290**	1						
VC	0.223**	0.195**	0.311**	0.384**	1					
VD	0.334**	0.268**	0.349**	0.284**	0.513**	1				
PM	0.285**	0.296**	0.329**	0.240**	0.346**	0.367**	1			
EP	0.299**	0.456**	0.274**	0.259**	0.282**	0.304**	0.249**	1		
SP	0.258**	0.425**	0.316**	0.236**	0.049	0.194**	0.313**	0.438**	1	
EVP	0.207**	0.315**	0.401**	0.289**	0.398**	0.408**	0.431**	0.384**	0.414**	1

**表示显著性水平 $P<0.01$（双侧）

2. 结构方程模型分析

结构方程模型是利用统计分析技术来处理多因素关系的一种定量研究方法，在综合利用多元回归分析、路径分析、因子分析及方差分析的基础上，能够分析多个因变量、多个自变量之间的复杂因果关系。结构方程模型利用样本数据来测量模型的拟合度，拟合度较差时对模型进行评价和修正，进而得到拟合度最高的最优模型。结构方程模型的计算较为复杂，但目前 LISREL 和 AMOS 等统计分析软件出现之后，结构方程分析成为解决复杂多元关系的强有力的分析工具。

结构方程模型由测量模型和结构模型两部分组成，在逻辑上是密不可分的，测量模型主要描述的是潜变量和显变量之间的关系，表明一个潜变量是由哪些显变量来度量的；而结构模型描述的是潜变量之间的关系，描述的是在多元回归中外生变量和内生变量之间的关系模型。一般来说验证研究假设主要在结构模型中进行体现，这与多元回归分析中自变量对因变量的影响类似。由于结构方程中所处理的都是潜变量，而潜变量又不是可直接观测，因而变量需要有设计过程，使其变量类型可以从概念型转变为操作型。

本书中商业模式驱动因素属于外生变量,由三个维度构成,包括客户需求、合作共享、绿色企业家精神;商业模式和企业绩效属于内生变量,其中商业模式由四个维度构成,包括价值主张、价值创造、价值传递、价值获取;融合企业绩效由三个维度构成,包括经济绩效、社会绩效和环境绩效,每个潜变量都是由各自对应的显变量进行测量。

1)初始结构模型(M1)分析结果

通过第 5 章和本章相关内容的分析,模型中各变量的测量模型都具有较好的信度和效度,而且通过了模型各变量的相关性检验,为了进一步深入了解变量间的作用关系,下面采用 AMOS 24.0 统计分析软件对初始结构方程模型进行分析。

表 6-18 显示了初始结构模型的拟合结果,χ^2/df 值为 3.011,其值介于 2~5 建议值;RMSEA 的值为 0.075,小于 0.08 的上限值;RMR 的值为 0.046,小于 0.5 的限制值,因而表明此初始模型的拟合结果可以接受,然而 GFI、AGFI、NFI、CFI 指标还未达到 0.9 的标准,所以为了使模型达到最优拟合值,还需要对其进行进一步修正。

表 6-18　初始结构模型(M1)的拟合指标

χ^2	df	χ^2/df	GFI	AGFI	NFI	CFI	RMSEA	RMR
1 315.779	437	3.011	0.805	0.765	0.736	0.804	0.075	0.046

从图 6-4 和表 6-19 可以看出,拟合模型中客户需求对商业模式四个维度(价值主张、价值创造、价值传递、价值获取)影响的标准化路径系数分别为 0.178、0.321、0.413、0.297,均达到了显著性水平;绿色企业家精神对商业模式四个维度影响的标准化路径分别为 0.033、0.117、0.136、0.338,其中绿色企业家精神对价值主张、价值创造、价值传递的影响不显著;合作共享对商业模式四个维度影响的标准化路径分别为 0.420、1.013、0.822、0.719,均达到了显著性水平。价值主张对融合企业绩效三个维度(经济绩效、社会绩效和环境绩效)的标准化路径系数分别为 0.197、0.222、0.600,其中价值主张对经济绩效和环境绩效的影响不显著;价值创造对融合企业绩效三个维度的标准化路径系数分别为 0.121、-0.095、0.187,其中价值创造能力对经济绩效的影响不显著,价值创造能力对环境绩效呈负向影响;价值传递对融合企业绩效三个维度的标准化路径系数分别为 0.192、0.089、0.212,其中价值传递对社会绩效的影响不显著;价值获取能力对融合绩效三个维度的标准化路径系数分别为 0.280、0.295、0.410,均达到了显著性水平。

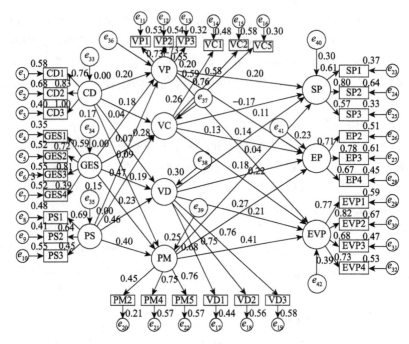

图 6-4 初始结构模型（M1）

表 6-19 初始结构模型（M1）的路径分析

假设	关系	标准化路径	T 值	是否显著	假设检验结果
H_{1a}	VP←CD	0.178**	2.915	是	支持
H_{1b}	VC←CD	0.321**	2.678	是	支持
H_{1c}	VD←CD	0.413***	4.372	是	支持
H_{1d}	PM←CD	0.297**	3.025	是	支持
H_{2a}	VP←PS	0.420***	4.777	是	支持
H_{2b}	VC←PS	1.013***	5.393	是	支持
H_{2c}	VD←PS	0.822***	5.618	是	支持
H_{2d}	PM←PS	0.719***	5.025	是	支持
H_{3a}	VP←GES	0.033	0.582	否	不支持
H_{3b}	VC←GES	0.117	1.059	否	不支持
H_{3c}	VD←GES	0.136	1.525	否	不支持
H_{3d}	PM←GES	0.338***	3.555	是	支持
H_{4a}	EP←VP	0.197	1.604	否	不支持
H_{4b}	SP←VP	0.222**	2.688	是	支持
H_{4c}	EVP←VP	0.600	0.566	否	不支持
H_{4d}	EP←VC	0.121	1.936	否	不支持
H_{4e}	SP←VC	−0.095**	−2.279	是	负向支持
H_{4f}	EVP←VC	0.187**	3.356	是	支持
H_{4g}	EP←VD	0.192**	2.583	是	支持

续表

假设	关系	标准化路径	T 值	是否显著	假设检验结果
H_{4h}	SP←VD	0.089	1.853	否	不支持
H_{4i}	EVP←VD	0.212**	3.281	是	支持
H_{4j}	EP←PM	0.280***	3.729	是	支持
H_{4k}	SP←PM	0.295***	5.294	是	支持
H_{4l}	EVP←PM	0.410***	5.949	是	支持

***表示显著性水平 $P<0.001$，**表示显著性水平 $P<0.01$，*表示显著性水平 $P<0.05$

2）修正结构模型（M2）分析

在初始结构模型的基础之上，将不显著的路径去掉，即删除"绿色企业家精神→价值主张""绿色企业家精神→价值创造""绿色企业家精神→价值传递""价值主张→经济绩效""价值主张→环境绩效""价值创造→经济绩效""价值传递→社会绩效"这七条路径，并在商业模式构成维度中增加了"价值主张→价值创造""价值主张→价值传递""价值创造→价值获取"这三条路径。最终的修正模型如图 6-5 所示。

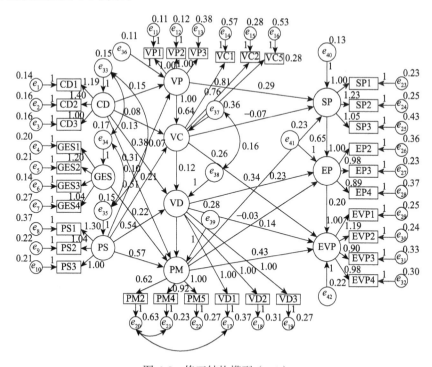

图 6-5　修正结构模型（M2）

M2 拟合指标如表 6-20 所示，其中整个模型的自由度从 1 315.779 下降至 1 238.802，χ^2 值和自由度的比值从 3.011 下降至 2.828，说明 M2 比初始模型 M1

的总体拟合效果更好。虽然 GFI、AGFI、NFI、CFI 均未达到 0.9 的标准，但都接近 0.9，而且最重要的两项指标 RMR 和 RMSEA 均分别达到了 0.5 和 0.8 的标准，说明模型的拟合度较好。表 6-21 显示修正后的路径系数均达到了显著性水平，研究模型得到支持。

表 6-20　修正结构模型（M2）的拟合指标

χ^2	df	χ^2/df	GFI	AGFI	NFI	CFI	RMSEA	RMR
1 205.123	436	2.764	0.868	0.828	0.851	0.898	0.071	0.045

表 6-21　修正结构模型（M2）的路径分析

假设	关系	标准化路径	T 值	是否显著	假设检验结果
H_{1a}	VP←CD	0.184**	3.024	是	支持
H_{1b}	VC←CD	0.335**	2.786	是	支持
H_{1c}	VD←CD	0.466***	4.672	是	支持
H_{1d}	PM←CD	0.297**	3.147	是	支持
H_{2a}	VP←PS	0.445***	4.986	是	支持
H_{2b}	VC←PS	1.129***	5.752	是	支持
H_{2c}	VD←PS	0.918***	6.010	是	支持
H_{2d}	PM←PS	0.765***	5.353	是	支持
H_{3d}	PM←GES	0.343***	3.791	是	支持
H_{4b}	SP←VP	0.206*	2.541	是	支持
H_{4e}	SP←VC	−0.089**	−2.191	是	负向支持
H_{4f}	EVP←VC	0.178**	3.358	是	支持
H_{4g}	EP←VD	0.238***	2.583	是	支持
H_{4i}	EVP←VD	0.190**	3.025	是	支持
H_{4j}	EP←PM	0.392***	4.873	是	支持
H_{4k}	SP←PM	0.368***	5.946	是	支持
H_{4l}	EVP←PM	0.466***	6.310	是	支持

***表示显著性水平 $P<0.001$，**表示显著性水平 $P<0.01$，*表示显著性水平 $P<0.05$

3）模型分析

本节的初始模型为 M1，模型 M2 对初始模型 M1 进行了修正，根据前文分析，模型 M2 删除了模型 M1 中不显著的路径，并增加了商业模式四个维度间的作用关系。虽然两个模型都达到了基本的拟合要求（重点看 RMSEA 值），但比较两个模型的拟合系数值，综合来说模型 M2 的整体拟合值要高于模型 M1，因而确定模型 M2 为最优拟合模型。

表 6-21 对研究假设进行总结，原有假设中 24 个假设 16 个得到支持，7 个假设没有达到显著性水平，有一项假设达到显著性水平但是与之前的假设相违背，假设没有得到验证；与此同时在改进模型过程中，增加了 5 条路径，使得原有模

型更为合理。

对于模型中没有得到支持的 8 个假设，具体分析如下。

"H_{3a}：绿色企业家精神对价值主张有显著正向影响"没有得到支持。

"H_{3b}：绿色企业家精神对价值创造有显著正向影响"没有得到支持。

"H_{3c}：绿色企业家精神对价值传递有显著正向影响"没有得到支持。

绿色企业家精神是企业家群体中所拥有的绿色、环保意识，即企业家们希望将本企业发展成为绿色、环保、无污染的一种愿望，期望朝着绿色企业的方向进行发展。绿色企业是一种未来发展的愿景，是每个企业家都希望打造的类型，就好比马斯洛需求层次理论中的高层次的精神需求，而精神需求是建立在物质需求的基础之上，只有拥有强大的物质基础，才有能力和精力打造绿色企业；同时绿色、无污染是当前的主流思想，企业家们有意识或无意识都会提到绿色发展的思想，但是极少能够真正将其纳入企业的战略规划，对于如何实施，怎样要求都没有明确指引，且在理论和政策资料的回顾及实践调研中发现，农村产业融合企业还处于初步发展阶段，大部分都属于 50 人以下、成立年数小于 5 年的中小型企业，这说明此类企业更多的还处于需求层次的较低阶段，还未有能力或精力进行较高层次的发展，企业家们此前将精力集中在企业的生存上，而对于绿色发展虽然有绿色精神的支持，但并未真正拥有绿色创造的能力。企业对于绿色理念的推广，得到了广大消费者的认可，虽然并未提升本质的生产能力，但也获得了一定的正面宣传作用，在一定程度上提升了企业的利润水平。基于以上分析，目前融合企业的绿色企业家精神对其价值主张、价值创造、价值传递的影响均不显著，对价值获取正向关系的显著性水平却得到了支持。

"H_{4a}：价值主张对经济绩效有显著正向影响"没有得到支持。

"H_{4c}：价值主张对环境绩效有显著正向影响"没有得到支持。

价值主张是指企业为顾客提供怎样的产品和服务，为企业的未来发展提供指引；代表企业未来的发展规划，属于未来发展的一种愿景，并不能带来直接的财务绩效提升，同时也不会带来直接的环境效益，因而对其经济绩效和环境绩效的影响并不显著；但是如果企业规划明确、设计清晰，且受到大众认可，其正面的形象可能会对企业带来一定的社会影响，因而价值主张对社会绩效的显著影响得到了支持。

"H_{4h}：价值传递对社会绩效有显著正向影响"没有得到支持。

价值传递是指企业将所提供的产品和服务如何有效地传递给顾客的过程，体现出企业价值与顾客价值之间是否实现了有效或等值传输。价值传递的有效性越高，顾客接受企业的可能性越大，那么为企业带来经济绩效的可能性也会越大，因而价值传递对经济绩效影响显著；同时，对于融合企业而言，能够被消费者所接受，那么必须具有环保、无污染的保证，进而体现出了企业的环境绩效，然而价值传递是否有效并不能直接呈现社会整体福利水平的提升，因而价值传递对社会绩效的影响不显著。

"H_{4d}：价值创造对经济绩效有显著正向影响"没有得到支持。

"H_{4e}：价值创造对社会绩效有显著正向影响"得到负向支持。

价值创造对经济绩效有显著性影响没有得到支持，这说明对于融合企业而言，并不是价值创造能力越强就能获得越高的经济回报。农业发展过程中出现的"卖难买贵"现象则说明了这类问题，如许多农业企业具有很强的生产能力，却出现了销售无门的现象，这正说明了并不是企业的价值创造能力越强就越能提升其经济绩效。

价值创造对融合企业绩效（社会、环境）有显著性影响均得到支持，这说明价值创造能力对融合企业绩效的影响较大，然而价值创造能力对社会绩效体现为负向影响关系。此类关系的形成是由于融合企业价值创造能力越强，其整体的关注度将会提升，而消费者注视习惯在于较多地关注农产品的负面消息，对正面消息反而视而不见，或者认为是"理所当然"，因而企业创造能力越强，越会吸引消费者眼球，那么"出错"的可能性就会变大，最终价值创造能力越强其社会绩效反而越小。

对于模型中新增的五个假设，分析如下：

H_5：价值主张对价值创造有显著正向影响。

H_6：价值主张对价值传递有显著正向影响。

H_7：价值主张对价值获取有显著正向影响。

价值主张是商业模式形成的起点，直接影响企业未来的创造、传递和获取。企业的价值主张越清晰，价值创造方向也会越明确，同时价值传递渠道也会更有效，价值获取能力也将会有所提升。有人将明晰的价值主张比喻成商业模式的"心脏"，价值获取能力是商业模式的"动脉"，本节进一步地将价值创造能力比喻成商业模式的"大脑"，价值传递有效性比喻成商业模式的"神经系统"。"心脏"指挥着"动脉""大脑""神经系统"的活动，是整个活动的中心环节，因而价值主张作为整个商业模式的中心，对价值创造能力、价值传递有效性及价值获取能力的提升都有着显著的正向影响。

H_8：社会绩效对经济绩效有显著正向影响。

H_9：环境绩效对经济绩效有显著正向影响。

企业是以营利为目的的，最终都是为了获取更多的经济利润，社会绩效和环境绩效的提升都是为经济绩效提供基础。具体而言，社会绩效体现在企业所履行的社会责任之中，所履行的社会责任扩大了企业的影响力，进而增加了企业的经济绩效；而环境绩效同样也体现在企业在履行环境责任之时，以绿色、环保企业进行推广，扩大企业正面影响力，进而提升了企业的经济绩效水平。

6.5　本　章　小　结

本章首先提出初始研究模型；其次对相关概念进行逐步分析；再次对初始模型进行拟合和修正，并进行检验；最后修正模型并提出最终的研究假设（表6-22）。

表 6-22　研究假设总结

编号	假设描述	检验结果
H_{1a}	客户需求对价值主张有显著正向影响	支持
H_{1b}	客户需求对价值创造有显著正向影响	支持
H_{1c}	客户需求对价值传递有显著正向影响	支持
H_{1d}	客户需求对价值获取有显著正向影响	支持
H_{2a}	合作共享对价值主张有显著正向影响	支持
H_{2b}	合作共享对价值创造有显著正向影响	支持
H_{2c}	合作共享对价值传递有显著正向影响	支持
H_{2d}	合作共享对价值获取有显著正向影响	支持
H_{3a}	绿色企业家精神对价值主张有显著正向影响	不支持
H_{3b}	绿色企业家精神对价值创造有显著正向影响	不支持
H_{3c}	绿色企业家精神对价值传递有显著正向影响	不支持
H_{3d}	绿色企业家精神对价值获取有显著正向影响	支持
H_{4a}	价值主张对经济绩效有显著正向影响	不支持
H_{4b}	价值主张对社会绩效有显著正向影响	支持
H_{4c}	价值主张对环境绩效有显著正向影响	不支持
H_{4d}	价值创造对经济绩效有显著正向影响	不支持
H_{4e}	价值创造对社会绩效有显著正向影响	负向支持
H_{4f}	价值创造对环境绩效有显著正向影响	支持
H_{4g}	价值传递对经济绩效有显著正向影响	支持
H_{4h}	价值传递对社会绩效有显著正向影响	不支持
H_{4i}	价值传递对环境绩效有显著正向影响	支持
H_{4j}	价值获取对经济绩效有显著正向影响	支持
H_{4k}	价值获取对社会绩效有显著正向影响	支持

编号	假设描述	检验结果
H_{41}	价值获取对环境绩效有显著正向影响	支持
H_5	价值主张对价值创造有显著正向影响	支持
H_6	价值主张对价值传递有显著正向影响	支持
H_7	价值主张对价值获取有显著正向影响	支持
H_8	社会绩效对经济绩效有显著正向影响	支持
H_9	环境绩效对经济绩效有显著正向影响	支持

第7章 商业模式与融合企业绩效关系的中介和调节作用的研究分析

本章是在第 6 章的基础上对商业模式与融合企业绩效之间的内在机理进行讨论，探讨资源整合的中介作用及互动导向的调节作用。结合第 1 章的理论基础与文献回顾及第 6 章的主效应研究结果，进一步完善商业模式与农村产业融合企业绩效的理论体系。

7.1 资源整合的中介作用

有关资源的研究最早始于资源基础理论。在 1959 年学者 Penrose 将资源观引进企业战略管理领域，并提出企业是"一个有边界的资源集合"，他认为只有企业内部资源才是进步和发展的源泉。随着研究的不断深入，越来越多的研究表明，单纯拥有内部资源并不能形成企业的竞争优势，只有对企业内外资源进行有效配置，将不同种类和数量的资源通过合适的方式进行整合，才能实现资源的价值最大化。因而，有效整合企业内外资源是提升绩效的重要途径。

7.1.1 资源整合的内涵及划分维度

1. 资源整合的内涵

"资源"是指在一国或一定区域内所拥有的人力、物力、财力等各种物质要素的总称。整合是指协调企业资产或资源以形成新的资源基础能力（Bowman and Ambrosini，2003）。资源整合是指企业通过识别和获取其成长发展所需的资源，并进行优化配置以形成能力的过程。农村产业融合企业的资源整合主要是指农业企业在获取所需要的资源之后，将已经得到的资源在农业产业内部或产业之间进行相互捆绑，以形成新的企业能力的过程（王通武，2016）。

整合所需资源是融合企业生产和发展过程中非常重要的策略性选择，其实在企业成长发展的过程中，对所需资源进行整合要比改变企业实质能力更加必不可少（刘树森，2014）。Prahalad 和 Hamel（1994）的研究表明，处于发展过程中的企业，资源整合的策略性选择对其生存和发展至关重要。农业在发展初期会不断消耗其本身所依赖的自然资源，而自然资源是有限的、不可再生的，随着资源的不断枯竭，要想获得长久发展必须向其外部探索新的、可再生资源。农村产业融合打通了农业向其他产业探索资源的渠道，有效整合二三产业资源并促进了农业的可持续发展，提升了其绩效水平。因而，对于农村产业融合企业而言，资源整合过程是企业生存和发展非常关键的策略性选择。

基于以往的研究成果，学者们从不同角度探讨了资源整合的内涵和重要性，刘晓敏和刘其智（2006）指出企业的创办人是一个非常重要的内部因素，可以在确定企业未来发展方向的同时整合内外有形和无形资源，通过识别、获取、配置和运用各方资源，以获取企业持久的竞争优势。Penrose（1959）认为企业要想获得持久的竞争优势，只利用现有资源和能力是远远不够的，还需要进行新资源和能力的开发和运用；Wernerfelt（1984）提出企业是各种资源的集合体，其独特的资源优势是企业获取持久竞争优势的源泉；Teece 等（1997）在研究中指出，企业获取竞争优势的基础是拥有稀缺性的资源，这种资源配置的方式对企业能否保持持久竞争优势产生了重要影响；Sirmon 和 Hitt（2003）指出，企业要想保持持久的竞争优势，则需要对所获取的资源进行合理的配置、整合和利用；饶扬德（2005）认为企业的竞争优势不仅取决于内部资源，还取决于外部资源及内外部资源的整合能力；崔启国（2007）则从外部环境的视角出发，将资源整合能力视为组合与配置资源的一种动态能力。

综合以上各位学者的研究成果，本书认为资源整合实质上是一个动态复杂的过程，对于企业之外层次相异、结构相异、来源相异的各个资源通过识别、配置、运用及融合等过程，更有条理、更加系统并更具应用价值；对于企业自有资源则进行重新构建，将价值较低或不具利用价值的资源加以摒弃，最终为保持企业持久竞争力建立起新的核心资源体系。

2. 资源整合维度划分

资源在未被企业进行整理利用之前都是零碎的，如果要发挥其使用价值，则必须提升其资源整合能力，对有价值的资源进行识别和捆绑，再进行资源构建，同时对资源进行科学有效的利用，才能产生效益，为企业带来利润，特别是对于农村产业融合企业而言，由于自身优势资源的有限性，必须融合二三产业资源，提升资源获取能力，才能促进融合企业的持久发展。

　　国外对资源的研究相对较早，学者们从不同视角出发，对企业资源进行着不同的分类。根据资源的所属性质，Wernerfelt（1984）将企业资源分为物质资源、人力资源和组织资源；Amit 和 Schoemaker（1993）根据资源的不同用途将其分为生产性资源和工具性资源，生产性资源是直接用于企业生产并为其创造效益的资源，工具性资源是为获取资源而服务的其他资源，如人力资源、财务资源等。根据资源的研究过程，Morgan 和 Turner（2000）从资源获取、资源整合、资源定位和资源维护四个方面来研究资源对企业的价值创造；Eisenhardt 和 Martin（2000）认为资源管理是企业对已获取的资源进行整合、利用，并使其发挥应有价值的过程；Sirmon 等（2007）认为资源整合过程应该包含资源识别、资源获取、资源整合及资源利用的能力，其中资源整合贯穿于资源配置到价值创造的整个过程。

　　国内学者对于资源整合的相关研究始于近些年，但是研究发展速度较快。饶扬德（2005）把资源分为新资源和传统资源，提出了资源整合的四维度模型，并认为资源整合过程应包括资源识别与选择、资源汲取与配置、资源激活与融合三个步骤；葛宝山和董保宝（2009）详细划分了企业在资源整合过程中所采取的内外部行动，认为资源整合应该包含资源识别和资源配置两大过程；柳青和蔡莉（2010）在前人的基础上提出资源构成维度包含资源识别、资源获取、资源整合及资源利用四大过程，并将资源整合过程进行进一步的细化；张聪群（2004）研究民营科技中小企业技术创新的整合机制，为研究一类企业的资源整合行为提供具体思路；崔启国（2007）、王建中（2011）将资源整合能力划分为两个维度，即资源构建能力和资源利用能力，并应用到各自的创业环境当中，为研究新创企业绩效机理提供理论支撑。

　　综合以上论述并结合本书研究实际，可以看出农村产业融合体现的就是"融合""整合"的观念。农村产业融合促进了农业产业内部或与各产业之间资源的相互流动，进而实现了资源共享的局面，那最终结局是"1+1≥2"，还是"1+1<2"取决于企业资源整合能力。本节根据资源整合的路径不同，将其分为资源构建和资源利用两个维度。

　　（1）资源构建。资源构建是指如何将不同产业中的资源进行融合，构建一个资源整体。此种形式下的资源整合将各产业内资源视为一个共享整体，体现为一种"1+1>2"的局面。例如，一产、二产、三产拥有着各自的渠道资源，随着资源构建体系的形成，一二三产资源共享，因而为各自产业的价值提升提供帮助，这是资源整合的最高境界，但如果资源构建失败也会出现"1+1<2"的局面。因而资源构建更像一种打破重建的状态，可以超越过往，但也有可能还不如过往。

　　（2）资源利用。资源利用是指如何利用各产业间的资源优势，最终将资源转化为企业的竞争优势。此种形式下的资源整合将各产业内资源视为各自的独立个体，体现为一种"1+1=2"的局面。例如，二三产业中的技术资源被有效地运用到第一产业的生产过程中，促进了一产经济的发展，而一产中农业原材料为二三产业的持续发展提供基础。因而此种资源整合方式更像不同产业资源的相互利用，没有更多的创新，同时也不会有更多不可控因素产生而造成整合失败。

7.1.2　商业模式与资源整合的关系研究

商业模式是企业价值创造的一种逻辑，本质是组织与外界交易活动的机制设计，包含价值主张、价值创造、价值传递和价值获取四个构成维度。

首先，在价值主张方面，主要是指为顾客提供怎样的产品或服务。在企业的商业模式建设过程中，价值主张是最为重要的环节，其关键的步骤就是如何准确地获取顾客信息，以对顾客需求进行准确判断，这是进行产品或服务生产的必然要求。明晰的顾客需求确立了企业的价值主张，进一步明确了企业的资源需求，即确定性生产可以整合企业内外有用资源，对无用资源进行剔除，加强了资源构建和资源利用的有效性，因而企业的价值主张越明确越有可能提高其资源整合能力。

其次，在价值创造方面，主要是为了实现企业的价值主张而设计及实施的一系列运营活动，即价值主张是概念设想，价值创造是实际操作。价值创造涉及企业的资源、能力和合作伙伴，其中企业的价值创造能力越强，越有能力对企业的优势资源进行发掘、吸取和整合，如农村产业融合企业的价值创造能力越强，越有可能明确所需资源，对有用资源进行有针对性的吸取和利用，有效地提高了企业的资源整合能力。因而企业的价值创造能力越强，越有可能提高企业的资源整合能力。

再次，在价值传递方面，主要是指对传统渠道进行改造，是如何有效地将价值主张传递给顾客的过程，最终实现企业所提供的价值与顾客所感知的价值等值。在价值传递的过程中，企业需要进一步明确传递价值所需的资源或媒介，即通过媒体宣传让顾客认知其价值，还是通过活动举办让顾客感受其价值，其中媒体、举办活动的场地等都是传递价值所需的资源，如何挑选有用资源剔除无用资源，由此体现出价值传递的有效性。因而价值传递过程效率越高，越能提升企业的资源整合能力。

最后，在价值获取方面，主要是指企业的收入模式或盈利方式。价值获取使企业清楚地认识到"收入点"和"支出点"。"收入点"涉及企业的收入来源；"支出点"涉及企业的成本去向，使其清楚地了解到哪些资源可以为企业带来收益，哪些是属于资源的浪费，实现了资源的有效利用，同时价值获取为企业寻找新的资源提供指引，因而价值获取能力越高，越能促进企业资源整合能力的提升。

基于以上论述，企业商业模式与资源整合之间并不是"两条平行线"，而是存在很强的逻辑关系。通过融合企业的商业模式研究，促进了现有资源及未开发资源的重新整合。基于此，本节提出如下假设。

H_{10}：商业模式对资源构建有显著正向影响。

H_{10a}：价值主张对资源构建有显著正向影响。

H_{10b}：价值创造对资源构建有显著正向影响。

H_{10c}：价值传递对资源构建有显著正向影响。

H_{10d}：价值获取对资源构建有显著正向影响。

H_{11}：商业模式对资源利用有显著正向影响。

H_{11a}：价值主张对资源利用有显著正向影响。

H_{11b}：价值创造对资源利用有显著正向影响。

H_{11c}：价值传递对资源利用有显著正向影响。

H_{11d}：价值获取对资源利用有显著正向影响。

7.1.3　资源整合与融合企业绩效的关系研究

资源基础观理论认为，有价值的、难以模仿的资源是企业获取竞争优势的源泉，是企业成长过程中必不可少的核心要素，同时也是企业获取利润的根本（Wernerfelt，1984；Barney，1995）。然而资源在未被整合利用之前都是零碎的，要发挥其使用价值，就得提高企业的资源整合能力，对有价值的资源进行识别、绑聚、再构建，并通过科学有效的利用才能为企业带来绩效（Love and Roper，2009）。整理以往的文献可以发现，国内外学者从不同视角、不同行业对资源整合与绩效间的关系进行了相关研究。具有代表性的学者及相关研究如下：Sirmon 等（2007）选取较为成熟的企业为研究对象，将资源整合划分为资源构建、资源绑聚和资源利用三个阶段，并详细论述了资源整合能力与企业绩效的作用途径；Brush 等（2001）将资源整合过程划分为集中资源、汲取资源、整合资源和转化资源四个阶段，并用案例分析方法论述了资源整合能力对企业绩效的提升机理；Eisenhardt 和 Martin（2000）认为资源整合能力包含资源获取、资源优化、资源配置和资源转让这四个方面的能力，这些能力的集合形成了企业核心竞争力，最终提高了企业的绩效；蔡莉等（2010）以资源整合为中介作用，研究了新创企业市场导向对企业绩效的影响，同时以新创企业为样本，验证了资源整合对市场导向和企业绩效之间的中介作用；杨鹏鹏和谢恩（2006）基于网络视角，利用经济学的分析方法，验证了资源整合对建立企业竞争优势的作用；张启尧等（2017）通过问卷调查的方式验证绿色资源整合能力对企业绩效有着积极的影响关系。

农业发展普遍存在资源约束的问题，同时面临着资源整合的困境。农业生产资源是有限的，难以维持其持续成长，因而在不断提高已有资源利用效率的同时，还得撬动外部可持续生长资源，从而实现有效的资源构建和资源利用。在农业发展过程中，资源构建涉及对资源的优化配置，即对不同产业资源进行整合、重组。在重组过程中剥离那些无效资源，减少了资源的消耗，提升了企业的环境绩效，进而也促进了整体社会福利的提升。资源利用涉及对分散资源的合理利用，即资源利用能力越强，就越会促进产业内部或产业之间的资源流动，进而提高其产出水平。在资源流动过程中提高相互间资源利用效率，减少资源的浪费情况，可以提升企业的环境绩效、社会绩效和经济绩效。

综上所述，资源整合为农村产业融合企业发展获得良好绩效提供保障。尽管当前学术界对资源整合的相关内容研究较少，但普遍观点都认为资源整合能力的提高能提升企业的绩效水平，且经过本书的理论推演，其对融合企业绩效的提升作用也较为显著。同时，农业发展面临资源整合困境，企业的这种资源构建和资源利用能力能够帮助其渡过难关。基于此，本书提出如下假设。

H_{12}：资源构建对融合企业绩效有显著正向影响。

H_{12a}：资源构建对经济绩效有显著正向影响。

H_{12b}：资源构建对社会绩效有显著正向影响。

H_{12c}：资源构建对环境绩效有显著正向影响。

H_{13}：资源利用对融合企业绩效有显著正向影响。

H_{13a}：资源利用对经济绩效有显著正向影响。

H_{13b}：资源利用对社会绩效有显著正向影响。

H_{13c}：资源利用对环境绩效有显著正向影响。

7.1.4 中介作用

第 6 章已经论述商业模式与融合企业绩效之间的关系，本章进一步论述了商业模式与资源整合、资源整合与融合企业绩效的关系，本小节将在此基础上进一步论证资源整合在商业模式与融合企业绩效之间所起的中介作用。

根据相关理论描述，在考察自变量 X 对因变量 Y 的影响时，如果能够论证 X 是通过 M 来影响 Y，那么就能将 M 称为中介变量（温忠麟等，2004）。在第 6 章论述中，已对商业模式与融合企业绩效之间的关系进行了梳理，在总结相关学者研究的基础之上，本节认为商业模式能够正向影响融合企业绩效（$X{\rightarrow}Y$）。为了探讨变量之间的内在形成机理，本节在上文中论述了商业模式对资源整合的影响（$X{\rightarrow}M$）及资源整合对融合企业绩效的影响（$M{\rightarrow}Y$）。这就表明了商业模式对融合企业绩效的影响有可能是通过资源整合来传递（$X \rightarrow M \rightarrow Y$），具体如图 7-1 所示。这里的理论逻辑是，商业模式的不同维度可能会影响资源整合能力的发挥，进而会影响企业的绩效。

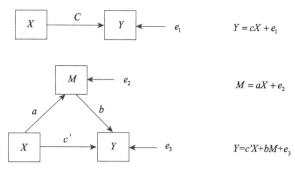

图 7-1　中介作用示意图

因此，本书认为资源整合在商业模式与融合企业绩效的关系中起中介作用。温忠麟和叶宝娟（2014）指出直接效应 X 和 Y 的系数显著时，才有必要进行进一步的中介效应检验，根据前文的研究结论，价值主张与经济绩效和环境绩效的影响关系、价值创造与经济绩效的影响关系及价值传递与社会绩效的影响关系不显著，因而没有必要进行中介效应检验。基于此，提出的具体假设内容如下。

H_{14}：资源构建在商业模式与融合企业绩效的关系中起到中介作用。

H_{14a}：资源构建在价值主张与社会绩效的关系中起到中介作用。

H_{14b}：资源构建在价值创造与社会绩效的关系中起到中介作用。

H_{14c}：资源构建在价值创造与环境绩效的关系中起到中介作用。

H_{14d}：资源构建在价值传递与经济绩效的关系中起到中介作用。

H_{14e}：资源构建在价值传递与环境绩效的关系中起到中介作用。

H_{14f}：资源构建在价值获取与经济绩效的关系中起到中介作用。

H_{14g}：资源构建在价值获取与社会绩效的关系中起到中介作用。

H_{14h}：资源构建在价值获取与环境绩效的关系中起到中介作用。

H_{15}：资源利用在商业模式与融合企业绩效的关系中起到中介作用。

H_{15a}：资源利用在价值主张与社会绩效的关系中起到中介作用。

H_{15b}：资源利用在价值创造与社会绩效的关系中起到中介作用。

H_{15c}：资源利用在价值创造与环境绩效的关系中起到中介作用。

H_{15d}：资源利用在价值传递与经济绩效的关系中起到中介作用。

H_{15e}：资源利用在价值传递与环境绩效的关系中起到中介作用。

H_{15f}：资源利用在价值获取与经济绩效的关系中起到中介作用。

H_{15g}：资源利用在价值获取与社会绩效的关系中起到中介作用。

H_{15h}：资源利用在价值获取与环境绩效的关系中起到中介作用。

7.2　互动导向的调节作用

随着经济社会的不断发展，顾客需求逐渐呈现高端化、个性化的发展趋势，为了不断满足日益变化的顾客需求，市场环境展现出越来越强的互动特征。顾客之间、企业之间及顾客与企业之间的关系越来越紧密，顾客逐渐从被动的参与转变为与企业的互动生产，顾客与企业之间形成一种价值共创的局面（Vargo and Lusch，2004），因此顾客与企业间的关系管理是企业保持和获取竞争优势的重要来源（Rayport et al.，2005）。Grish（2006）首次提出互动导向的概念，并将互动导向看作一种战略导向。目前学术界对互动导向理论还处于初步研究阶段，其研究主要侧重于前端驱动因素及对企业绩效关系的影响，基于此，本书将结合商业模式理论，指出互动导向可能对商业模式与融合企业绩效之间的影响具有调节作用。

7.2.1　互动导向的内涵及划分维度

1. 互动导向的内涵

互动导向理论是 Grish（2006）在其博士论文"The new measure of marketing capabilities"中首次提出来的，他认为由于企业能够通过与顾客之间的互动而获益，那么企业应该为其互动活动提供便利，即开发各项互动活动所需的资源和能力，同时还应对互动进行有效的管理。Ramani 和 Kumar（2008）进一步指出，为了使企业能够在互动背景下获得成功，则需要采取一种新的战略导向——互动导向，相应企业也便成为互动导向型的企业。

互动导向的核心是"互动"，从两个字的构成上来说，"互"是指交替、相互，"动"是指起作用或变化，归纳起来"互动"是指相互间使彼此发生作用或变化的过程。Givotovsky（1994）指出，互动是指两个或多个主体之间相互依赖的一种行为。互动导向中的互动，是指顾客之间及企业与顾客之间的互动，在互动过程中，各个互动主体之间相互影响、相互依赖，最终结成稳定关系（Ramani and Kumar，2008）。与顾客进行互动可以使企业更好地了解顾客需求（Srinivasan et al.，2002），从而可以更合理地制定出相应的经营决策，因此企业应当重视互动，应对互动活动进行有效管理，Rayport 等（2005）认为对互动进行有效的管理是企业获取竞争优势的一个重要来源。

　　为了准确地概括互动导向的定义，有学者对来自不同企业的48名经理进行深入访谈，根据访谈结果，认为互动导向是企业的一种能力，这种能力来自于企业坚信的顾客理念、来自于企业的互动响应能力、企业的顾客授权及顾客价值管理。Ramani 和 Kumar（2008）对互动导向的概念做出较为准确的概括，认为"互动导向是企业通过互动活动从顾客那里获取信息，基于此同顾客建立良好的客户关系，进而提高企业的营利能力"。

　　2. 互动导向的划分维度

　　通过对企业的深入访谈，有学者不但概括了互动导向的定义，而且总结出互动导向所包含的四个维度，即顾客理念、互动响应能力、顾客授权、顾客价值管理。下面将对这四个维度进行简要介绍。

　　顾客理念是互动导向中最基本的构成维度，即企业不仅仅要关注市场及目标客户，还应以单个顾客来实施营销活动，从分析市场整体和目标客户群转换为单个个体客户，强调精细化管理，是一种从大众营销到点对点营销的转变，是一种战略性的调整。Ramani 和 Kumar（2008）将顾客理念定义为"将个体顾客而不是细分市场作为基本的分析单位"，其中顾客不仅包括最终顾客，还包括代理商、中间商、渠道分销商等。

　　互动响应能力是指企业与顾客进行互动，从互动过程中收集顾客信息，并对所收集的信息做出相应反应的能力。互动响应能力反映了企业整合所需资源来应对顾客差异性的一种能力（何一清等，2015）；互动响应能力要求企业具有良好的顾客信息收集、存储、传递、整合及系统处理的能力，并通过相互响应来提高顾客的满意度（陈昊雯等，2011）。因此，对于企业来说，只有具备较强的互动响应能力，才能真正地从互动中获得收益，最终为企业获得持久的竞争优势。

　　顾客授权是指企业建立了与顾客联系并分析信息的途径，使顾客能够参与企业经营的产品或服务，甚至积极鼓励顾客提出各种意见并对其做出反馈。企业与顾客之间持续不断的互动、双方的共同参与形成了企业的价值主张，并使企业与顾客保持了良性的动态合作关系；与此同时，顾客授权还为顾客与顾客的交流提供便利，即方便顾客分享信息、分享产品或服务的使用评价，以及分析产品或服务的创意等；此外，互联网的发展促进了顾客授权的发展，顾客利用互联网进行产品价格比较，利用网络快速获得所需要的产品（Jaworski et al.，2000）。

　　顾客价值管理是指企业能够动态地测量单个顾客为企业带来的价值，并为企业的经营决策提供依据。为了从顾客互动中获利，企业不仅需要具备较高的互动响应能力，还需要识别与哪些顾客互动对企业有利，也就是说，企业需要从顾客那里获取资源分配的依据（Mulhern，1999；Reinartz et al.，2004），因此顾客价值管理就是根据各个顾客为企业带来的利润情况，对资源资金合理分配和运用，最终实现企业收益最大化（Kumar et al., 2004）。

市场导向理论在解释营销现象及指导营销活动方面的能力下降了，由此产生了互动导向理论，互动导向继承市场导向中强调顾客需求的思想，并对其做了进一步的发展：强调同顾客互动共同创造价值，顾客不仅仅是价值的接受者，同时还可参与企业经营，成为价值的创造者。Ramani 和 Kumar（2008）指出顾客理念是企业互动导向的核心内容，以此为基点将个体顾客作为营销活动的立足点；强调企业应具备一定的互动响应能力；为了实现最终的顾客理念，企业需要采取一定的活动——顾客授权和顾客价值管理。

7.2.2　调节作用

互动导向强调的是企业与个体顾客间的互动，并通过这种持续的互动从顾客那里获取企业需要的信息，从而建立有利可图的顾客关系；商业模式最初强调的是顾客价值主张，主要是指企业通过提供一定特性的产品或服务来满足顾客需求，并在此基础上发掘和创造价值的一种经验表达；顾客是一切企业获益的根本，企业通过这种有利的顾客关系进行价值创造，进而将所创造的价值传递给所需要的顾客，从而进一步达成企业与顾客之间的互动合作，为企业的获益奠定基础。由此可以看出，互动导向促进了企业合理的商业模式的建立，它对改善企业绩效和实现企业战略优势具有越来越重要的作用。互动导向强调的是企业与顾客的互动，通过相互的沟通、交流，可以生产出顾客所需要的产品或服务，进而达成买卖双方的高度吻合，减少了"无效"产品的生产，最终为企业带来增值并提高绩效。

企业采取互动导向必须具有强大的信息获取能力，这样才能使企业全面地、准确地掌握市场信息，并为此做出相应的决策。Cooper（1979）指出影响企业绩效的一个重要的因素就是市场信息，特别是顾客需求、偏好及购买行为等；Langerak 等（2004）指出，企业要想获取成功，就必须比竞争对手更好地满足顾客的需求和偏好。互动导向是一个复合构念，包含四个维度：顾客理念、互动响应能力、顾客授权、顾客价值管理，与顾客进行互动导向的企业会获得更好的绩效。

顾客理念是互动导向概念的核心内容，是指将个体顾客作为企业实际营销活动的分析单位。Jiang 等（2006）认为顾客是企业进行产品交易的目标，Blank（2013）认为企业和顾客之间扮演了合作者、共同开发者及竞争者的角色。基于顾客理念的相关理论，薛佳奇等（2013）认为与顾客之间的互动有利于及时调整和修正企业的运营策略，提升产品的形成速度及传递的及时性，进而促进企业获取较好的绩效水平。顾客理念代表顾客对未来产品或服务需求的想法和看法，而价值主张代表企业未来将会为顾客提供什么样的产品或服务。由此可以推断清晰的顾客理念使企业更加明确其价值主张，进而可以为目标顾客提供更加满意的产品和服务。

互动响应能力强调了企业与顾客在互动的过程中对不同用户反馈的信息进行有效整合，以及对这些信息做出响应的能力。Payne 等（2008）认为，企业为了使顾客更有效地融入互动过程，则需要对顾客反馈信息做出及时的响应；Jiang 等（2006）发现，顾客是企业价值创造的源泉，要深入地了解顾客需求，则需进一步加强与顾客间的互动响应，从而最终提升企业的绩效水平。互动响应能力强调的是企业与顾客之间的互动响应关系，而价值传递强调的是企业所提供的价值是否能真正满足顾客需求，因而互动响应能力提升有效地减少了在顾客与企业传递过程中的价值流失，进一步实现了企业价值与顾客价值的等值传输。

顾客授权强调了顾客的参与程度，企业可以通过不同的方式将顾客融入其运营活动。Prahalad 和 Ramaswamy（2004）指出，在企业与顾客的互动过程中，基于成本-收益层面的分析，建立与顾客不同的互动渠道；在不同的运营实践及经验过程中给予顾客不同的权限和资源；顾客接受企业授予的权利，扮演着不同的角色，进而实现企业的预期绩效。Newell（2003）认为在授权下的互动会给企业带来更大的价值创造能力，进而为企业的发展带来更大的增值空间。

顾客价值管理强调的是在企业互动活动中对所产生的价值大小进行分类管理，是指通过顾客为企业所创价值的大小来对企业资源进行分配。Payne 等（2008）发现，顾客是企业资源流向的决定者，挖掘顾客需求是企业获取和激活资源价值的重要途径。通过衡量互动活动中产生的成本-收益来确定该顾客在此次互动活动中的价值，进而为资源的分配提供指导，促进互动活动的高效进行。

综合以上分析，本节认为，互动导向在商业模式和融合企业绩效之间发挥着调节作用，在不同的互动导向条件下，商业模式对融合企业绩效的影响是不同的。

由此，本书提出以下假设。

H_{16}：顾客理念在价值主张和融合企业绩效之间发挥着正向调节作用。

H_{16a}：顾客理念在价值主张和经济绩效之间发挥着正向调节作用。

H_{16b}：顾客理念在价值主张与社会绩效之间发挥着正向调节作用。

H_{16c}：顾客理念在价值主张和环境绩效之间发挥着正向调节作用。

H_{17}：互动响应能力在价值传递和融合企业绩效之间发挥着正向调节作用。

H_{17a}：互动响应能力在价值传递和经济绩效之间发挥着正向调节作用。

H_{17b}：互动响应能力在价值传递和社会绩效之间发挥着正向调节作用。

H_{17c}：互动响应能力在价值传递和环境绩效之间发挥着正向调节作用。

H_{18}：顾客授权在价值创造和融合企业绩效之间发挥着正向调节作用。

H_{18a}：顾客授权在价值创造与经济绩效之间发挥着正向调节作用。

H_{18b}：顾客授权在价值创造和社会绩效之间发挥着正向调节作用。

H_{18c}：顾客授权在价值创造与环境绩效之间发挥着正向调节作用。

H_{19}：顾客价值管理在价值获取和融合企业绩效之间发挥着正向调节作用。

H_{19a}：顾客价值管理在价值获取和经济绩效之间发挥着正向调节作用。

H_{19b}：顾客价值管理在价值获取与社会绩效之间发挥着正向调节作用。

H_{19c}：顾客价值管理在价值获取和环境绩效之间发挥着正向调节作用。

7.3 本 章 小 结

基于上述理论推导，本书提出了四组假设，具体包括商业模式与资源整合的关系（H_{10}、H_{11}）；资源整合与融合企业绩效的关系（H_{12}、H_{13}）；资源整合在商业模式与融合企业绩效中的中介作用（H_{14}、H_{15}）；互动导向在商业模式与融合企业绩效中的调节作用（H_{16}、H_{17}、H_{18}、H_{19}）。具体见表 7-1。

表 7-1　相关假设总结

分类	内容
第一组假设：商业模式与资源整合的关系	H_{10}：商业模式对资源构建有显著正向影响 H_{11}：商业模式对资源利用有显著正向影响
第二组假设：资源整合与融合企业绩效的关系	H_{12}：资源构建对融合企业绩效有显著正向影响 H_{13}：资源利用对融合企业绩效有显著正向影响
第三组假设：中介作用	H_{14}：资源构建在商业模式与融合企业绩效的关系中起到中介作用 H_{15}：资源利用在商业模式与融合企业绩效的关系中起到中介作用
第四组假设：调节作用	H_{16}：顾客理念在价值主张和融合企业绩效之间发挥着正向调节作用 H_{17}：互动响应能力在价值传递和融合企业绩效之间发挥着正向调节作用 H_{18}：顾客授权在价值创造和融合企业绩效之间发挥着正向调节作用 H_{19}：顾客价值管理在价值获取和融合企业绩效之间发挥着正向调节作用

基于上述分析，本节得到了商业模式与融合企业绩效内在机理的概念模型。在图 7-2 的概念模型中，商业模式分为价值主张、价值创造、价值传递和价值获取四个维度；融合企业绩效分为经济绩效、社会绩效和环境绩效三个维度；资源整合分为资源构建和资源利用两个维度；互动导向分为顾客理念、互动响应能力、顾客授权、顾客价值管理四个维度。

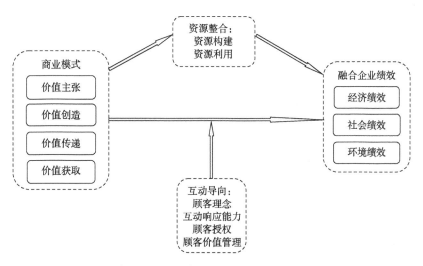

图 7-2　商业模式与融合企业绩效内在机理的概念模型

第8章 商业模式与融合企业绩效 关系的中介和调节作用的实证检验

通过第 7 章的理论推导，我们提出了资源整合对商业模式与融合企业绩效关系的中介作用及互动导向的调节作用的研究假设。本章将利用多元回归的方法对所提的研究假设进行大样本的统计验证，并对统计分析结果进行深入探讨。

8.1 研 究 方 法

本章同样采用的是问卷调查方式对数据进行采集和分析。调查问卷是结合相关研究、企业访谈及相关专家意见而得，问卷设计步骤和方法与前述方式一致，在此就不再赘述。下面将重点介绍本节的研究内容，具体包括变量测度、数据收集、分析方法等。

8.1.1 变量测度

下面将对商业模式与融合企业绩效的内在机理模型中所涉及的变量度量进行专门说明，即具体说明用什么题项来测度模型中所涉及的变量，涉及变量包括融合企业绩效（被解释变量）、商业模式（解释变量）、资源整合（中介变量）、互动导向（调节变量）及相关控制变量。其中解释变量和被解释变量在上文中已经做出详细介绍，在此就不再赘述。

1. 中介变量

本章研究模型的中介变量为资源整合，很多学者对其采取了不同的测度方法。国外学者 Wiklund 等（2009）利用 6 个问题较为全面地描述了资源整合所涉及的内容，但这些问题非常抽象，降低了问卷的可操作性；Finney 等（2005）从资源整合的具体行为角度出发，度量了资源整合所涉及的行为因素。国内学者蔡莉等（2008，2010）、马鸿佳（2008）、牛贵茹（2013）等都借鉴西安交通大学孙爱英等（2006）以"企业资源与战略"为主题的调研中所开发的资源整合量表。其中，马鸿佳（2008）利用10个测量题项对资源整合能力进行测量；肖坚石（2008）利用 9 个测量题项对资源整合的稳定调整、丰富细化及开拓创新的相关内容进行测量。

通过第 7 章的研究结论，将资源整合分为资源构建和资源利用两个维度，由于有关资源整合的研究大都从识别、获取、配置、利用这四个角度进行分析，本书将对 Sirmon 和 Hitt（2003）、Reynolds 和 Miller（1992）等学者所开发的量表进行整合，并结合企业实地调研和专家意见，最终采取了 9 个测量题项来测量资源构建和资源利用，具体的测量题项如表8-1所示。

表 8-1　资源整合测量量表

维度	题项描述	参考依据
资源构建（RS）	很清楚了解企业已拥有和所需求的资源	参考 Sirmon 和 Hitt（2003）、Reynolds 和 Miller（1992）、Sirmon 等（2007）的量表
	可以从相关者（如供应商、客户等）那里获取企业所需资源	
	可以通过社会关系吸引外部资源	
	能够根据企业自身发展目标将各种现有资源结合在一起	
	能够将新资源和现有资源进行融合配置	
资源利用（RU）	能够有效地激活已构建的资源	参考 Kazanjian 量表、王建中（2011）
	资源使用效率达到了行业较高水平	
	资源的利用率高	
	利用现有的资源开发和拓展所需的其他资源	

2. 调节变量

本章主模型的调节变量为互动导向，对于互动导向的测量，当前研究普遍采用 Girish 设计的维度划分和测量方法。Ramani 和 Kumar（2008）首次提出了互动导向的概念，随后 Ramani 和 Kumar（2008）给出了互动导向的操作化定义，将互动导向划分为顾客理念、互动响应能力、顾客授权和顾客价值管理四个维度，并在此基础上开发了由 13 个测量题项组成的互动导向测量量表，其中顾客理念包含 3 个测量题项；互动响应能力包含 4 个测量题项；顾客授权包含 3 个测量题项；顾客价值管理包含 3 个测量题项。

虽然 Ramani 和 Kumar（2008）的量表开发是以美国为背景，但是杨国亮（2011）、袁平（2010）、许政（2013）等都已利用该量表分析中国企业的互动导向，并发现该量表具有较好的信度和效度，这就说明在中国情景下仍然适用。为此本节采用 Ramani 和 Kumar（2008）开发的互动导向测量量表进行测量，具体内容见表 8-2。

表 8-2　互动导向测量量表

维度	题项描述	参考依据
顾客理念（CC）	企业相信不能用同样的产品和服务来使每一名顾客都满意	Ramani 和 Kumar（2008）
	企业自觉地从个体顾客的角度识别和获取新顾客	
	企业认为应该从单个顾客的层面来观察顾客对营销活动的反应	
互动响应能力（IRC）	企业拥有记录每位顾客的交易活动的系统	
	企业可以识别每一笔交易是同哪个客户进行的	
	企业从单个顾客层面分析以前的交易活动，以此预测每名顾客未来交易	
	在你们企业中，所有的同顾客接触的行为都是基于单个顾客的交易信息	
顾客授权（CE）	鼓励顾客同企业分享他们对产品或服务的看法	
	鼓励顾客之间分享他们对产品或服务的看法	
	鼓励顾客参与，同企业一起设计产品和服务	
顾客价值管理（CVM）	企业十分清楚每一名顾客为企业的利润做了哪些贡献	
	企业预测每一名顾客未来会为企业利润做多少贡献	
	企业针对每一名顾客计算各个营销活动能够产生多少收益	

3. 控制变量

除了解释变量外，图 7-2 的研究模型中还对可能对绩效影响较大的几个变量进行控制。从内外两个因素进行区分，其中企业内部的控制变量包括企业规模和企业年龄，企业外部的控制变量包括技术动荡和竞争强度。

1）企业规模

企业规模是影响绩效的重要变量，即企业规模越大，所拥有或控制的资源就越多，其规模经济的优势就越明显，因此企业绩效就可能会越好（Lee et al.，2001）。虽然企业规模对绩效可能产生一定影响，但它并不是本节研究的重点，因而将企业规模作为影响绩效的控制变量。由于在本问卷设计中将员工人数分为五个等级（详见附录 2），本节将不同规模等级企业的数值经过相关处理纳入回归模型当中。

2）企业年龄

大量的研究表明，企业年龄也可能是影响绩效的重要因素。经营时间越长的企业将会积累越多资源和能力，利用这些资源和能力可以更好地实现企业商业模式变革（Zott and Amit，2008），因此企业年龄也将作为该模型中的又一控制变量。该变量的具体测度方式采用的是企业成立时间，随着成立时间的长短将其分为五个阶段，对这五个阶段赋予不同数值并经过相应处理，最终将处理的数值纳入本章的回归模型。

3）技术动荡

技术动荡是外部环境影响的一个重要因素，在技术不断革新的现代企业中，企业面临着较为激烈的竞争环境，这种动荡的环境不利于企业稳定商业模式的形成，最终将会影响企业未来的发展。虽然技术动荡不是影响企业绩效的重要因素，但对企业的发展会造成一定程度的影响，因而本节将其作为控制变量进行考量。本节对技术动荡的测量主要采用 Jaworski 和 Kohli（1993）的测量量表（表 8-3）。

表 8-3　技术动荡测量量表

维度	题项描述	参考依据
技术动荡（TT）	行业技术正在迅速地发生变化	Jaworski 和 Kohli（1993）
	行业技术变化提供了很多机会	
	行业中很多新产品创意都是通过技术突破而实现	

4）竞争强度

在较高竞争的环境下，企业商业模式面临着更强的竞争或更小的市场，商业模式所产生的价值及所创造的绩效会相对较低（Zott and Amit，2007），因此我们选取了竞争强度作为控制变量。基于胡保亮（2007）的研究，本节采用 6 个测量题项对竞争强度进行测量（表 8-4），并采用了李克特五级量表对这些测量题项进行度量，1~5 表示对该测量题项的认同程度（从完全不同意到非常同意）。

表 8-4　竞争强度测量量表

维度	题项描述	参考依据
竞争强度（CI）	我们产业中的竞争非常激烈	胡保亮（2007）
	我们产业中有许多促销战	
	竞争对手之间很容易互相模仿	
	价格战是我们产业中的特点之一	
	我们产业中的竞争形式重视不断的变化	
	我们的竞争对手相对来说很弱	

8.1.2　数据收集

在调查正式问卷的发放过程中，笔者采取了多种数据收集方式，具体包括现场调研、委托政府机构、参加全国各地的农业会议、通过第三方网络链接等形式进行发放。问卷的具体回收情况如表 8-5 所示。

表 8-5 调查问卷的发放和回收情况

发放和回收方式	发放数量	回收数量	回收率	有效数量	有效率
现场发放	60	46	77%	44	96%
委托政府机构	200	123	62%	115	93%
参加农业会议	350	158	45%	130	82%
网络链接	—	81	—	65	80%
合计		408		354	87%

本节主要的问卷收集来自于委托政府机构和参加全国各地的农业会议。四种收集方式涉及全国各地的农村产业融合企业，由于笔者的人脉关系和现场调研地主要在湖北和浙江，这两地的问卷收集略多一些，其中浙江是高新技术企业与全产业链企业推广地，而湖北的休闲旅游农业和生态循环农业的发展较好，且第三方网络链接和参与的农业会议涉及全国企业，所以并不会影响问卷的有效性。

8.1.3 分析方法

本节采用 SPSS 19.0 统计分析软件对调查问卷所回收的数据进行描述性统计分析、信度和效度检验、相关性分析及多元回归分析等。

1. 描述性统计分析

描述性统计分析主要包括性别、年龄、受教育程度、所属类型、成立年数、员工总数、所属职位、工作年限等样本企业的基本特征，以及模型中所涉及的各个变量题项的均值、标准差、偏度和峰度。

2. 信度和效度检验

信度是指测量结果所反映出的系统变异程度，即测量工具是否具有一致性或稳定性，常用的信度指标主要有内部一致性、稳定性、等值性等（Simonin，1999；李怀祖，2004）。本节中主要采用的信度检验指标为内部一致性，即采用每个变量题项的 Cronbach's α 系数来进行测量。效度分析即有效性分析，是指衡量题项是否能够准确地反映出研究人员所需测量的心理特征的程度，主要考察的是测量量表的内容效度和结构效度。内容效度是指测验内容的代表性及抽样的适当性；结构效度是指测验或者量表能够测量理论上的构念或特征的程度。在行为和社会科学的研究领域中，在效度的检验上，研究者及学者们最常用的方法为"因子分析"（吴明隆和涂金堂，2012），因为因子分析能够根据所提出的公共因子检验各维度间的构成。

3. 相关性分析

本节采用 Pearson 相关分析建立商业模式、融合企业绩效、资源整合、互动导向等变量及控制变量的相关系数矩阵，考察模型中所涉及的各个变量之间是否存在显著的相关性，以此为基础再进行下一步的多元回归分析。

4. 多元回归分析

多元回归分析适用于研究一个因变量和多个自变量之间的线性关系。与一般的多元回归分析相比，层次回归可以更直接地观察，随着自变量的增加，各个模型解释力不断变化，进而可以客观地分析各个自变量对因变量的解释程度（郑素丽，2008）。因此，本节采用层次回归分析的方法来验证商业模式、融合企业绩效之间的关系，并检验资源整合的中介作用及互动导向的调节作用。

8.2　统计分析与假设检验

8.2.1　描述性统计

资源整合、互动导向问卷与商业模式、融合企业绩效问卷同时进行，共回收有效问卷 354 份，调查样本基本特征的描述性统计及模型中的因变量和自变量的量表检验已经详细介绍，故本章不再赘述。下面将对资源整合、互动导向及控制变量的描述性统计进行介绍，具体如表 8-6~表 8-8 所示。

表 8-6　资源整合各题项的描述性统计（ N=354 ）

维度	题项代码	均值	标准差	偏度（|SK|）		峰度（|BK|）	
		统计量	统计量	统计量	标准差	统计量	标准差
RS	RS1	4.34	0.633	0.699	0.130	0.771	0.259
	RS2	4.14	0.675	0.400	0.130	0.038	0.259
	RS3	4.09	0.690	0.488	0.130	0.376	0.259
	RS4	4.28	0.654	0.416	0.130	0.443	0.259
	RS5	4.14	0.701	0.406	0.130	0.221	0.259
RU	RU1	4.08	0.680	0.215	0.130	0.459	0.259
	RU2	3.85	0.793	0.236	0.130	0.444	0.259
	RU3	3.87	0.820	0.071	0.130	0.903	0.259
	RU4	3.90	0.770	0.156	0.130	0.589	0.259

表 8-7　互动导向各题项的描述性统计（*N*=354）

维度	题项代码	均值	标准差	偏度（|SK|）		峰度（|BK|）	
		统计量	统计量	统计量	标准差	统计量	标准差
CC	CC1	4.24	0.724	0.765	0.130	0.478	0.259
	CC2	4.18	0.783	0.863	0.130	0.948	0.259
	CC3	3.79	0.990	0.475	0.130	0.486	0.259
IRC	IRC1	3.89	0.907	0.856	0.130	0.827	0.259
	IRC2	3.94	0.886	0.726	0.130	0.425	0.259
	IRC3	3.78	0.901	0.775	0.130	0.761	0.259
	IRC4	3.57	0.991	0.347	0.130	0.380	0.259
CE	CE1	4.06	0.763	0.418	0.130	0.146	0.259
	CE2	4.11	0.767	0.574	0.130	0.153	0.259
	CE3	4.07	0.771	0.499	0.130	0.188	0.259
CVM	CVM1	3.93	0.847	0.822	0.130	1.039	0.259
	CVM2	3.84	0.899	0.696	0.130	0.502	0.259
	CVM3	3.78	0.932	0.666	0.130	0.388	0.259

表 8-8　控制变量各题项的描述性统计（*N*=354）

维度	题项代码	均值	标准差	偏度（|SK|）		峰度（|BK|）	
		统计量	统计量	统计量	标准差	统计量	标准差
TT	TT1	4.28	0.706	0.754	0.130	0.678	0.259
	TT2	4.20	0.700	0.797	0.130	1.372	0.259
	TT3	4.14	0.721	0.725	0.130	1.009	0.259
CI	CI1	4.23	0.759	0.734	0.130	0.272	0.259
	CI2	3.92	0.824	0.371	0.130	0.291	0.259
	CI3	3.95	0.799	0.321	0.130	0.331	0.259
	CI4	3.74	0.885	0.446	0.130	0.103	0.259
	CI5	3.78	0.862	0.008	0.130	0.951	0.259
	CI6	2.92	1.075	0.117	0.130	0.610	0.259

　　基于以上描述性统计分析，各个量表题项的统计均值为 2.92~4.34，标准差为 0.633~1.075。各个测量题项统计值的偏度指标的绝对值均小于 3，峰度指标的绝对值小于 10，这说明本章各个测量题项的统计值均服从正态分布。

8.2.2　信度和效度检验

　　在进行理论模型和假设检验之前，本节首先要对各个研究变量的信度和效度进行检验，明确各研究变量的信度和结构效度。由于因变量和自变量的信度和效度在前文中做过检验，本节主要针对中介变量、调节变量进行检验。

1. 中介变量——资源整合

1）内部一致性信度分析

与预调研问卷的测量方式相同，本节首先要评价资源整合测量量表的内部一致性信度，依旧采用的是 Cronbach's α 系数和 CITC 系数作为评价指标，具体测量结果如表 8-9 所示。

表 8-9　资源整合各维度内部一致性分析结果

维度	题项代码	CITC	已删除的 α 值	Cronbach's α 系数
RS	RS1	0.533	0.705	0.730
	RS2	0.544	0.701	
	RS3	0.556	0.657	
	RS4	0.583	0.648	
	RS5	0.543	0.703	
RU	RU1	0.518	0.821	0.817 0.821[*]
	RU2	0.701	0.739	
	RU3	0.678	0.751	
	RU4	0.662	0.759	

[*]表示删除了其中的一项之后，所获得的新的 Cronbach's α 值

从表 8-9 结果可以看出，资源整合测量量表所有题项中的 CITC 值均超过了 0.5 的标准，各维度下的 Cronbach's α 系数也均超过了 0.7 的标准。但是在删除 RU1 题项后，量表的 Cronbach's α 值会上升至 0.821，可靠性信度提升了 0.4 个百分点，因而将对 RU1 题项做删除处理。

2）探索性因子分析

本节在对各变量内部一致性进行信度分析之后，经计算，资源整合量表的 KMO 值为 0.809，适合进行因子分析，具体分析结果如表 8-10 所示。

表 8-10　资源整合探索性因子分析结果

题项	因子 1	因子 2
RS1		0.636
RS2		0.723
RS3		0.763
RS4		0.669
RS5		0.478

题项	因子 1	因子 2
RU2	0.810	
RU3	0.853	
RU4	0.824	

表 8-10 结果显示，按照特征值大于 1 的提取标准，资源整合各测量题项共可以提取出 2 个共同因子，2 个因子可以累积解释方差变动率为 58.401%。由于 RS5 题项的因子负荷值小于 0.5，应对其做删除处理，其他题项将可以保留进入后面工作。

2. 调节变量——互动导向

1）内部一致性信度分析

互动导向的内部一致性分析结果如表 8-11 所示。可以看出，IRC4 的 CITC 值只有 0.362，且删除该测量题项之后量表的 Cronbach's α 值会上升至 0.826，可靠性信度提升了 5.7 个百分点，因而将对 IRC4 题项做删除处理。

表 8-11 互动导向各维度内部一致性分析结果

维度	题项代码	CITC	已删除的 α 值	Cronbach's α 系数
CC	CC1	0.581	0.669	0.705
	CC2	0.630	0.448	
	CC3	0.594	0.684	
IRC	IRC1	0.610	0.692	0.769 0.826*
	IRC2	0.662	0.666	
	IRC3	0.681	0.654	
	IRC4	0.362	0.826	
CE	CE1	0.674	0.800	0.837
	CE2	0.788	0.685	
	CE3	0.642	0.830	
CVM	CVM1	0.704	0.887	0.889
	CVM2	0.870	0.762	
	CVM3	0.783	0.843	

*表示删除了其中的一项之后，所获得的新的 Cronbach's α 值

2）探索性因子分析

本节在对各变量内部一致性进行信度分析之后，经计算，互动导向量表的 KMO 值为 0.807，适合进行因子分析，具体分析结果如表 8-12 所示。

表 8-12　互动导向探索性因子分析结果

题项	因子 1	因子 2	因子 3	因子 4
CC1			0.772	
CC2			0.843	
CC3			0.731	
IRC	0.815			
IRC2	0.830			
IRC3	0.745			
CE1		0.816		
CE2		0.900		
CE3		0.791		
CVM1				0.583
CVM2				0.742
CVM3				0.747

表 8-12 结果显示，按照特征值大于 1 的提取标准，互动导向各测量题项共可以提取出 4 个共同因子，4 个因子可以累积解释方差变动率为 74.836%。表 8-12 中每个测量题项的因子负荷系数为 0.583~0.900，均大于 0.5 的标准，且各测量题项间不存在跨因子负荷现象，这说明各变量间的区分度较好。

8.2.3　相关性分析

解释变量（商业模式各维度）、被解释变量（融合企业绩效）、中介变量（资源整合）、调节变量（互动导向）和控制变量的描述性统计（均值和标准差），以及上述两两变量之间的简单相关系数如表 8-13 所示。结果显示，解释变量与中介变量和被解释变量均存在显著的正相关关系；调节变量与解释变量和被解释变量存在正相关关系。这为本章的假设预期提供了初步的证据，下面将采用层次回归分析的方法来进行进一步验证。

表 8-13　各变量间的相关关系（$N=354$）

变量	TT	CI	CA	CS	VP	VC	VD	PM	EP
控制变量									
技术动荡（TT）	1	0.356**	0.009	0.032	0.178**	0.091	0.126*	0.174**	0.246**
竞争强度（CI）		1	0.030	0.004	0.164**	0.195**	0.156**	0.150**	0.177**
企业年龄（CA）			1	0.400**	0.103	0.154**	0.178**	0.034	−0.018
企业规模（CS）				1	0.142**	0.182**	0.114*	0.043	0.098
解释变量									
价值主张（VP）					1	0.384**	0.284**	0.240**	0.259**
价值创造（VC）						1	0.513**	0.346**	0.282**
价值传递（VD）							1	0.367**	0.304**
价值获取（PM）								1	0.249**
被解释变量									
经济绩效（EP）									1
社会绩效（SP）									
环境绩效（EVP）									
中介变量									
资源构建（RS）									
资源利用（RU）									
调节变量									
顾客理念（CC）									
互动响应能力（IRC）									
顾客授权（CE）									
顾客价值管理（CVM）									

变量	SP	EVP	RS	RU	CC	IRC	CE	CVM
控制变量								
技术动荡（TT）	0.217**	0.218**	0.330**	0.255**	0.125**	0.233**	0.173**	0.186**
竞争强度（CI）	0.098	0.190**	0.270**	0.290**	0.267**	0.266**	0.205**	0.221**
企业年龄（CA）	−0.032	0.027	0.051	0.040	0.048	0.021	−0.002	−0.048
企业规模（CS）	0.011	0.046	0.149**	0.080	0.018	0.115*	0.011	0.069
解释变量								
价值主张（VP）	0.236**	0.289**	0.200**	0.200**	0.162**	0.214**	0.126*	0.163**
价值创造（VC）	0.049	0.398**	0.243**	0.317**	0.308**	0.225**	0.075	0.194**
价值传递（VD）	0.194**	0.408**	0.221**	0.272**	0.167**	0.134*	0.063	0.080
价值获取（PM）	0.313**	0.431**	0.271**	0.229**	0.171**	0.241**	0.172**	0.236**

续表

变量	SP	EVP	RS	RU	CC	IRC	CE	CVM	
被解释变量									
经济绩效（EP）	0.438**	0.384**	0.293**	0.288**	0.234**	0.260**	0.172**	0.303**	
社会绩效（SP）	1	0.414**	0.221**	0.173**	0.127**	0.283**	0.144**	0.235**	
环境绩效（EVP）		1	0.328**	0.378**	0.222**	0.330**	0.101	0.244**	
中介变量									
资源构建（RS）			1	0.543**	0.326**	0.328**	0.153**	0.292**	
资源利用（RU）				1	0.255**	0.313**	0.161**	0.352**	
调节变量									
顾客理念（CC）					1	0.410**	0.221**	0.350**	
互动响应能力（IRC）						1	0.340**	0.610**	
顾客授权（CE）							1	0.505**	
顾客价值管理（CVM）								1	

**表示显著性水平 $P<0.01$（双尾检验），*表示显著性水平 $P<0.05$（双尾检验）

8.2.4　回归分析

1. 资源整合的中介作用

1）商业模式与资源整合的关系

本书根据温忠麟等（2004）学者的建议，在检验程序上通过解释变量、被解释变量和中介变量回归系数的显著性及其变化来论断资源整合对商业模式与融合企业绩效之间的关系。

表 8-14 的分析结果显示，模型一至模型四在统计上都是显著的（其中，模型二的 F 统计值为 11.448，$P<0.001$；模型四的 F 统计值为 10.484，$P<0.001$），这说明了上述分析结果具有一定的稳定性。具体来说加入解释变量之后，在模型二的回归分析中，价值主张、价值创造、价值传递和价值获取的回归系数都为正，但只有价值获取变量显著（$\beta=0.104$，$P<0.01$），表明价值获取对资源构建有显著正向影响，因此 H_{10d} 成立；在模型四的回归分析中，商业模式各维度的回归系数也为正，但只有价值创造（$\beta=0.153$，$P<0.01$）和价值传递（$\beta=0.089$，$P<0.1$）变量显著，表明价值创造对资源利用有显著正向影响，因此 H_{11b} 和 H_{11c} 成立。

表 8-14　商业模式对资源整合的回归分析结果（$N=354$）

变量	资源构建		资源利用	
	模型一	模型二	模型三	模型四
控制变量				
技术动荡	0.205***	0.180***	0.177**	0.151**
竞争强度	0.148**	0.113*	0.255***	0.192**
企业规模	0.052**	0.043*	0.034	0.017
企业年龄	−0.007	−0.016	0.002	−0.019
解释变量				
价值主张		0.040		0.039
价值创造		0.054		0.153**
价值传递		0.036		0.089#
价值获取		0.104**		0.067
模型统计量				
R^2	0.156	0.210	0.116	0.196
调整后 R^2	0.146	0.191	0.106	0.177
F 统计值	16.070***	11.448***	11.433***	10.484***

***表示显著性水平 $P<0.001$，**表示显著性水平 $P<0.01$，*表示显著性水平 $P<0.05$，#表示显著性水平 $P<0.1$

注：被解释变量为资源整合，表 8-14 中回归系数为非标准化回归系数

2）资源整合与融合企业绩效的关系

为了验证资源整合与融合企业绩效之间的关系，即 H_{12} 和 H_{13}，本章以融合企业绩效为被解释变量，以资源整合为解释变量，以技术动荡、竞争强度、企业规模、企业年龄为控制变量，建立回归模型。具体分析结果如表 8-15 所示。

表 8-15　资源整合对融合企业绩效的回归分析结果（$N=354$）

变量	经济绩效		社会绩效		环境绩效	
	模型一	模型二	模型三	模型四	模型五	模型六
控制变量						
技术动荡	0.236***	0.163*	0.199***	0.153**	0.198**	0.102
竞争强度	0.132#	0.057	0.027	−0.014	0.161**	0.053
企业规模	0.062*	0.046	0.010	−0.001	0.019	−0.002
企业年龄	−0.046	−0.045	−0.024	−0.023	0.005	0.006

续表

变量	经济绩效		社会绩效		环境绩效	
	模型一	模型二	模型三	模型四	模型五	模型六
解释变量						
资源构建		0.203^*		0.174^*		0.214^*
资源利用		0.180^{**}		0.057		0.298^{***}
模型统计量						
R^2	0.082	0.139	0.049	0.077	0.064	0.175
调整后 R^2	0.071	0.124	0.038	0.061	0.053	0.161
F 统计值	7.788^{***}	9.322^{***}	4.520^{**}	4.800^{***}	5.919^{***}	12.262^{***}

***表示显著性水平 $P<0.001$，**表示显著性水平 $P<0.01$，*表示显著性水平 $P<0.05$，#表示显著性水平 $P<0.1$

注：被解释变量为融合企业绩效，表 8-15 中回归系数为非标准化回归系数

　　模型一、三、五是仅对控制变量的回归结果，而模型二、四、六是加入资源整合变量之后的回归模型。从模型二中可以看出，资源构建（ β =0.203，$P<0.05$）和资源利用（ β =0.180，$P<0.01$）对经济绩效有显著正向影响，H_{12a} 和 H_{13a} 均得到了支持；模型四中可看出资源构建对社会绩效有显著正向影响（ β =0.174，$P<0.05$），H_{12b} 得到支持，而资源利用对社会绩效影响不显著，H_{13b} 没有得到支持；模型六中可以看出资源构建（ β =0.214，$P<0.05$）和资源利用（ β =0.298，$P<0.001$）对环境绩效有显著正向影响，H_{12c} 和 H_{13c} 均得到支持。

　　3）中介作用

　　温忠麟等（2004）提出在进行中介变量的检验流程中，只要有一个变量系数不显著，则需要采取 Sobel 检验，如果 Sobel 检验显著则中介效应存在，如果 Sobel 检验不显著则中介效应不存在。以上分析结果中价值创造和价值传递与资源构建之间的关系不显著，价值主张、价值获取与资源利用之间关系不显著，由此采用 Sobel 检验，其检验结果均不显著。最终得出 H_{14a}、H_{14b}、H_{14c}、H_{14d}、H_{14e}、H_{15a}、H_{15b}、H_{15f}、H_{15g}、H_{15h} 不成立。

　　接下来开始验证资源整合对商业模式与融合企业绩效之间关系的中介作用，即 H_{14f}、H_{14g}、H_{14h}、H_{15c}、H_{15d} 和 H_{15e}。具体分析结果如表 8-16 和表 8-17 所示。

表 8-16　回归分析——资源构建的中介作用（ N =354 ）

变量	经济绩效		社会绩效		环境绩效	
	模型一	模型二	模型三	模型四	模型五	模型六
控制变量						
技术动荡	0.204^{**}	0.156^*	0.162^{**}	0.137^{**}	0.135^*	0.083
竞争强度	0.107	0.073	-0.003	-0.021	$0.111^{\#}$	0.073

续表

变量	经济绩效		社会绩效		环境绩效	
	模型一	模型二	模型三	模型四	模型五	模型六
企业规模	0.059^{*}	0.046	0.006	-0.001	0.013	-0.001
企业年龄	-0.049	-0.046	-0.027	-0.026	0.176	0.002
解释变量						
价值获取	0.212^{***}	0.175^{**}	0.248^{***}	0.228^{**}	0.417^{***}	0.376^{***}
中介变量						
资源构建		0.263^{**}		0.137^{*}		0.286^{***}
模型统计量						
R^2	0.122	0.147	0.127	0.137	0.215	0.244
调整后 R^2	0.109	0.132	0.115	0.122	0.203	0.231
F 统计值	9.628^{***}	9.955^{***}	10.142^{***}	9.194^{***}	19.016^{***}	18.695^{***}

***表示显著性水平 $P<0.001$，**表示显著性水平 $P<0.01$，*表示显著性水平 $P<0.05$，#表示显著性水平 $P<0.1$
注：被解释变量为融合企业绩效，表 8-16 中回归系数为非标准化回归系数

表 8-17　回归分析——资源利用的中介作用（$N=354$）

变量	经济绩效		社会绩效		环境绩效	
	模型一	模型二	模型三	模型四	模型五	模型六
控制变量						
技术动荡	0.211^{**}	0.181^{**}	0.190^{**}	0.142^{**}	0.163^{**}	0.117^{*}
竞争强度	0.090	0.047	0.073	0.017	0.101	0.037
企业规模	0.055^{*}	$0.050^{#}$	-0.009	-0.014	0.009	0.001
企业年龄	-0.074^{*}	-0.071^{*}	-0.018	-0.015	-0.024	-0.029^{*}
解释变量						
价值创造			0.361^{***}	0.299^{***}		
价值传递	0.272^{***}	0.236^{***}			0.380^{***}	0.325^{***}
中介变量						
资源利用		0.189^{**}		0.277^{***}		0.288^{**}
模型统计量						
R^2	0.154	0.178	0.196	0.246	0.203	0.258
调整后 R^2	0.142	0.164	0.184	0.233	0.191	0.245
F 统计值	12.681^{***}	12.527^{***}	16.966^{***}	18.854^{***}	17.696^{***}	20.092^{***}

***表示显著性水平 $P<0.001$，**表示显著性水平 $P<0.01$，*表示显著性水平 $P<0.05$，#表示显著性水平 $P<0.1$
注：被解释变量为融合企业绩效，表 8-17 中回归系数为非标准化回归系数

　　由于篇幅的限制，本书未对只有控制变量的相关数据做汇报，所有汇报内容均为解释变量及加入中介变量的结果，其中模型一、三、五只包含解释变量，而模型二、四、六在前一模型基础上加入了中介变量。从表 8-16 和表 8-17 的中介变

量检验中可以看出，商业模式各维度下的回归系数均为正，且显著；同时在加入中介变量后的模型中回归系数也为正数，且显著，但其系数均小于加入中介变量之前的系数，这表明中介变量在各变量之间起到了部分中介作用。由此可以推断 H_{14f}、H_{14g}、H_{14h}、H_{15c}、H_{15d} 和 H_{15e} 均成立。

2. 互动导向的调节作用

下面本书将通过层次回归分析的方法来检验互动导向对商业模式与融合企业绩效关系的调节作用。其中控制变量为技术动荡、竞争强度、企业规模、企业年龄；解释变量为商业模式的四个维度即价值主张、价值创造、价值传递和价值获取；被解释变量为融合企业绩效的三个维度即经济绩效、社会绩效和环境绩效；调节变量为互动导向的四个维度即顾客理念、互动响应能力、顾客授权及顾客价值管理。在做调节效应分析时，通常会将自变量与调节变量做中心化处理（变量减去均值）（温忠麟等，2005）。因此，各变量进行中心化处理，进入回归模型，初步回归后互动响应能力的调节效应不显著，导致 H_{17} 不成立，再将其他调节变量进入回归模型，具体分析结果如表 8-18~表 8-20 所示。

表 8-18 回归分析——顾客理念的调节作用（$N=354$）

变量	经济绩效		社会绩效		环境绩效	
	模型一	模型二	模型三	模型四	模型五	模型六
控制变量						
技术动荡	0.201^{**}	0.205^{**}	0.171^{**}	0.178^{**}	0.157^{*}	0.163^{**}
竞争强度	0.051	0.055	−0.018	−0.011	0.080	0.086
企业规模	$0.051^{\#}$	$0.052^{\#}$	0.001	0.002	0.005	0.008
企业年龄	−0.057	−0.057	−0.031	−0.032	−0.007	−0.008
解释变量						
价值主张	0.279^{***}	0.264^{**}	0.247^{***}	0.221^{**}	0.342^{***}	0.321^{***}
调节变量						
顾客理念	0.179^{**}	0.180^{**}	0.069	0.070	0.157^{**}	0.158^{**}
交互项						
价值主张×顾客理念		−0.130		-0.220^{*}		−0.176
模型统计量						
R^2	0.150	0.153	0.096	0.110	0.142	0.148
调整后 R^2	0.135	0.136	0.080	0.092	0.127	0.131
F 统计值	10.205^{***}	8.960^{***}	6.149^{***}	6.135^{***}	9.543^{***}	8.581^{***}

***表示显著性水平 $P<0.001$，**表示显著性水平 $P<0.01$，*表示显著性水平 $P<0.05$，#表示显著性水平 $P<0.1$
注：被解释变量为融合企业绩效，表 8-18 中回归系数为非标准化回归系数

表 8-19　回归分析——顾客授权的调节作用（N=354）

变量	经济绩效		社会绩效		环境绩效	
	模型一	模型二	模型三	模型四	模型五	模型六
控制变量						
技术动荡	0.216**	0.218***	0.187**	0.187**	0.185**	0.187**
竞争强度	0.052	0.039	0.003	−0.001	0.066	0.052
企业规模	0.043	0.043	0.007	0.008	−0.010	−0.009
企业年龄	−0.060#	−0.062#	−0.025	−0.025	−0.018	−0.020
解释变量						
价值创造	0.235***	0.250***	0.021	0.025	0.359***	0.376***
调节变量						
顾客授权	0.115*	0.103*	0.093*	0.089	0.035	0.023
交互项						
价值创造×顾客授权		0.152*		0.044		0.165*
模型统计量						
R^2	0.152	0.164	0.061	0.062	0.197	0.211
调整后 R^2	0.137	0.147	0.045	0.044	0.183	0.195
F 统计值	10.362***	9.686***	3.758**	3.294**	14.196***	13.212***

***表示显著性水平 $P<0.001$，**表示显著性水平 $P<0.01$，*表示显著性水平 $P<0.05$，#表示显著性水平 $P<0.1$

注：被解释变量为融合企业绩效，表 8-19 中回归系数为非标准化回归系数

表 8-20　回归分析——顾客价值管理的调节作用（N=354）

变量	经济绩效		社会绩效		环境绩效	
	模型一	模型二	模型三	模型四	模型五	模型六
控制变量						
技术动荡	0.181**	0.165**	0.148**	0.106*	0.122*	0.117#***
竞争强度	0.064	0.067	−0.028	−0.018	0.087	0.088
企业规模	0.048#	0.049#	0.001	0.002	0.007	0.007
企业年龄	−0.034	−0.038	−0.019	−0.027	0.008	0.007
解释变量						
价值获取	0.168**	0.162**	0.222***	0.205***	0.392***	0.390***
调节变量						
顾客价值管理	0.185***	0.182***	0.106**	0.100**	0.103**	0.102**
交互项						
价值获取×顾客价值管理		−0.068		−0.178**		−0.023
模型统计量						
R^2	0.163	0.166	0.147	0.174	0.227	0.228
调整后 R^2	0.149	0.149	0.132	0.158	0.214	0.212
F 统计值	11.268***	9.827***	9.977***	10.447***	17.025***	14.578***

***表示显著性水平 $P<0.001$，**表示显著性水平 $P<0.01$，*表示显著性水平 $P<0.05$，#表示显著性水平 $P<0.1$

注：被解释变量为融合企业绩效，表 8-20 中回归系数为非标准化回归系数

表 8-18~表 8-20 给出了顾客理念、顾客授权、顾客价值管理分别对价值主张、价值创造、价值获取与融合企业绩效之间关系的调节作用分析。其中各模型中的被解释变量均为融合企业绩效，回归系数为非标准化系数。由于表格篇幅的限制，模型中均未单独汇报控制变量的检验结果。在上述三个表格的回归分析中，模型一、三、五对解释变量与调节变量进行检验，模型二、四、六在前一模型基础上加进交互项，由此检验模型是否具有调节效应。

具体分析结果显示，交互项"价值主张×顾客理念"在被解释变量为社会绩效的前提下，回归系数为负（−0.220），且显著（$P<0.05$），表明顾客理念在价值主张和社会绩效之间发挥着负向调节作用，因此 H_{16b} 不成立；交互项"价值创造×顾客授权"在被解释变量为经济绩效的前提下，回归系数为正（0.152），且显著（$P<0.05$），表明顾客授权在价值创造和经济绩效之间发挥着正向调节作用，因此 H_{18a} 成立；交互项"价值创造×顾客授权"在被解释变量为环境绩效的前提下，回归系数为正（0.165），且显著（$P<0.05$），表明顾客授权在价值创造和环境绩效之间发挥着正向调节作用，因此 H_{18c} 成立；交互项"价值获取×顾客价值管理"在被解释变量为社会绩效的前提下，回归系数为负（−0.178），且显著（$P<0.01$），表明顾客价值管理在价值获取和社会绩效之间发挥着负向调节作用，因此 H_{19b} 不成立。

8.3 中介和调节作用分析

经过上述分析，可以看出资源整合在商业模式与融合企业绩效之间起到了部分中介作用（资源构建在价值获取与融合企业绩效之间起到部分中介作用，资源利用在价值创造与环境绩效之间起到部分中介作用；资源利用在价值传递与经济绩效和社会绩效之间起到部分中介作用）。同时，论证了互动响应能力各维度在商业模式与融合企业绩效间的调节作用（图 8-1 和图 8-2）。

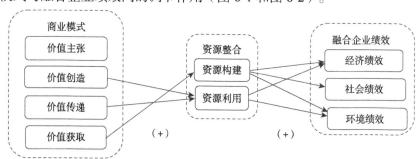

图 8-1 商业模式与融合企业绩效部分中介效应修正示意图

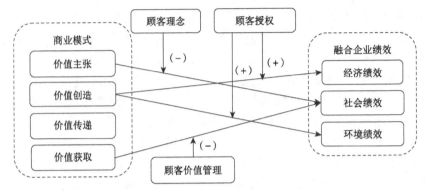

图 8-2　商业模式与融合企业绩效调节效应修正示意图

8.3.1　资源整合对商业模式与融合企业绩效的中介作用

设立合理的商业模式之所以能提高融合企业绩效水平，主要是因为可以通过改进企业的商业模式，倾向性地进行内部资源的构建及外部资源的利用，通过企业内外资源的不断挖掘，促进资源的优化组合，实现企业成本减少和效率提升。具体而言，企业价值创造能力的提升，可以有效集聚企业内外优势资源，通过对资源的相互整合利用，减少废物资源的产生，由于种种原因虽然不能保证提高企业的财务绩效，但可以有效地减少环境污染，如农业生产过程中利用的生物降解技术，有效地保护了生态环境（实现了"价值创造→资源利用→环境绩效"的作用路径）；价值创造能力的提升不一定能提升企业的经济绩效是由于农业中常常出现的"卖难买贵"现象，此种现象是价值传递渠道的不通畅而导致的，随着价值传递有效性的上升，企业更加了解顾客需求，对目标顾客的需求采取有针对性的生产，实现了资源的有效利用，同时减少了盲目生产而导致的资源浪费和企业收入不佳的状况（实现了"价值传递→资源利用→经济绩效"和"价值传递→资源利用→环境绩效"的作用路径）；价值获取能力的提升说明企业获得了较多收入，收入的提升可为企业资源体系的构建提供经济基础，一体化资源体系的构建减少了沟通不畅而造成的资源浪费，减少了企业的生产成本，同时扩大的资源体系更有能力提升整体的社会福利水平。例如，汇源集团具有较强的价值获取能力，通过整合饮料加工、原材料生产及旅游资源等，构建了强大的资源体系，不仅可以实现绿色无污染生产，还可以为顾客提供生态旅游休闲之处，提升了社会福利，最终促进了集团的经济绩效的提升（实现了"价值传递→资源构建→融合企业绩效"的作用路径）。

总的来说，价值创造能力和价值传递有效性的提升，实现了企业内外资源的合理利用，提升了其经济绩效和环境绩效水平（H_{15c}、H_{15d}、H_{15e}）；而价值获取能力的提升，则促进了企业资源体系的构建，在提升企业经济绩效的同时，也使企业履行了自身的环境责任和社会责任（H_{14f}、H_{14g}、H_{14h}）。

8.3.2 互动导向对商业模式与融合企业绩效的调节作用

通过回归模型分析可知，互动导向的四个构成维度中顾客理念负向调节了价值主张与社会绩效的关系（H_{16b}）；顾客授权正向调节了价值创造与经济绩效的关系（H_{18a}）；顾客授权正向调节了价值创造与环境绩效的关系（H_{18c}）；顾客价值管理负向调节了价值获取与社会绩效的关系（H_{19b}）。具体来说：

（1）越多地关注顾客理念，价值主张对社会绩效的正向影响越弱（图8-3）。

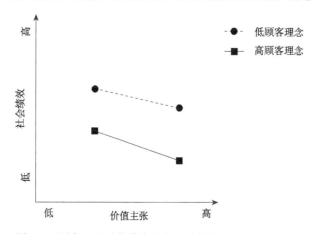

图8-3 顾客理念对价值主张与社会绩效的负向调节作用

顾客理念强调了企业营销活动的起点应从细分市场转向单个顾客，其中顾客即广义的含义，除了包括最终消费者，还包括中间商、代理商、分销商等。如果顾客理念越强，则代表满足顾客需求程度会越高，而顾客需求是以满足自身利益为出发点的。对于福利理论来说，某些人利益增大必然会损害另一些人的利益，而福利增大的速度一般小于福利损害的速度，进而减少了社会的整体福利水平，如一个较为极端的例子，如果现代社会全面强调农产品有机化，这极大地满足了顾客对农产品质量的要求，但有机化必然会导致农产品价格上升。虽然满足了小部分对产品品质有过高要求的消费者，但是也损害了大量普通消费者的利益（"买不起"），从整体来说社会福利水平呈下降趋势。顾客也许有许多希望、期盼，但是企业并不是一味满足顾客需求就能获得应有回报，还需结合现有实际进行适当推广，所以顾客理念需要推行，但是也要适可而止。

（2）越多地给予顾客授权，价值创造对经济绩效和环境绩效的正向影响越强（图 8-4 和图 8-5）。

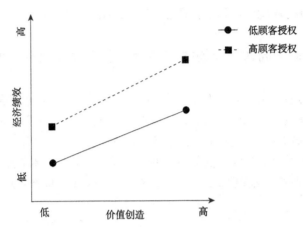

图 8-4　顾客授权对价值创造与经济绩效的正向调节作用

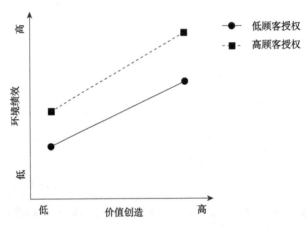

图 8-5　顾客授权对价值创造与环境绩效的正向调节作用

顾客授权是鼓励顾客积极参与企业的价值共创，使生产出的产品或服务更加符合顾客需求。如果顾客授权越多，顾客的参与程度越高，那么企业就可以更加准确地进行价值创造，顾客价值（P）提升，同时也避免了不必要的资源浪费，降低相关成本（C），进而提升了企业的经济绩效和环境绩效。定制农产品则是较为典型的顾客授权行为，顾客充分地参与到企业的价值创造过程，减少了顾客不接受而造成的农产品滞销，最终以精准的价值创造提升企业的绩效水平。

（3）顾客价值管理越精确，价值获取对社会绩效的正向影响越弱（图 8-6）。

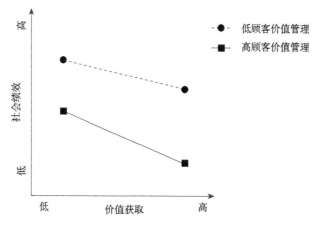

图 8-6　顾客价值管理对价值获取与社会绩效的负向调节作用

顾客价值管理认为将顾客进行细分管理，按照不同顾客为企业带来的利润进行资源分配，这种集中经营方式有助于提升企业的价值获取能力，但对企业"有利"的顾客只占全体成员的极少部分，在满足这部分"有利"顾客群体的同时必然会减少其他大部分群体的利益，最终降低了整体的社会福利水平。例如，生态旅游主要是为顾客提供新鲜的空气及天然的自然景观，顾客价值管理对顾客加以细分，部分顾客可以为这天然空气和景观付出较多的价格，进而导致企业的价值获取能力得以提升，过高的价格必然排斥了大多数顾客获取天然景观和新鲜空气的权利，最终导致企业社会绩效水平的下降。

8.4　本 章 小 结

本章通过描述性统计分析、信度和效度检验、相关性分析及多元回归分析的方法，对第 7 章所提出的资源整合对商业模式与融合企业绩效之间所起的中介作用、互动导向的调节作用及政府支持的调节作用进行检验，具体的实证检验结果如表 8-21 所示。

表 8-21　中介和调节作用的假设验证汇总

假设	结果
第一组假设：商业模式与资源整合能力的关系	
H_{10a}：价值主张对资源构建有显著正向影响	不支持
H_{10b}：价值创造对资源构建有显著正向影响	不支持
H_{10c}：价值传递对资源构建有显著正向影响	不支持

续表

假设	结果
H_{10d}：价值获取对资源构建有显著正向影响	支持
H_{11a}：价值主张对资源利用有显著正向影响	不支持
H_{11b}：价值创造对资源利用有显著正向影响	支持
H_{11c}：价值传递对资源利用有显著正向影响	支持
H_{11d}：价值获取对资源利用有显著正向影响	不支持
第二组假设：资源整合与农业企业绩效的关系	
H_{12a}：资源构建对经济绩效有显著正向影响	支持
H_{12b}：资源构建对社会绩效有显著正向影响	支持
H_{12c}：资源构建对环境绩效有显著正向影响	支持
H_{13a}：资源利用对经济绩效有显著正向影响	支持
H_{13b}：资源利用对社会绩效有显著正向影响	不支持
H_{13c}：资源利用对环境绩效有显著正向影响	支持
第三组假设：中介作用	
H_{14f}：资源构建在价值获取与经济绩效的关系中起到中介作用	部分支持
H_{14g}：资源构建在价值获取与社会绩效的关系中起到中介作用	部分支持
H_{14h}：资源构建在价值获取与环境绩效的关系中起到中介作用	部分支持
H_{15c}：资源利用在价值创造与环境绩效的关系中起到中介作用	部分支持
H_{15d}：资源利用在价值传递与经济绩效的关系中起到中介作用	部分支持
H_{15e}：资源利用在价值传递与环境绩效的关系中起到中介作用	部分支持
第四组假设：调节作用	
H_{16b}：顾客理念在价值主张与社会绩效之间发挥着负向调节作用	反向支持
H_{18a}：顾客授权在价值创造与经济绩效之间发挥着正向调节作用	支持
H_{18c}：顾客授权在价值创造与环境绩效之间发挥着正向调节作用	支持
H_{19b}：顾客价值管理在价值获取与社会绩效之间发挥着负向调节作用	反向支持

第9章 典型案例分析

在完成了前面几个章节的调研数据的实证分析之后，为了进一步了解和掌握我国农村产业融合企业的商业模式特点，以及不同商业模式对企业竞争优势的影响，我们选取农村产业融合企业作为案例分析的对象，深入挖掘商业模式的要素构成和作用。关于农村产业融合企业如何评价自身的商业模式，以及如何对自身商业模式进行选择，这些问题都将在本章中予以探讨。

案例研究通过典型案例，详细地描述了案例现象，分析其原因，并从中探知事物的一般性规律和内在的特殊性，是推导研究结论和研究新命题的一种研究方法。鉴于对所获得资料的有限性，我们将遵循案例研究的步骤，首先对本书所关注的问题及目的进行研究。由于在前文中对农村产业融合企业的类型、商业模式构成维度及企业绩效的作用关系进行了分析和探讨，这部分将主要回归到对不同类型的农村产业融合企业的商业模式探讨。具体而言，探讨各类型企业的商业模式具有哪些特点，它们的商业模式具有哪些构成维度，最后探讨此类企业的商业模式为什么能够获得成功，成功的关键点是在价值主张上，还是在价值创造、价值传递或价值获取上，以上问题构成本章案例研究所关注的主要内容。

9.1 延伸型融合

农业产业链延伸型融合是指以农业为中心，通过产业链上下游贯通，打破传统农业产业界限，由产业链的生产、加工环节向前、后不断延伸，通过对产业链各个环节实施管理，针对产品安全实现全过程可追溯，如将种子、农药、化肥的供应与生产环节连接起来，或将农产品加工、销售和生产环节连接起来，组建农业产、供、销一条龙的发展。下面将以新希望和伊利两家企业作为延伸型融合的案例研究对象，并对此类企业的商业模式进行研究。

9.1.1 新希望集团商业模式研究

1. 案例简介

"新希望"集团创立于 1982 年，其前身是南方希望集团，是刘永言、刘永行、陈育新（刘永美）、刘永好四兄弟创建的大型民营企业——"希望集团"的四个分支之一。在南方希望资产的基础上，刘永好组建了新希望集团。新希望集团是中国农业产业化国家级重点龙头企业，中国最大的饲料生产企业，中国最大的农牧企业之一，拥有中国最大的农牧产业集群，是中国农牧业企业的领军者。下面主要从主营业务、核心竞争力和发展战略三个方面介绍新希望集团。

（1）主营业务方面。第一，饲料。饲料是新希望集团的核心业务，处于公司农牧产业链的最上游。近年来，中国饲料行业由高速发展转为低速发展，宏观经济形势及养殖业不景气，为应对这些困难，公司制定了"饲料生产体系发展战略规划"来打造公司饲料品牌，创建"中国饲料行业生产体系标杆"。在饲料业务上推进产品瘦身计划、优化产品结构、关闭部分效率低的工厂，加强研发与优化配方等提升产品竞争力和营利能力，通过优化饲料产能布局提升饲料工厂生产的效率和专业水平。第二，畜禽养殖。畜禽养殖是公司的重要业务，也在公司农牧产业链中居于中间位置。公司的畜禽业务主要涉及生猪和肉禽两个领域。在过去几年中，行业经营相对惨淡，为促进行业的有序发展，公司对其所经营的业务进行优化调整，并对旗下普惠农牧融资担保有限公司进行了增资，使其达到全国范围内开展担保业务的要求，帮助农户解决融资难题。第三，屠宰及肉制品。屠宰及肉制品加工业务在公司农牧产业链中贴近消费终端，宏观经济疲软与居民收入增速放缓使中国肉类消费需求下降，为解决企业困难，公司提出了在屠宰及肉制品业务上实现"冻转鲜、生转熟、贸易转终端"的战略转型，一方面加大了食品深加工业务的比重，推动产品升级，另一方面通过多种渠道加强与销售终端的对接，改变过去主要依赖批发市场的传统贸易模式，推动渠道升级，如与京东等电商平台的合作、与海底捞等知名连锁餐饮品牌建立合作关系等。在上述措施的推动下，公司肉食业务的业绩得到明显提升。

（2）核心竞争力方面。第一，创新新型规模经济。新希望集团饲料销售位居全国第一，世界第三，饲料生产销售覆盖全国 26 个省份；新希望集团也是中国第三大肉食加工企业，肉食品生产覆盖 7 个省份，销售也覆盖了全国近 30 个省份。行业领先的产销量、广泛覆盖的市场区域，使公司有实力对接处于同等量级的国内外粮商巨头与大型渠道，充分利用规模优势带来的议价能力。第二，打造经营品牌。通过多年的经验和科研积累，公司已经建立起全行业最大最好的饲料营养与原料数据库，并和国内外多家原料供应商紧密合作，及时掌握全国范围内的饲料品质信息，使公司可以及时执行最优的营养和成本组合，降低原料价格波动带来的负面影响。第三，传递全产业链安全价值。公司是国内农牧企业中最靠近食品终端的企业。通过紧密的产业链上下游协作，公司可以从最上游的育种、饲料环节就开始控制食品安全，通过调整饲料配方改善肉食品质，相比传统食品企业拥有更可靠的上游保障。通过持续的渠道优化、品牌塑造，公司的肉食品业务，特别是深加工与熟食业保持快速发展，帮助公司不断提高利润水平。

（3）发展战略方面。新希望集团的战略愿景是"成为世界级农牧企业和美好公司"，追求世界级的发展目标，掌握世界级饲料技术与肉食品加工技术，提供世界级养殖综合服务与肉食消费方案，在国内、外市场与国际领先企业展开竞争与合作，在全球范围整合资源。公司将长期扎根于农牧业，打造高效率、高价值的一体化链条，成为"饲料产业的领导者、养殖领域产业链的组织者、食品产业的领先者"。并通过综合型服务成为"农牧技术服务商、农业金融领军者、农牧数据大平台"。公司还将通过帮助员工、客户、合作伙伴的共同成长，建设美好农牧环境，实现美好公司的理念。在此愿景下，公司确立了"产品领先、服务驱动、全球经营"的三大战略主轴。"产品领先""服务驱动"这两大主轴主要应对国内经济结构升级的大趋势，变过去农牧业追求规模的粗放式经营为追求质量的精细化经营。"全球经营"这一主轴主要应对国际经济形势的变化，一方面抓住发达经济体低迷时机，积极整合全球产业资源；另一方面积极参与新兴经济体成长，消化国内经济放缓带来的压力。

新希望集团以农业生产经营为主，逐步减少和淡化在非农产业的投资，公司集中精力抓好农业产业链一体化的经营和发展，集中资金和精力搞好农牧产业的生产经营。为了彻底解决同行业竞争问题，保护全体股东尤其是中小股东的合法权益，公司于 2011 年完成了体系内农牧产业重大资产重组的整体上市。重大资产重组完成后，公司的生产规模、营利能力、行业竞争力和抗风险能力得到大幅度提升，成为目前国内产业链最完整、产品覆盖面最广的农牧类上市公司。公司力争打造"饲料生产—畜禽养殖—屠宰—肉制品加工"的产业协同一体化经营格局，从而有效地平抑畜禽养殖经营的波动性，以形成较完整的、可控的、可追溯的产业内循环体系，保障饲料与食品安全。

2. 商业模式分析

（1）价值主张。新希望集团的战略愿景是"成为世界级农牧企业和美好公司"，具体而言，即提供世界级的养殖综合服务与肉食消费方案。公司将长期扎根于农牧业，打造高效率、高价值的一体化链条。公司还将通过帮助员工、客户、合作伙伴的共同成长，建设美好农牧环境。新希望集团的主营业务为饲料供应、畜禽养殖、屠宰及肉制品加工，其中饲料供应面对的消费群体是初级农业生产者，畜禽养殖面对的消费群体是食品加工商或终端消费者，肉制品加工面对的是终端消费者。新希望集团的目标消费者类型较多，有初级农业生产者、终端消费者等。因而，面对不同的群体所实行的价值主张不尽相同。为初级农业生产者提供的是高质量的饲料供应，具体体现在公司制定了"饲料生产体系发展战略规划"来打造公司饲料品牌。为终端消费者提供优质的农产品供应（包含生鲜、加工食品等），具体体现在公司在屠宰及肉制品业务上实现"冻转鲜、生转熟、贸易转终端"的战略转型，加大食品深加工业务比重，推动产品升级。

（2）价值创造。新希望集团价值创造的核心竞争力是利用技术创新发展，打造企业品牌经营。调查中发现，该公司具有较强的技术研发实力，设有 16 处研发基地、26 处中试基地，研发技术团队包括 42 名博士、396 名硕士，同时还设有博士后科研工作站，并与国内外农牧业知名大学合作研发。公司拥有领先的近红外检测技术，建立了 30 种饲料原料、100 余种饲料成品的近 400 个预测模型。新希望集团强有力的技术支撑，有效促进了企业品牌发展战略的形成，同时为实现企业价值主张奠定基础。

（3）价值传递。新希望集团改变了过去传统的贸易模式，通过多种渠道加强与销售终端的对接，有效推动了渠道升级。调查中发现，该公司先后与京东等电商平台、永辉超市等连锁企业开展合作，与海底捞等知名连锁餐饮品牌建立合作关系，在自营零售上，先后在石家庄、沈阳等地开展"美好一味"熟食专卖店业务，在西南地区布局"海拔 3 000 米"的牦牛肉专卖店等。

（4）价值获取。新希望集团的利润收入主要来自于饲料产品和农产品的销售，成本主要来自于技术研发、消耗的生产资料、渠道建设等。在调查中可以看出，公司通过对饲料产品的结构优化与效率升级，加大了高附加值饲料的比例，通过"核心工厂+卫星工厂"试点，以及专业厂和专业线的新建与改建来提升生产水平，促进了饲料业务利润水平的提升。同时，公司利用食品渠道建设新的合作机会，与合作伙伴共同推动新产品研发，使得食品品牌影响力得以提升，促进了公司深加工与熟食业务的利润增长。

9.1.2 伊利集团商业模式研究

1. 案例简介

内蒙古伊利实业集团股份有限公司（简称伊利集团）是中国规模最大、产品线最健全的企业。2017 年 7 月 12 日，在荷兰合作银行发布的 2017 年度"全球乳业 20 强"中，伊利集团蝉联亚洲乳业第一，位居全球乳业 8 强，连续四次入围全球乳业前十，体现了企业在亚洲乃至全球全方位的综合领先优势。伊利集团是国家 520 家国家重点工业企业和国家八部委首批确定的全国 151 家农业产业化龙头企业之一，集团下设液态奶、冷饮、奶粉、酸奶和原奶五大事业部，所属企业 130 多个。根据中国商业联合会、中华全国商业信息中心联合公布的 2014 年度销售结果统计，公司在全国乳制品综合市场，以及奶粉、冷饮、液态奶、儿童奶市场中，均占据市场份额第一的位置，"伊利"成为更多消费者所信赖的"中国品牌"。

目前，中国乳业呈现全产业链、全球化的发展趋势，伊利集团作为中国知名的乳业集团，一直致力于加强自身的发展，具体表现在以下几个方面。

（1）质量管理方面。伊利集团在全员、全过程、全方位"三全"质量管理体系的基础上，进一步建立健全"供应商质量管理体系"，将原辅料采购和供应商选择的各个环节，均纳入公司统一的质量管理操作标准和审核范围。从生产上来说，优化奶牛养殖场的良好农业规范（good agricultural practices，GAP）管理，推动公司质量管理体系向供应链的上下端延伸，实现产品质量与安全的全链条保障。从消费方来说，建立"产品专属追溯码体系"和"食品安全追溯系统平台"，使消费者可以随时登陆平台查看伊利婴幼儿奶粉的生产和质检信息，真正实现了从源头到终端全产业链条信息的透明和可追溯，使消费者对伊利产品的信赖程度进一步提升。从合作方来说，伊利集团依托海外研发中心，与荷兰瓦赫宁根大学共建中荷食品安全保障体系，与新西兰林肯大学达成战略合作，开展乳业全产业链食品安全风险研究，为公司建设全球领先的质量安全管理体系提供坚实的保障。公司的品牌和质量安全保障体系得到社会各界的高度认可和信赖，为公司战略目标的实现奠定了坚实的基础。

（2）创新管理方面。公司积极实施"反式创新"战略，用全球优质资源更好地服务消费者。公司重新梳理了创新体系，将原有技术中心升级为创新中心，着力打造"基础研发—技术升级—产品开发"的三级研发平台。成立专门的消费者研究机构，把握和洞察消费者潜在需求，驱动企业实现创新引领。

（3）品牌管理方面。伊利凭借优质的产品和服务、卓越的管理理念、持续的营销创举，打造出"创新"、"引领"和"品质可信赖"的品牌形象。公司围绕"态度，决定品质"的主题，持续通过"伊利开放工厂之旅"的品质营销活动及《爸爸去哪儿》的品牌营销平台，与消费者建立起良好的品牌互动关系，在提高伊利品牌竞争力的同时，成功地拉动了重点子品牌销售业务的增长。

（4）基地建设方面。公司通过加快推进牧场建设进度、扶持社会牧场发展等方式，有效推动了奶源基地转型，提升了优质原料奶供应保障能力。对牧场 GPS 系统和视频监控系统进一步升级，实现了奶源生产、运输环节的远程实时监控，使得公司奶源基地牧场技术服务体系和质量安全保障体系进一步得到完善和加强。

（5）渠道管理方面。公司正在进行新兴营销渠道方面的建设。首先，对电子商务渠道平台资源进行全面整合，即大力发展直供平台商，与之建立战略合作伙伴关系，共同搭建大数据研究平台，开展多项合作。其次，结合线上业务开展进度，增设"电商中心仓"，建立点对点物流配送直供服务平台，重点提升线下物流服务能力，充分保证消费者的购物体验。

（6）供应链运营方面。为提升供应链管理水平，公司在现有企业资源计划（enterprise resource planning，ERP）、客户关系管理（customer relationship management，CRM）系统基础上，规划建立供应商关系管理（supplier relationship management，SRM）系统，该系统以"供应商全生命周期管理"为核心理念，通过对供应商准入、定价、合同、订单、库存等全业务流程的在线监督和管控，实现供应商管理的标准化、透明化和规范化，促进采购业务的价值最大化。

伊利集团 2010~2014 年的战略目标基本实现，为了实现进入全球乳业 5 强的战略目标，公司适时调整了中长期发展战略，并将企业愿景升级为"成为全球最值得信赖的健康食品提供者"。公司强化了产品创新的驱动力，推动各项业务的健康快速成长，争取成为千亿级的健康食品集团。

2. 商业模式分析

（1）价值主张。伊利集团的主营业务是进行液态奶、冷饮、奶粉、酸奶和原奶的生产，液态奶、冷饮、奶粉、酸奶所面临的目标顾客是广大乳制品终端消费者，而原奶的生产面临的目标顾客则是中小型的乳制品生产者。伊利集团的战略愿景是"成为全球最值得信赖的健康食品提供者"，不管是对消费者提供的终端产品，还是对乳制品生产者提供的原材料，健康品质是该集团所奉承的宗旨。"创新的""引领的""品质可信赖的"是伊利企业的品牌形象，品牌资产的价值提升，有效地实现了企业的发展目标。因此，伊利集团的价值主张是为目标顾客提供高品质的产品。

（2）价值创造。伊利集团通过乳业资源保障能力和产品创新能力的提升，有效地体现了企业价值创造能力。从乳业资源保障能力上来说，一方面公司通过国际化业务的持续推进，拓展了与全球顶级供应商的战略合作，并利用海外基地产能和成本优势，获得了当地更多的技术和资源。全球化采供业务体系的建立，使公司更加深入地融入全球乳业产业链，在资源保障领域的竞争力增强。另一方面加强奶源基础建设，以保障基本的原奶供应。通过整合公司内外部资源，为社会牧场提供养殖技术、牧场管理等全方位支持，推进牧场规范化、标准化管理，以提升牧场单产水平和原奶质量。从产品创新能力上来说，经过多年的发展，公司在奶粉、冷饮、植物蛋白饮料、纯奶、酸奶、乳饮料、活性乳酸菌饮料等业务领域，积蓄了领先的新产品研发能力和相关资源，有效确保了业务的持续、健康的增长。因此，伊利集团的价值创造能力体现在有效整合企业内外资源上，并通过技术创新、产品创新的方式保障了企业产品的有效供应。

（3）价值传递。伊利集团加快母婴及电子商务渠道的拓展步伐，着力搭建"云商信息平台"。一方面，通过"云健康"进行系统对接，为目标顾客提供定制化服务和更为便捷的购物体验，加强与消费者之间的沟通和互动。另一方面，将供应链系统向渠道和终端延伸，以便可以更好地掌控终端消费者的信息。公司积极推进渠道精耕计划，以销售区域为单位，建立起 PDCA（plan-do-check-action，计划—执行—检查—处理）管理循环机制，通过开发应用销售终端业务系统，对渠道网点实施精准分级管理，优化配置营销资源。因此，伊利集团的价值传递主要体现在渠道资源的建设上，上下渠道互动，打通了从生产起点到销售终端的有效通路。

（4）价值获取。伊利集团的利润收入主要来自于前端的混合饲料，以及后端的液态乳、奶粉及奶制品、冷饮产品等营业收入，其中的利润增长主要来自于产品结构和价格的调整。成本主要来自于直接材料、直接人工、制造费用、管理费用、资产减值损失、研发费用等。相关资料显示，2017 年伊利集团营业总收入680.58 亿元，同比上升 12.29%，净利润 60.03 亿元，其扣非净利润（扣除非经常损益后的净利润）同比上升 17.70%，综合市场占有率20.5%，同比上升 1.4%。此外，净资产收益率达 25.22%，连续多年保持在 20% 以上。这一指标彰显了伊利集团具有超高的价值获取能力。

延伸型融合的典型发展模式是全产业链经营，以上两个案例均是全产业链经营模式的典型代表，其中新希望集团代表养殖业的全产业链发展，伊利集团代表着乳制品行业的全产业链发展。全产业链是以"研、产、销"高度一体化经营理念为主导的商业模式，将传统的上游材料供应、中游加工、下游的市场营销全部纳入企业高度掌控之中，换句话说，全产业链就是过去常说的"一条龙"经营模式，该模式并非每个环节都需要自己完成，但是必须做到重要环节完全掌控。新希望集团的经营项目从饲料生产、配良种、繁育、养殖、屠宰、深加工、冷链配送直至专卖店销售，都是一手操办。同样，伊利集团从前端的奶牛基地建设，到后端的生产、加工、销售，其整个生产经营都是完全处于集团的掌控之中。全产业链模式的竞争优势主要体现在有利于控制产品品质、降低中间环节的交易成本，同时还能根据需要及时调整产品和产量。

基于以上分析，延伸型融合企业的商业模式成功的关键在价值传递渠道的建设上。如果渠道通路的不畅会使上下游交易成本上升，同时对终端消费者的信息了解不畅，还会导致市场信息把握不准确，进而不能及时做出生产调整。因此，价值传递渠道的打通，有助于企业及时了解市场信息，同时降低生产成本、保证产品质量，最终实现企业的有效发展。

9.2 整合型融合

整合型融合也称为产业循环型融合，是指在充分发挥传统农业基本功能注重环境保护、资源节约的基础上，将农业内部的种植业、养殖业、畜牧业等各个子产业紧密联系起来，在经营主体或主体之间建立起产业上下游之间的有机关联（卢云亭，2008）。目前，通过有效整合当前农业产业各类资源，推动农业产业内部各子产业之间的融合发展，是实现农业农村的可持续发展，促进农民增收的有效途径之一。下面将以鑫缘集团和福娃集团两家企业作为整合型融合的案例研究对象，并对此类企业的商业模式进行研究。

9.2.1 鑫缘集团商业模式研究

1. 案例简介

江苏鑫缘茧丝绸集团股份有限公司（简称鑫缘集团）地处素有"中国湖桑之乡""中国茧丝绸之乡""中国茧丝绸生产基地"之称的江苏省海安县，于1994年成立，注册资本 1.1 亿元。公司主营业务为蚕茧、桑蚕丝、绢丝、捻线丝、包覆丝、真丝绸、真丝家纺、真丝服饰等产品的研发、生产与销售，是中国专业从事桑蚕良种繁育、养蚕、制丝、丝织、真丝服饰家纺、桑蚕资源利用等研发生产的骨干龙头企业，全国丝绸行业综合竞争力前十强企业。鑫缘集团的发展历程是一个从"茧贩子"不断通过自身努力发展壮大成现代化农业龙头企业的过程，具体表现在以下几个方面。

（1）生产经营方面。在生产经营方面，产业整合型的融合发展模式的实践应用贯穿始终，指引着集团的产业化的发展方向，具体体现在以下两个方面：①农业产业内不同类型之间的整合，如桑树种植和桑蚕养殖之间的整合，桑树种植为桑蚕养殖提供了食物保障，而桑蚕的粪便又可以成为桑树种植必不可少的天然肥料。②农业产业间的纵向循环整合，将桑蚕茧丝副产品和深加工的废弃物进行综合利用，如利用桑蚕茧生产过程中所产生的副产品生产绢丝，双宫茧生产高弹性、远红外、香囊保健功能性蚕丝被，蚕蛹生产蛋白粉、蚕蛹油，蚕沙生产保健蚕丝枕，桑叶生产桑茶、饲料添加剂，桑葚、桑枝副产物提取天然色素，用于丝绸产品染印，生产高档丝绸。公司通过对桑蚕茧资源的综合利用，有效地提高了桑蚕资源的利用效率。

（2）科技创新方面。鑫缘集团以"科技为先导"，建有全国丝绸行业唯一的国家级桑蚕茧丝产业工程技术研究中心，是原国家农业部批准建立的国家蚕丝加工技术研发分中心、国家农产品加工技术创新机构、全国农产品加工示范基地，以及江苏省农业科技成果转化示范基地，被人力资源和社会保障部、全国博士后管理委员会批准设立为博士后科研工作站。近年来，鑫缘集团实施国家级、省级科技项目 30 多项，10 多项科研成果荣获省部级以上科技进步奖。天然彩色茧丝、功能性真丝家纺和桑蚕保健产品等处于国际领先水平。鑫缘集团与科研院所建立了科技创新平台，组建了一个以专家为主体的集团科技创新中心，与苏州大学联手建立了"丝绸新技术（产品）研发中心"，走"产学研"相结合的道路，优化科技创新要素，进行丝绸深加工关键技术研究与产业化发展，技术研究走在国际丝绸的前列，为产业融合型发展提供了有利的技术保障。

（3）发展理念方面。鑫缘集团以"低碳和谐为理念"，积极建设区域层面茧丝绸产业生态循环经济体系，推进以茧丝绸产业循环经济为重点内容的生态产业富民强县工程，实施桑蚕茧资源开发功能推进有机桑茶、蚕蛹油、食品、日化产品等循环经济产业工程，努力提高桑蚕资源利用效率，打造国家级桑蚕茧丝副产物综合利用示范基地。集团被国家发展和改革委员会、原国家环保总局等 6 部委认定为国家循环经济试点示范企业。

鑫缘集团以"服务三农为己任"，在全国同行中率先推行"公司+基地+农户+高校院所"的茧丝绸产业化经营模式。以"科技为先导"，建有全国丝绸行业唯一的国家级桑蚕茧丝产业工程技术研究中心，科学技术部国家星火计划龙头企业技术创新中心，原国家农业部国家农产品加工企业技术创新中心，省级企业技术中心，博士后科研工作站等企业技术创新平台。以"品牌质量为核心"，倡导"忠诚守信、自强不息、快速应变、世界一流"的价值理念和"精品人品同在，诚信创新永恒"的品质追求。以"以人为本，低碳和谐"为发展理念，积极倡导产业生态循环发展。集团已发展成为国内茧丝绸行业产业链最完整、科技创新能力最强、带动农户增收最多的示范企业。集团正向着"中国的鑫缘，世界的丝绸"昂首迈进。

2. 商业模式分析

（1）价值主张。鑫缘集团的战略愿景是"创新茧丝绸产业，永当行业标杆"，使命是"以科技品牌传承丝绸文化，获农企双赢促进发展"。企业通过导入知识产权、品牌培育、品牌评价等管理体系，建立"以品牌为中心、市场为导向、产学研相结合"的创新体系，实施品牌培育管理体系，组织品牌策划、培育与经营，打造精品产业链，争当行业标杆。高质量发展的理念贯穿于鑫缘集团生产经营全过程，其推行卓越绩效管理，追求产品高标准、高品质、零缺陷，不断创新质量追溯和绩效考评机制，建立健全品牌动态管理评估分析综合指数及品牌监控体系，突出与行业内外的标杆比对和超赶，生产全程实施精细化管理，由产品经营转向质量和品牌经营，保障产品质量指标达到一流水平，蚕茧、桑蚕丝、真丝绸、蚕丝被产品整体水平同行领先。鑫缘集团始终秉承质量兴企的方针和品牌发展的战略，以质量创品牌，以品牌赢市场，走出一条传统产业品牌化发展的成功之路。因此，鑫缘集团的价值主张是为广大消费者提供高质量的丝绸产品。

（2）价值创造。鑫缘集团始终把科技创新作为产业转型升级的支撑和动力，通过多途径、多形式推进技术创新，有力提升了企业整体科技水平和产品的市场竞争力，加快了农业产业转型升级的步伐。深化产学研合作，高起点打造国内顶尖的技术创新平台，这些科技创新平台吸引和聚集了一批国内茧丝绸行业顶级专家、教授和技术权威，研发了一批茧丝绸领域的科研成果，通过积极实施科技项目，积极组织新品开发，加速科技成果的转化。与此同时，鑫缘集团在企业内部还积极鼓励和实施了科研攻关、技术革新和创造发明，不断提升企业的自主创新能力，有效地掌握了行业的话语权。因此，鑫缘集团的价值创造能力主要体现在科技创新的水平上，以及科研成果转化的能力上。

（3）价值传递。鑫缘集团的价值传递渠道主要体现在对产品品牌的建设与推广上。多年来，以优质的质量为保证，集团不断推动品牌建设的战略进程，注重品牌的培育与宣传。集团先后获得"江苏省质量诚信企业""江苏省质量管理先进企业""中国名牌产品""中国驰名商标""江苏省重点培育和保护的出口名牌"等方面的荣誉。通过质量兴企方针和品牌战略的实施，鑫缘集团的市场竞争力不断提升，市场占有率不断提高，鑫缘正成为中国高品质丝绸的代名词。因此，鑫缘集团的价值传递主要是通过自身的品牌建设实现口碑宣传，此种宣传方式极大地提升了该企业在消费者心中的品牌形象。

（4）价值获取。鑫缘集团始终把追求经济的可持续发展作为产业发展的立足点，将绿色、环保、生态、节能、减排、资源综合开发利用的理念与实践，贯穿于企业生产经营和产业链拓展的全过程。具体而言，鑫缘集团利用秸秆代替煤炭做燃料，年减少煤炭消耗 3 万吨，相应减少二氧化硫排放 360 吨，减少烟尘排放 800 吨，同时还为企业节约成本 570 万元。同时对草木染、天然彩色茧等技术的研发与产业化，有效减少了丝绸印染环节的化工原料污染的排放，对改善水环境产生了积极的影响。鑫缘集团的循环经济既保护和改善了环境，也提高了资源综合利用率，延伸了茧丝绸产业链，丰富了茧丝绸产品结构，满足了市场的消费需求，使企业的转型升级有了更多的价值载体，为企业带来了良好的经济效益和社会效益，同时环境的改善也体现了整个企业对社会环境提升的贡献。

9.2.2　福娃集团有限公司商业模式研究

1. 案例简介

湖北福娃集团有限公司（简称福娃集团）前身是湖北银欣集团有限公司，创建于 1993 年 6 月。福娃集团秉承"创业育人、发展报国"的经营理念，坚持走农业产业化发展道路，充分利用江汉平原丰富的鱼米资源，使得企业得到了长足发展。福娃集团由湖北龙庆湖生态农业有限公司（简称龙庆湖公司）、福娃集团福天下合作社第一育秧工厂（简称福天下）、福娃集团银欣米业有限公司（简称银欣米业）、监利福昌农资有限公司（简称福昌农资）四个类组织构成，其中龙庆湖公司较好地体现了产业整合型融合的经营特点。因此，下面将着重介绍福娃集团下属的龙庆湖公司。

龙庆湖公司是福娃集团旗下全资子公司，成立于 2013 年，位于有着"江汉平原、鱼米之乡"之称的湖北省监利县新沟镇，现已建成生态农业基地 3 万亩，其中 2 万亩为虾稻生态养殖基地，1 万亩为池塘精养基地，年产小龙虾 5 000 吨。产品从源头确保一手货源、品质优良、规格过硬，确保常年优质供应。与此同时，公司借鉴了成功打造的稻米全产业链的发展经验，紧紧依托监利及荆州丰富的水产资源（龙虾、泥鳅、黄鳝等），结合消费者的口味需求，开发各类风味熟食及冷链食品，开设龙虾连锁餐馆，并借助公司电子商务平台，实现线上线下销售。龙庆湖公司把监利的小龙虾、泥鳅、黄鳝、水生植物及淡水鱼，畅销国内外，让监利在获得了"全国稻米加工强县"的殊荣后，能再跻身"全国水产加工强县"的行列。对于龙庆湖公司的发展，下面将从生产模式、品牌建设和专业主导、科技支撑三个方面进行介绍。

（1）生产模式方面。龙庆湖公司推行"虾稻共作"模式，带来绿色效应。"虾稻共作"就是养虾与种稻同时进行，一田两收。2013 年，福娃集团开始涉足小龙虾养殖，通过建基地抓示范，兴市场铺网点，大做水稻、水产的"双水"文章，不仅引领当地龙虾产业的提质提量，还带动当地群众找到了持久的增收之道，更获得了生态种养带来的双收益。兴产业使福娃集团建设成为全国最大的虾稻基地，一亩水田既种水稻又养龙虾，两种看似不相干的生产方式融洽结合，相互滋养，生态种养模式带来了绿色水稻、绿色水产的"双绿"效益。"虾稻共作"的生产模式是虾为稻田"除草、松土、增肥"，稻为虾"供饵、遮阴、避害"。在生态种养相结合的模式下，福娃集团收获了有机稻、清水虾，实现增产增收。

（2）品牌建设方面。福娃集团高举"生态牌"，与相关科研单位进行合作，努力抓好水源及单个种养基地的水质监测，以争取环保部门的支持，确保生活污水达到排放标准，同时按照稻田规范的养殖技术，建设"生态、优质、高效、特色"的种养基地，实现了秸秆资源的综合利用。为了较好地发展稻田综合种养产业，公司注册了"福娃龙庆湖"商标，专营小龙虾活体销售，并建立了福娃龙庆湖小龙虾交易中心，后期将基地的莲藕、藕带、螃蟹、泥鳅等水产品及水生蔬菜在此平台上进行交易，进一步扩大了该品牌在全国的影响力。

（3）专业主导、科技支撑方面。在专业主导方面，福娃集团的虾稻生态农业基地，从稻田改造，到排灌系统布局、水稻种植，再到小龙虾养殖规范技术的每一个环节，都体现出了"专业"，如稻田改造以 40 亩为一单元，对田埂进行改造，要求边埂高度为 1 米，宽度为 1.5~2 米，田埂基部宽 2~3 米，坡比为 1：3，在田块四轴距田埂 1 米处开挖宽 4 米、深 2 米的环形养虾沟，田块中间开挖"十"字形和"井"字形的田间沟，用塑料网布在沿田埂四轴建设防逃网，进排水口处设置防逃隔离网。在科技支撑方面，福娃集团与华中农业大学、武汉轻工大学、中国科学院水生生物研究所、湖北省农业科学院及长江大学等高校和科研院所建立了产学研一体化的战略合作关系，并得到了湖北省水产技术推广总站的挂牌支持。

福娃集团所推行的"虾稻共作"模式，打造了现代农业发展的新标杆。通过品牌建设，为企业打响了知名度；通过专业指导、科技支撑，为企业的生产提供了更加专业化的技术支持，为企业的进一步发展奠定基础。福娃集团利用龙庆湖的地理优势，为消费者生产安全虾、放心虾、安全稻、放心稻，从养殖户到龙头企业，都树立了农产品的质量安全意识，从线上交易到线下销售，都实现了质量监管和质量追溯全覆盖。

2. 商业模式分析

（1）价值主张。福娃集团的战略愿景是"打造绿色生态粮食全产业链"，龙庆湖公司作为福娃集团的子公司，以集团的战略愿景为依托，其目标是建设"生态、优质、特色、高效"的种养基地。福娃集团的生产目标是努力打造"米""虾"产业，作为全国稻米加工企业"五十强"，公司大力推行"稻田综合种养模式"，此种模式通过土地的连片整理，可以充分实现农业的机械化和科技化，有效地提高了土地的利用效率。因此，福娃集团的价值主张是通过农业的生态养殖方式为消费者提供优质的"米""虾"产品。

（2）价值创造。福娃集团坚持采用生态化的种养方式，通过省级地标"虾稻共作"技术规程的制定，严格按照种养标准，不投饲料，少打农药，少施化肥，使得减药、减肥可达到 50%以上。加强物联网技术应用，建立小龙虾大数据中心、质量安全监测中心，通过相关的指标检测确保小龙虾始终在最适宜的环境中生长。建立质量安全可追溯平台，对虾-稻产品实行二维码贴标管理，实现来源可追溯、去向可查证、责任可追究。因此，福娃集团的价值创造能力主要体现在科学化的种养方式上，以保证所生产稻、虾是生态、环保、有机的产品。

（3）价值传递。生产方面，福娃集团以信息网络为平台，向农业物联网领域延伸，在虾稻共育的生态农业基地建立了农业物联网系统。通过实时监控、气象预报、环境检测等系统作业流程，并通过获取有关生产发展各方信息的方式建立了一套科学、可控、可操作化的数据库，以便指导该基地周边农户的科学种养，增加收入。销售方面，福娃集团利用现有稻米精深加工产品销售网络和平台，扩大水产品系列加工品和休闲风味食品的销售，并通过福娃电子商务平台，实现优质精品大米、糙米系列的线上线下融合发展。因此，福娃集团的价值传递渠道的建设主要体现在网络平台的建设上。

（4）价值获取。福娃集团的旗下公司龙庆湖公司的生产成本主要来自于土地流转、幼苗投入等费用。福娃集团利用龙庆湖的天然地理优势，流转 15 000 亩虾稻清水养殖基地。其收入主要来源于有机稻、健康虾，同时还向小型生产者或农户出售虾苗。"虾稻共作"模式在一亩田既种稻又养虾，这种生态种养结合的方式，不仅有效地节约了生产成本（节约化肥、农药等费用），还利用以种促养、以养促种的方式，实现了增产增收。因此，福娃集团的价值获取主要来自于虾稻的双向销售收入，同时还在一定程度上节约了生产成本，进而变相地提升了企业的收入水平。

整合型融合是指利用农业产业内或产业间的横向或纵向的循环整合。鑫缘集团体现了桑树种植业和桑蚕养殖业之间的横向整合，同时还体现了桑蚕茧丝副产品和农产品深加工废弃物之间的纵向循环整合。福娃集团旗下的龙庆湖公司的"虾稻共作"生产模式体现了稻谷种业和龙虾养殖业之间的横向整合，福娃集团的其他子公司还体现了龙虾副产品与深加工废弃物之间的纵向整合，但本书主要探讨的是龙庆湖的"虾稻共作"的生产模式。从两个案例中可以看出，不管是产业内或产业间的横向或纵向整合，都较好地发挥了各产业间的优势资源，通过资源的相互整合，有效地提升了农业生产的质量和数量，为提升融合企业的整体发展水平奠定基础。

基于以上分析，整合型融合企业的商业模式成功的关键在于价值主张。传统农业企业的价值主张是为消费者提供基本的农副产品，处于完全竞争市场之中的企业，其生产价格也始终处于均衡水平，而处于整合型（循环型）融合的企业，为消费者提供的产品是以生态、环保、绿色为基础的，如鑫缘集团利用天然肥料、天然色素生产出的是高档丝绸，而龙庆湖公司利用自然生态循环的方式生产出的是有机稻、健康虾。因此，整合型融合企业的价值主张是为高端消费者提供高档的农副产品，处于不完全竞争市场中，其价格也自然高于均衡水平。基于此，此类企业的发展状况也自然会好于传统农业企业。

9.3　渗透型融合

高新技术渗透型融合是指以现代生物技术、信息技术、航天技术等诸多高新技术向传统农业和普通农业生产经营领域介入、渗透和扩散，从而导致传统农业生产方式发生变革。当前，农业与二三产业间的界限越来越模糊化，农业技术水平的提高为现代农业的发展提供技术支持，从而有效地提高了农业产业的附加值水平，拓宽了农业领域的发展空间（刘奇，2007）。下面将以隆平高科和大北农两家企业作为渗透型融合的案例研究对象，并对此类企业的商业模式进行研究。

9.3.1　隆平高科企业商业模式研究

1. 案例简介

袁隆平农业高科技股份有限公司（简称隆平高科公司）是一家以"杂交水稻之父"袁隆平院士命名，并由袁隆平院士担任名誉董事长的国际化种业企业。该公司是由湖南省农业科学院、湖南杂交水稻研究中心、袁隆平院士等发起设立、以科研单位为依托的农业高科技股份有限公司，成立于 1999 年 6 月，是一家以"光大袁隆平伟大事业，用科技改造农业，造福农民"为目标的农业高科技企业。公司以杂交水稻为核心，以种业为主营业务方向，以农技服务创造价值。公司拥有以袁隆平院士为首的一支专业研发队伍，致力于杂交水稻、杂交辣椒、优势甜瓜、棉花、玉米、油菜等农作物新品种选育创新。

隆平高科公司已经构建全球化的商业化育种体系，以及国际先进的生物技术平台，拥有研发人员 500 余人，年研究与发展（research and experimental development，R&D）投入占比约 10%，并在中国、菲律宾、印度、巴基斯坦、美国、巴西等国家建立了研发机构，试验基地总面积近 7 000 亩，主要农作物种子的研发创新能力居全球领先水平。下面将从研发能力、生产和营销管理、品牌建设三个方面对企业发展的相关内容进行具体介绍。

（1）研发能力方面。隆平高科公司的科研投入资金每年以一定的比例上升，商业化的育种体系得到进一步完善，商业化的育种规模和水平已经处于全国领先水平，主要表现在以下三个方面：①公司投资建设了育种信息化管理系统、基地田间物联网系统及先进的田间试验设备，使得育种的信息化、机械化和自动化水平得到全方位提升，大幅度提高了育种效率。②育种研发基地的建设使得育种基地布局继续优化和完善。③品种选育成果丰硕，其中大部分品种的产量、米质和抗性等综合性状有较大的提升。

（2）生产和营销管理方面。从生产管理方面来说，规模化、机械化、集约化、标准化的种子生产基地的建设，有效地降低了制种成本，提高了制种产量和效率。从营销方面来说，标准营销、示范营销及服务营销新模式的发展，为公司产品的市场占有率的有效提升奠定基础。与此同时，现代信息技术的广泛应用，为产品的研发、生产、营销的信息服务建设，以及二维码追溯系统的建立提供有效的技术支撑。

（3）品牌建设方面。隆平高科公司与袁隆平院士签署了《袁隆平品牌权许可使用协议》，为后期公司品牌维护、打假维权创造条件。与此同时，隆平高科公司于 2010 年、2013 年、2016 年蝉联"中国种业信用明星企业"榜首，2016 年获评福布斯"最具创新力成长型企业"，2017 年获评"中国质量奖提名奖"。公司还先后获评"国家科技创新型星火龙头企业""国家级企业技术中心""国家创新型试点企业"等。袁隆平院士的品牌许可和企业所获得的相关荣誉，为公司未来品牌建设奠定基础。

历经 20 多年的发展，隆平高科公司的核心优势在不断创新和发展。从构筑自有商业化育种体系，到管理、科研团队的国际化融合，再到系统构建全产业链，隆平高科公司一直在丰富自身的品牌内涵，充实自身的科技优势。同时，隆平高科公司非常重视产学研的有机结合，利用自身产业优势将科研院所的成果转化成产品，造福农民。

2. 商业模式分析

（1）价值主张。隆平高科公司的战略愿景是"做中国种业的领跑者，农业服务的旗帜"。公司采用"公司+农户"的生产经营模式，为种植农户、经销商和终端客户提供多样化服务。农户以自有土地为公司生产种子产品，公司为农户提供亲本种子、部分农资，并为农户提供全程技术指导，直接带动农户增收，实现农户和公司的双赢。因此，隆平高科公司的价值主张是为种植农户、经销商、终端客户提供综合农业服务的解决方案。

（2）价值创造。隆平高科公司的核心竞争力来自于不断的创新发展，此种创新依赖于各种技术的支持。第一，加快生物技术发展步伐，通过多种路径缩小与国际大型种业公司的差距，加速传统育种与生物技术育种的融合，进一步提升育种水平。第二，加快产业的装备升级，从信息化、机械化、流程化和标准化方面提升公司的管理水平和竞争能力。第三，加快在重点国家育种能力建设，逐步完善目标国家的生产和市场推广体系，将技术优势尽快转变为产品优势和经济效益。第四，利用现代信息技术，为我国农业提供标准化的产品服务解决方案，向"农业服务旗帜"的愿景迈进。因此，隆平高科公司的价值创造能力体现在利用先进的科学技术水平为农业提供良好的服务。

（3）价值传递。隆平高科公司在销售渠道方面主要采取"内生发展+外延并购"的战略，多个并购项目逐步落地，有助于扩充种质资源和拓宽营销渠道。在2017年，公司收购了以生产销售杂交稻种子为主的湖南金稻种业，拥有"五优308""天优998""泰优390"等十余种晚稻品种，销售范围覆盖湖南、江西等省。公司作为国内种业龙头企业，在研发技术、品种、营销、资金等方面具有优势，有望通过并购整合优质资源，实现快速扩张。隆平高科公司把所有优质资源都集中在自己的领域，实现强者恒强，对相对较弱的企业通过兼并重组，来整合发展。因此，隆平高科公司的价值传递是对优势资源的兼并重组，进而拓宽经营渠道。

（4）价值获取。隆平高科公司的经营收入主要来自于杂交水稻种子的销售收入，还有来自于蔬菜瓜果种子、玉米种子、小麦种子、辣椒及辣椒制品、棉花及油菜种子等方面的销售收入。种业属于技术密集型行业，现代信息技术在行业中的广泛应用，使得"产业+互联网"的新商业模式有可能对行业进行新一轮的洗牌，同时生物技术的推动发展，为未来隆平高科公司在国际种业市场拥有竞争优势创造可能。因此，隆平高科公司的生产成本主要来自于技术研发投入。隆平高科公司利用现代技术手段和工具，为农户提供产前、产中和产后的全过程技术服务，从而带动了种子行业整体服务水平的提高。

9.3.2 北京大北农科技集团商业模式研究

1. 案例简介

北京大北农科技集团股份有限公司（简称大北农集团）是以邵根伙博士为代表的青年学农知识分子创立的农业高科技企业。自1993年创建以来，大北农集团始终秉承"报国兴农、争创第一、共同发展"的企业理念，致力于以科技创新推动我国现代农业的发展。大北农集团产业覆盖养殖科技与服务、水产科技、种植科技与服务、农业互联网四大领域，拥有28 000余名员工、包括1 500多人的核心研发团队、140多家生产基地和240多家分子公司，在全国建有10 000多个基层科技推广服务网点。2010年，大北农集团在深圳证券交易所挂牌上市，成功登陆资本市场，成为中国农牧行业上市公司中市值最高的农业高科技企业之一。下面将从人才队伍建设、产品策略、智慧大北农、财富共同体建设四个方面对大北农集团进行具体介绍。

（1）人才队伍建设方面。大北农集团已发展成为拥有饲料、种业、动物保健、植物保护、疫苗、种猪、生物饲料等产业的科技产业，拥有 30 名博士、151 名硕士、5 名享受国家级政府津贴的高级专家组成的研发队伍，25 000 余名员工，100 多家生产企业、160 多家子公司和建立了覆盖全国 500 多个县级服务站、10 000 个村镇级的推广服务网络的农业知识企业集团。公司致力于打造一个扁平化的组织体系，重点建设精英团队，这些精英团队获得充分授权，为一线农户提供最为直接的服务。目前，公司初步建立了事业部、分公司、创业单元三个层次的组织结构，砍掉中间没有必要的环节，进一步优化了人员结构，提高了组织效率，激发了团队激情。

（2）产品策略方面。公司一直秉承以用户价值为导向，坚持高端高档高附加值（"三高"）的产品路线，全面提升产品的竞争力与营利能力。公司继续高强度地进行研发投入，不断优化产品性能，增加产品的科技含量及竞争力，目前形成了集高档饲料、高附加值兽药疫苗、优质高产植物新品种等为一体的大北农产品新系统。

（3）智慧大北农方面。在实施智慧大北农计划方面，公司针对养殖户和经销商重点推出了猪联网、农信商城、农信金融及智农通等"三网一通"的新产品体系①，为公司的养猪户、经销商等合作伙伴提供了包括猪场管理、养猪资讯、网上订购产品、小额贷款、网络结算等的农村互联网解决方案。目前，公司的智慧产品链已经初步形成，下一步的主要工作就是进一步完善产品性能，增加用户体验，加强推广服务力度。

（4）财富共同体建设。在发挥事业财富共同体优势方面，公司进一步完善经销事业伙伴财富共同体委员会、养猪事业伙伴财富共同体委员会、高效养猪促进委员会等三个委员会的组织体系，集中精力做好优质伙伴的服务工作，强力推动委员单位的"六化"建设，进一步落实优质客户的资金扶持计划，利用猪联网、进销存等平台积累的数据为客户提供推荐贷款、担保贷款、小额贷款及扶持金等多种形式的贷款支持。经过长期的努力，一大批的养殖场、经销商纷纷转为与公司合作，极大改善了公司客户结构，为公司业绩的可持续增长提供了长期

---

① 猪联网原名猪管网，是大北农集团为规模养猪场量身打造的猪场综合管理平台，该平台可以为养猪户提供从进猪、喂养、配种、转群、免疫、销售、存栏等一体化的线上养猪智能化解决方案。猪联网是中国养猪人的生态圈，是基于互联网时代特点提倡的智慧养猪新模式。

农信金融原名农信网，是集农信云、农信商城、农信金融等各类应用为一体的客户综合服务平台，也是客户接受公司服务的总入口，在该平台上客户可以完成管理猪场、订产品、找贷款、做理财、查行情、看资讯、逛论坛等多种需求。

智农通是公司"农信网"的 APP（application，应用）版，是一款类似微信的基础沟通和业务管理系统。通过智农通，客户可以用手机处理部署在猪联网、农信网上的各类应用，在手机上完成管理猪场、订产品、找贷款、做理财、查行情、看资讯、逛论坛等多种需求。

支撑。

大北农集团坚持以科技创新为立企之本，致力于打造最具竞争优势的农业综合服务型企业。该集团通过实施智慧大北农战略，进一步扩大和凝聚了各类优秀的创业团队，同时依托"三网一通"的网络大数据平台，按照自身的资信模型对客户群体进行信用评级，并在此基础上，利用大北农品牌、资金、信用、信息和行业优势，与其他金融机构合作推出纯信用贷款产品。截至目前，公司的农业互联网平台建设已初具规模，下一步将继续通过新旧两类业务的 O2O（online to offline，线上到线下）融合，将公司打造成为一个高科技、互联网化和类金融的现代农业综合服务商。

2. 商业模式分析

（1）价值主张。大北农集团的战略愿景是创建世界一流的农业科技企业，立足于为养殖户和种植户提供高端、高档、高附加值的产品与服务，此战略愿景也较好地体现了该集团价值主张的具体内涵。大北农集团的目标顾客是种植户和养殖户，对于不同的目标顾客所提供的产品和服务是不尽相同的。针对种植户而言，该公司依托强大的研发体系和推广服务网络，为其提供水稻、玉米等优质高产农作物新品种、繁育技术及相关服务。针对养殖户而言，该公司联合养殖产业链中的育种企业、原料商、经销商、养殖户、屠宰食品企业等合作伙伴，创建"事业财富共同体"的发展模式，为其成员提供高端高档的饲料、兽药、疫苗、微生物等能够为养殖户带来高效益的产品及技术、团队、资金、信息、管理等方面的服务。因此，针对种植户和养殖户，大北农集团也设立了更为具体的价值主张。

（2）价值创造。大北农集团的价值创造能力主要体现在为种植户和养殖户提供产品或服务的能力，重点体现在对产品的科技创新能力上。公司致力于利用高科技发展中国农业事业，依托公司的国家企业技术中心、生物饲料工程国家重点实验室、大北农生物技术中心、大北农动物医学研究所等创新平台，通过自主研发、技术引进、科研成果转化等途径，形成了国内一流的企业技术创新体系，并在新型复合添加剂预混料、新型微生物饲料添加剂、仔猪健康养殖营养饲料、杂交玉米和杂交水稻新品种、生物育种、动物病毒预防、新型中兽药制剂等领域开发出了一系列极具市场竞争力的新产品，这些产品为公司实现高盈利水平奠定了基础。

（3）价值传递。大北农集团的价值传递主要体现在互联网渠道的建设上，针对养殖户和经销商重点推出"三网一通"的新产品体系，为公司的养殖户、经销商等合作伙伴提供了互联网整体解决方案。在整个服务上，力图从传统的"卖产品+建渠道+找客户"中走出来，重新梳理客户的各类需求，从单纯的线下模式转到 O2O 模式，即"线下服务+线上交易"，由此构建了线上线下相互融合的全新的经营渠道。

（4）价值获取。大北农集团业务收入主要来源于饲料业务，但相关业务的增长率一般都会受下游养殖业市场的影响，如果下游价格持续低迷，公司营业收入将会有所放缓，反之亦然。大北农集团成本支出主要来源于研发费用的投入，为了提升公司的科技创新能力，保持公司可持续竞争优势，近年来，公司不断加大对微生物饲料、水稻玉米新品种开发、生物育种、动物疫苗、大乳猪料产品等方面的专项研究与开发的投入，这为提升公司核心竞争力水平奠定基础。大北农集团的价值获取主要来源于优质的产品服务，为种植户、养殖户的经营生产提供了较好的后勤保障。

渗透型融合是指高新技术在农业领域的渗透发展，隆平高科公司主要体现的是高新技术在农业种植业中的前端种子行业的应用。大北农集团主要体现的是高新技术在农业养殖业中的前端饲料行业的应用。从这两个案例中可以看出，高新技术在农业产业链上游的投入，有效保证了农业生产的质量和数量，是农业产业得以发展的根本。

基于以上分析，渗透型融合企业的商业模式可以成功的关键在于价值创造能力的提升。普通的农业企业一般只会关注产品如何销售的问题，如"卖难买贵"是农业领域中的突出问题，即如何将农产品有效地传递到有需要的消费者手中。然而，对于特殊的高新技术农业企业而言，创新、优质的农产品是企业所追求的重点，如隆平高科公司关注的重点在于如何提供优质、新颖的农产品种子，大北农集团关注重点在于如何提供优质的产品饲料等。高新技术的重点体现在技术创新上，因此，渗透型融合企业的价值创造能力（技术创新）的提升是此类企业获得全面发展的根本。

9.4　交叉型融合

交叉型融合主要体现了农业的多功能的特性，是在农业生产经营活动中植入休闲、服务的理念，同时结合农村的自然景观资源，实现的一种产业交互型的融合发展方式。其中，农业与休闲旅游业之间的交叉融合表现得最为典型，同时也最为普遍。休闲旅游农业是以农村自然景观和农业活动为主要内容，同时满足城市居民和旅游消费者的休闲、观光、体验、求知等物质和精神需求的一种新业态农业。休闲旅游农业以农业生产为依托，把原本属于农业领域的经济资源及生产经营活动与旅游产业的休闲、观光、购物、娱乐、餐饮等产品或服务相融合，从而发展成为一种绿色、高效、生态型的现代农业。下面将以北京密云蔡家洼农业生态园和荆州太湖桃花村农家乐两家典型的休闲农业作为交叉型融合的案例研究对象，并对此类休闲农业的商业模式进行研究。

9.4.1 北京密云蔡家洼农业生态园商业模式研究

1. 案例简介

北京密云蔡家洼农业生态园（简称蔡家洼生态园）位于北京市密云区穆家峪镇蔡家洼村。蔡家洼生态园在传统农业基础上，以打造良好生态环境为出发点，大力发展精致农业、高效农业、精品果业，同时还培育绿色农业、有机农业，进而促进民俗旅游业的发展。蔡家洼生态园农业的发展以绿海田园为背景，以浪漫乡村为主题，以休闲度假为支撑，打造集田园风光、休闲养殖、商务会议、旅游度假为一体的综合性、多功能、生态、时尚的京郊乡村旅游休闲度假区。目前，该园区已经被评为"国家级农业标准化示范园区"、"北京市科普教育基地""北京市休闲农业试点单位"及"全国五星级休闲农业园区"。蔡家洼村的休闲农业与乡村旅游，具有良好的地理优势、资源条件，同时制度改革到位、发展思路清晰，为休闲农业体系的建立奠定了良好的基础。下面将着重从经营方式、生产模式及技术支持三个方面介绍蔡家洼生态园的发展方式。

（1）经营方式方面。蔡家洼生态园在休闲农业发展中取得了极大的成功，其成功的主要做法有：①整合土地资源。蔡家洼村从整合土地资源入手，以流转合同的形式，将耕地、山场全部有偿流转到村集体，再由村集体进行统一经营，这些流转到村集体的耕地、山场被集中建设成都市型现代农业园区，发展特色农业、观光农业、休闲农业等项目，由此，蔡家洼村对土地的优化利用，从根本上实现了资源变资产、土地作股本，农民当股东。②调整农业结构。蔡家洼村通过5 000亩的都市型现代农业园区的建设，发展设施农业；利用环山公路两侧的有利地理优势，种植近百种本土化水果，建立独特的山区农业景观；通过多样化培育樱桃品种，扩大樱桃种植面积，使其成为华北地区最大的有机樱桃采摘基地；利用大楼的农业科普展厅为青少年开展农业科普教育；等等，调整农业发展结构，为蔡家洼村的农业发展探寻多条出路。③提升农产品附加值。通过农产品深加工为游客提供当地特产，如干鲜果蔬、豆类、菌类及各类休闲食品等。蔡家洼生态园将农产品生产、加工、销售融为一体，有效地提升了农产品附加值水平。④发展商务旅游业。蔡家洼村以北京张裕爱斐堡国际酒庄为龙头，努力改善旅游环境，发展商务旅游业。结合酒庄规模，蔡家洼积极完善村容村貌，对全村12大景点进行改造，对接待、餐饮、住宿等方面的条件和设施进行完善，有效改善了旅游环境。

（2）生产模式方面。蔡家洼村按照一二三产业融合的模式发展休闲农业，取得了明显的成效，其具体表现在：①园区变景区。传统的农业园区作为科研实验基地，较少对外界开放，而蔡家洼生态园以市民的生态休闲为需求导向，立足当地良好的生态环境，采用前沿的科学技术、先进的管理理念，优化产业结构，实现优势资源的合理布局、科学规划，将蔡家洼农业生态全区建设成了集休闲度假、农耕体验、科普教育、观光采摘等多功能于一体的生态公园。②农民变工人。传统农民大多采取的是自给自足的农业经营生产方式，蔡家洼村的农民可以像普通工人一样，在企业上班，不仅可以拿到工资，还可以分红，实现了农民向产业工人的转变。③农村变休闲空间。传统农村地广人稀、环境单一，蔡家洼生态园为培育市民的"第三空间"，有效改善农村生活环境，通过景区建设，为市民营造了除生活工作之外的另一个休闲空间，使其可以体验别具特色的休闲旅游生活。

（3）技术支持。不管是现代农业的发展还是休闲旅游的建设，都离不开相应的技术支持，如园区建设的大规模的热带水果观赏基地，就需要与北京市农林科学院林业果树研究所等科研院所合作，进行温室大棚的蔬菜、水果、花卉的栽培，同时，农产品研发过程也需要与相关科研机构进行合作，为此，蔡家洼村还专门开发建设了聚陇山科技开发大楼，为开展农业科技项目交流、农产品科研成果展示提供场所。

蔡家洼生态园由都市现代农业园、观光工业园和休闲旅游商务园三部分构成。其中都市现代农业园，通过发展高效农业、观光农业、设施农业，与科研院所进行合作，建立农业科技研发基地，由此形成集观光采摘、休闲旅游、农耕体验于一体的休闲观光园；观光工业园采取的是以集体资产入股的形式与企业合作，为园区配套加工、销售农副产品，将加工产品、商品销售、休闲观光融为一体，形成独具特色的旅游形式；休闲旅游商务园是与北京各大知名企业合作，建设会所、会馆、会议中心、养生公寓等，创建休闲养殖健康示范园，为北京开辟绿色商务旅游新景区。

2. 商业模式分析

（1）价值主张。蔡家洼生态园的功能定位主要体现在农业旅游、和谐生态、高效生产、现代科技展示等功能。农业旅游功能主要表现在城市旅游业向农业领域的延伸，主要是为城乡居民提供清新、优美的田园风景和生态环境，满足人们回归自然、享受宁静的多元化的消费需求；和谐生态功能主要表现为通过净化的空气、干净的水源、适宜的气候，为城乡居民提供清新、幽静的人居环境；高效生产功能主要体现在为城乡居民提供安全、无毒的农产品，进而可以满足不同层次的消费需求；现代科技展示功能主要体现在利用先进的科学技术，通过示范平台，有效地展示给所需人群，为广大农业爱好者提供一定的科普教育。虽然蔡家洼生态园功能定位有许多，但主要的功能体现在休闲旅游上，其他功能都是在此功能基础上的拓展和延伸，因此，蔡家洼生态园价值主张是为广大消费者提供宁静、清新、优美的田园风景和生态环境。

（2）价值创造。蔡家洼生态园的价值创造主要体现在对园区的生产建设和农副产品的加工上。生产建设方面，蔡家洼生态园通过对新建居住生活区进行高层改造，有效置换出 1 800 亩建设用地用于发展二三产业，建设观光工业园；农副产品加工方面，通过传统小磨豆腐生产与现代工业生产形式相结合的方式，既传承和发扬了传统手工豆制品的制作工艺，又使游客可以体验现代化、规模化的豆腐生产流程。

（3）价值传递。蔡家洼生态园的价值传递渠道的建设主要来自三个方面：一是都市型生态农业园，面向的目标顾客为注重休闲、旅游、体验的消费者，这种价值传输渠道主要采取广告宣传、口碑宣传等以扩大该生态园的知名度；二是观光工业园，面向的目标顾客注重休闲观光，同时这类顾客还有食品方面的需求，因此，需要将加工、销售、休闲观光融为一体，这种价值传输渠道主要采取现场观摩品尝的方式；三是休闲旅游商务园，面向的目标顾客是各大知名企业，这种价值传输渠道主要采取上门推荐的方式进行。

（4）价值获取。根据不同的发展模式，蔡家洼生态园的价值获取方式同样也来自于三个方面：一是都市型生态农业园，其生产的主要成本来自于园区建设、产品开发等，主要收入来自于餐饮住宿、采摘费用等方面；二是观光工业园，其生产的主要成本来自于农产品的加工费用，主要收入来源于相关食品的销售所得；三是休闲旅游商务园，其生产的主要成本来自于会馆、会所、高档宾馆、养生公寓等的建设，主要收入来自于餐饮住宿等。不管是何种方式进行的价值获取，都是以农业生态园建设为前提，即加强生态园区的建设是投入的主要成本，同时餐饮住宿、农耕体验、休闲采摘是园区收入的主要来源。因此，为顾客提供良好的休闲环境，是园区获取持续竞争优势的根本。

9.4.2 荆州太湖桃花村农家乐商业模式研究

1. 案例简介

桃花村是太湖农场管理区的一个生产队，1996 年几家农户在自家的棉田里套栽桃树，三年后收益颇丰。2001 年由生产队组织进行规模化的栽桃树，一下子形成了 600 亩的桃园，每到春天，满枝的花朵争相开放，吸引了附近的人群，农家乐旅游由此便应运而生，如今高峰期的日接待游人数量已达到万人。2006 年，荆州区将桃花村定为社会主义新农村建设示范村，2007 年 4 月桃花村通过荆州市建委和建设局验收后，又被荆州区上报定为 2007 年度"百镇千村"示范村之一。荆州太湖桃花村农家乐旅游虽然起步较晚，但在荆州地区属于较有特色的农家乐旅游地。当地农民以千亩桃园为卖点，将生态农业和旅游经济有机结合，把"桃花经济"发展得有声有色，使桃花村成为荆州乡村旅游第一村。下面将从资源建设、客源市场、旅游产品、旅游设施四个方面介绍太湖桃花村的发展状况。

（1）资源建设方面。桃花村的旅游资源主要以花卉、苗木、农田景观为主打品牌，人文资源则以民风民俗、民歌戏曲为主力军，是集水上娱乐、垂钓、休闲度假、观光旅游、田园采摘等为一体的休闲观光旅游胜地，富有特色的农庄、葱郁的观赏苗木、池塘边放养的鸡鸭鹅、成行的果树等成为该地的主要特色。具体而言，从种植业资源方面来看，太湖桃花村利用现代化的种植栽培手段，向游客展示最新的各类种植成果；从林业资源方面来看，桃花村现有桃树林 1 200 亩，梨树林 1 500 亩，由此形成的人工林场、林果园为游客提供更多的田野观景；从畜牧业资源来看，桃花村所饲养的家禽和牲畜，为游人提供观光和参与牧业生活的乐趣；从渔业资源上来看，桃花村内建设了很多人工水体，如荷花池、垂钓园等，为游人提供垂钓、赏荷等休闲活动。

（2）客源市场方面。桃花村的游客主要来自于周边 50 千米范围以内的人群，以荆州市城区为主要客源地，主要分为核心客源市场、潜力客源市场和机会客源市场。核心客源市场主要来自离桃花村距离不远，能当天往返的人群，主要以荆州市城区及周边县市地区的游客为主；潜力客源市场主要来自于湖北省内的相关县市，随着"湖北人游湖北"的相关活动的推广，增加了荆门、天门、襄阳等周边游客的前往；机会客源市场主要来自于毗邻湖北省的相近省市，如湖南、河南等，随着宜昌旅游经济的带动，桃花村也吸引了一部分省外客源。

（3）旅游产品方面。桃花村主要提供具有文化特色和乡土特点的纪念品或工艺品，无污染、无公害的绿色农副产品。旅游工艺品是利用本地特色材料及民间工艺制作而成的新颖、独特的工艺产品；旅游纪念品是当地富有特色的景观画册、旅游手册等；农副产品主要是指当地较具特色的蔬菜、水果、苗木花卉等。

（4）旅游设施方面。桃花村目前在继续抓紧建设通信、供水、供电、交通等基础设施，进一步完善公共图形标志、信息网络建设、游客接待中心建设，同时还在进一步完善环保设施和卫生条件，希望做到像旅游度假式的农家乐旅游。

农家乐旅游不同于休闲观光、度假旅游，它是以农业资源为基础，以农林牧副渔为主要载体，以农事项目为主要内容的旅游活动。太湖桃花村的农家乐发展自政府规划以来，为游客提供了独具特色的农家乐旅游，同时也取得了较好的经济效益和社会效益，目前已经成为荆州农家乐旅游的标杆。桃花村的成功发展使其获得荆州区新农村建设示范村、荆州乡村旅游第一村、湖北省"百镇千村"示范村、首批湖北省旅游名村、首批湖北省休闲农业示范点等荣誉称号。桃花村的农家乐旅游有效地带动了荆州地区，乃至湖北省内的休闲旅游的发展。

2. 商业模式分析

（1）价值主张。早期的农家乐经营形式为吃农家饭，体验乡村风情，随着消费者需求的不断提升，传统的农家乐已经不能满足消费者的需求，只有充分挖掘当地独具特色的产业资源，走多元化的发展道路，逐步提升农家乐旅游产品的质量，才能真正满足消费者需求，吸引游客前往。桃花村农家乐根据不同的游客需求，将此细化成三类市场：①游玩类。此类游客是以感知农业生活为主的群体，主要为其提供农家菜、农家铺。②求知类。此类游客是以了解农业方面的基础知识为主的群体，主要为其提供农业科普教育项目的体验和讲解。③休闲类。此类游客是以休闲娱乐为主的群体，主要可以为其提供垂钓、品茗等活动。每一类市场都可以细化为不同的价值主张。总的来说，太湖桃花村的价值主张是以农林牧副渔为依托，满足游客游玩、休闲、求知的相关需求。

（2）价值创造。太湖桃花村的价值创造能力主要体现在基础设施的建设上。在交通设施方面，太湖桃花村虽然拥有得天独厚的地理优势，即距离城区较近，方便周边游客随时游玩，但随着知名度的不断提升，游客人群逐渐增多，交通的便捷性成为桃花村发展的重点。为此，桃花村加强了交通设施建设，如修建水泥路、停车场方便游客到来；在安全设施方面，桃花村为此配备统一的消防设施，对部分没有修建安全通道，存在火灾隐患的地方进行及时修缮；在卫生设施方面，及时进行生活废水和污水的处理，有效地提升其环境效益。

（3）价值传递。之前桃花村农家乐的宣传方式较为单一，主要是以公交广告为主，其影响范围也仅限于荆州市区及周边地区，为了扩大其影响力范围，目前桃花村采取了多渠道、多方面的立体式宣传，如电视、旅游宣传手册、微信公众号等，有效地扩大了桃花村的知名度。因此，桃花村的价值传递渠道主要来自于广告宣传及微信间的口碑宣传。

（4）价值获取。桃花村农家乐的收入主要来源于为游客提供的农家土菜、农家铺及产生的体验费用（如垂钓）；成本主要来源于基础设施的建设、知名度的推广及农产品的种养殖成本。因此，桃花村的价值获取能力主要体现在为游客提供了独具特色的休闲体验，使游客感受到了不一样的农家乐活动。

交叉型融合的典型经营方式是休闲农业，休闲农业是利用农业景观资源和农业生产条件，发展观光、休闲、旅游的一种新型农业生产经营形态。从休闲农业的划分类型上来看，主要分为农家乐、农业观光园、以古村落为依托的休闲农业、以景区为依托的休闲农业、以新农村建设为基础的休闲农业。本书主要对其中的两类进行介绍，即农家乐和农业观光园。农家乐是休闲农业中应用最广泛的模式，是以农家为重点，以该地区的农民生活现状、生活方式、民风民俗为吸引物，满足城市居民的返璞归真、回归自然的需要的一种农业休闲产业形态。本章以荆州太湖桃花村为农家乐的案例研究对象，充分介绍了农家乐的生产经营模式。农业观光园是以高科技农业或者成规模种植、养殖农业为主体吸引物来满足人们在休闲活动中的相关物质与精神需求的一种农业休闲产业形态，本章以蔡家洼生态园为案例研究对象，充分介绍了农业观光园的生产经营模式。

　　基于以上分析，交叉型融合企业的商业模式可以成功的关键在于价值获取能力方面。交叉型融合主要是指农业与旅游业的交叉融合发展，传统的农业盈利来源完全是销售的产品所得，传统的旅游行业的盈利所得来源于门票收入、旅游附属产品开发收入、住宿收入等。休闲旅游农业结合了传统农业和旅游业的相关特点，盈利收入来源于农产品销售、门票收入、附属产品开发等方面，如蔡家洼生态园的盈利收入既来自于农副产品的加工销售，同时还来自于旅游所带来的住宿等方面；太湖桃花村的盈利收入既来自于农产品的销售收入，还来自于旅游体验等方面。交叉型融合企业的价值获取来自于多个方面，因此，对价值获取能力的有效解读，有助于推动此类企业的进一步发展。

9.5　案　例　总　结

　　通过依照商业模式的四个构成维度对四类农村产业融合企业进行分析，我们可以清楚地看到，每类企业均选择了不同的商业模式来推进企业的发展，并展现出不同的商业模式特点。通过实践调研、网络媒体资料的收集整理，我们可以对这四类企业的商业模式的特点予以简要的归纳和总结，为此有助于我们更加全面地认识农村产业融合企业商业模式的内部结构特点，进而有助于将此类成功的商业模式进行推广和利用。

　　由表 9-1 中四类企业的商业模式特点的对比可知，延伸型融合企业的商业模式比较注重价值传递渠道的建设，无论是新希望集团还是伊利集团，它们在商业模式的构建过程中均比较强调渠道建设的重要性；整合型融合企业的商业模式比较注重价值主张的定位，鑫缘集团与福娃集团均强调品质的重要性，它们以其价值主张决定了未来企业的发展道路；渗透型融合企业的商业模式比较注重价值创造能力的提升，隆平高科公司和大北农集团均强调了高科技的重要性，认为科技创造能力的强弱直接决定企业的发展水平；交叉型融合企业的商业模式比较注重价值获取方式，蔡家洼生态园与太湖桃花村均有多种价值获取方式，具体采用哪种获取方式才能使企业获取长远利润是此类企业需要考察的重点内容。

表 9-1 农村产业融合企业商业模式分析与比较

企业类型	企业名称	价值主张	价值创造	价值传递	价值获取
延伸型融合	新希望集团	为初级农业生产者提供的是高质量的饲料供应；为终端消费者提供优质的农产品供应	技术创新发展，打造企业品牌经营	多种渠道加强与销售终端的对接，有效推动了渠道升级	饲料产品的结构优化与效率升级，加大了高附加值饲料的比例；推动新产品研发，促进了公司利润增长
	伊利集团	为目标顾客提供高品质的产品供应	有效整合企业内外资源，并通过技术创新、产品创新的方式保障了企业产品的有效供应	在渠道资源的建设上，上下渠道互动，打通了从生产起点到销售终端的有效通路	利润增长主要来自于产品结构和价格的调整
整合型融合	鑫缘集团	为广大消费者提供高质量的丝绸产品	科技创新水平提升，以及科研成果有效转化为实际应用	通过自身的品牌建设而实现了口碑宣传	循环经济既保护和改善了环境，也提高了资源综合利用率，为企业带来了良好的经济效益和社会效益
	福娃集团	通过农业的生态养殖方式为消费者提供优质的"米""虾"产品	科学化的种养方式，以保证所生产稻、虾是生态、环保、有机的产品	网络平台的建设	虾稻的双向销售收入，同时还在一定程度上节约了生产成本，进而变相地提升了企业的收入水平
渗透型融合	隆平高科企业	为种植农户、经销商、终端客户提供综合农业服务的解决方案	利用先进的科学技术水平提供良好的农业服务	对优势资源的兼并重组，进而拓宽经营渠道	利用现代技术手段和工具，为农户提供产前、产中和产后的全过程技术服务，从而带动了种子行业整体服务水平的提高
	北京大北农科技集团	提供水稻、玉米等优质高产农作物新品种、繁育技术及相关服务；提供高端高档的饲料、兽药、疫苗、微生态等	为种植户和养殖户提供产品或服务的能力，重点体现在对产品的科技创新能力	互联网渠道的建设，针对养殖户和经销商重点推出"三网一通"的新产品体系，为公司的养殖户、经销商等合作伙伴提供了互联网整体解决方案	优质的产品服务，为种植户、养殖户的经营生产提供了较好的后勤保障
交叉型融合	北京密云蔡家洼农业生态园	为广大消费者提供宁静、清新、优美的田园风景和生态环境	园区的生产建设和农副产品的加工	主要采取广告宣传、口碑宣传等扩大生态园的知名度	为顾客提供良好的休闲环境，是园区获取持续竞争优势的根本

续表

企业类型	企业名称	价值主张	价值创造	价值传递	价值获取
交叉型融合	荆州太湖桃花村农家乐	以农林牧副渔为依托，满足游客游玩、休闲、求知的相关需求	基础设施的建设	广告宣传以及微信间的口碑宣传	为游客提供了独具特色的休闲体验，使游客感受到了不一样的农家乐活动

9.6 本 章 小 结

　　本章基于第 1~3 章的分析框架，以及第 6 章和第 8 章的实证分析结果，选取了 8 家农村产业融合企业作为我们案例分析的对象，综合借鉴了案例分析方法的应用，对 8 家企业的网络资料、企业年报及相关一手资料进行分析整理，按照前文所提出的商业模式的维度划分标准，对 8 家企业的商业模式进行了详细的分析、比较和归纳。通过 8 家企业的商业模式比较，我们可以看出，农村产业融合企业的商业模式选择基于其自身的融合特点，选择其适合的商业模式，因此，商业模式并不存在优劣之分，主要依赖于不同类型企业商业模式的维度侧重点不同。

第10章 结论与展望

通过前面九个章节的论述，本书从商业模式的理论视角对农村产业融合企业的绩效进行了较为系统、深入的分析和论证。本章首先将归纳总结全书的研究情况，阐明主要研究结论；其次探讨理论贡献和管理实践启示，最后在分析本书研究局限的基础上，探讨与本书相关的未来研究方向。

10.1 主要研究结论

随着信息化、融合化、低成本、高效率的发展，农村产业融合企业正在不断成长，并改变着传统农业的竞争格局。传统农业企业中的产品定位、生产直至销售等各个环节都发生了前所未有的变革，农村产业融合企业对原有农业的生产运作方式产生了根本性的冲击，由此产生了一些新的概念和理论，"商业模式"就是其中之一（陈翔，2004）。本书以农村产业融合企业为研究对象，以商业模式为切入点，综合资源整合、互动导向等理论基础，构建了商业模式对农村产业融合企业绩效的作用机制模型。全书综合运用了理论研究、探索性案例研究及大样本数据统计分析等方法，在定性与定量相结合的基础上，逐层开展论述，循序渐进地回答了本书的三个科学问题：①农村产业融合企业商业模式的构成维度具体内涵到底是什么？它具备哪些特征？②影响商业模式的具体因素有许多，到底什么才是最为关键的因素？③不同维度下的商业模式对融合企业绩效有着怎样的影响？具体的作用机制又是怎样的？通过前文的论证和分析，形成了以下主要的研究结论。

1. 商业模式驱动因素对商业模式各维度具有显著正向影响

本书首先采用多案例研究的方法，探索出商业模式驱动因素包含三个维度，即顾客需求、合作共享和绿色企业家精神；其次通过预调研的 109 份数据资料对三个维度下的量表进行测量检验；最后采用正式调研的 354 份数据对变量间的关系进行实证检验。结果显示，顾客需求和合作共享对商业模式各维度都有显著正向影响。绿色企业家精神对价值获取也有显著正向影响，但对商业模式的其他维度没有显著影响，这是因为目前融合企业的发展规模较小、时间较短，更多的精力投入在企业"生存"上，虽然企业家有进行绿色、无污染的经营愿望，但是此种愿望是以企业长时间的投入而不求回报为代价的，企业为了能在短时间内获得生存权导致此种愿望无法实现，致使从价值主张、价值创造到价值传递过程中均未体现绿色企业家精神。

2. 商业模式各维度对融合企业绩效具有显著正向影响

农村产业融合的推广改变了传统农业企业的商业环境，并对传统农业企业的生产运营方式产生了巨大的冲击，越来越多的农业企业正在逐渐向农村产业融合形式转型以提升企业绩效。本书通过 354 份融合企业样本数据的实证研究表明，价值主张对社会绩效有显著正向影响，但对经济绩效和环境绩效没有显著影响；价值创造对环境绩效有显著正向影响，但对社会绩效有显著负向影响，对经济绩效没有显著影响；价值传递对经济绩效和环境绩效有显著正向影响，但对社会绩效没有显著影响；价值获取对融合企业绩效各维度都有显著正向影响。研究结论显示，这与目前学术界如 Osterwalder 和 Pigneur（2005）、Zott 和 Amit（2002，2007，2008）、Morris 等（2005）、Bocken 等（2014）的观点普遍一致，即构建合理的商业模式能提升企业绩效水平。同时研究结论中没有得到验证的假设也与农业特有的环境相一致，如价值创造对经济绩效的显著性影响没有得到支持，这说明渠道不畅导致农业发展的"卖难买贵"现象，致使农业生产过程中的价值创造能力越高，并不一定会提升企业的经济绩效水平。

3. 资源整合在商业模式对融合企业绩效的影响中发挥着中介作用

在农村产业融合企业的过程发展中，资源整合对融合企业绩效的提升有着至关重要的影响（Wernerfelt，1984；Eisenhardt and Martin，2000；蔡莉等，2010；张启尧等，2017），而企业建立合理的商业模式是影响资源整合的关键因素（Teece et al.，1997；Morgan and Turner，2000；Sirmon et al.，2007；Amit and Schoemaker，1993）。通过 354 份样本数据的实证研究表明，商业模式对融合企业的绩效的作用可以通过两条路径来实现：一是商业模式直接作用于融合企业绩效；二是商业模式通过影响企业的资源整合进而影响融合企业绩效。具体而言，第一条直接作用的路径为商业模式的四个构成维度分别对融合企业绩效三个维度的直接影响；第二条间接作用的路径为商业模式的四个构成维度通过影响企业的资源构建和资源利用，进而分别影响融合企业的三个构成维度。这些路径一起构成了商业模式对农村产业融合企业的作用机制。

4. 互动导向在商业模式对融合企业绩效的影响机制中发挥着调节作用

在开放化、市场化、全球化的今天，市场需求和客户偏好日新月异，企业要想获取持久的竞争优势，必须以客户为导向来调整自身的战略行为（Cermak et al.，1994；Rayport et al.，2005；Ramani and Kumar，2008；何一清等，2015）。正式调研中的 354 份样本数据的实证研究表明，互动导向的各个维度在调节商业模式与融合企业绩效的关系上，既有正向作用也有负向作用。具体而言，企业如果越多地关注顾客理念，价值主张对社会绩效的正向影响越弱；企业越多地给予顾客授权，价值创造对经济绩效和环境绩效的正向影响越强；顾客价值管理越精确，价值获取对社会绩效的正向影响越弱。

10.2 管理实践启示

尽管目前有关商业模式的研究较多，但大多数的研究都局限于互联网、电子商务领域，而对于农业领域的商业模式研究才刚刚起步。其实对于商业模式的研究最初来自于互联网等信息技术的快速发展，由此改变了传统企业的生产和销售方式；而农村产业融合企业的不断推广，同样从根本上改变了传统农业企业的经营方式，与互联网带来的变革如出一辙，即在探讨企业竞争优势的获取中，商业模式一直发挥着重要的作用（Magrette，2002；Shafer et al.，2005；Teece，2010）。基于此，本书以我国农村产业融合企业为研究对象，以商业模式为研究切入点，探析在不同互动导向情景下商业模式各维度对融合企业绩效作用的差异、商业模式对融合企业绩效的作用机制及资源整合在该机制中的作用。本书对促进我国农村产业融合企业的发展具有一定的现实意义，具体表述如下。

（1）根据所处情景优化企业商业模式，以促进企业绩效水平的提升。

前人研究认为，商业模式虽然对企业绩效的提升具有一定的促进作用，但是在不同背景下商业模式的各个维度对企业绩效的促进作用是有差异的。本书以农村产业融合企业为研究对象，探讨商业模式各维度对企业绩效的影响。研究显示，价值主张的明晰程度对社会绩效有显著正向影响，但对经济绩效和环境绩效的影响并不显著，这说明明确农产品定位信息会拓宽企业正面的社会影响力，在一定程度上能够获得大众的认可，但这并不会对企业的财务绩效和整个社会的环境提升造成影响；价值创造能力的提升对经济绩效影响不显著，对社会绩效具有负向影响，对环境绩效才有显著正向影响，此种研究结果恰恰显示了农业企业的独特特点。二三产业中的大多数企业只要具有较强的生产能力，其财务回报必定较多，同时对社会的影响力一般都是正面的，然而对于农业企业却不同。农产品一直存在着"卖难买贵"的现象，所以生产能力越强，反而会形成"卖不动"的状态，造成财务回报低下，同时由于消费者的习惯特性，对农副产品的负面新闻了解得比较多，如"地沟油""防腐剂""苏丹红"等都是负面报道，正面新闻相对少，即使正面报道存在，消费者也是持有一种怀疑态度，由此造成了企业的社会影响力越大，其负面新闻出现的概率也会越大，而企业的社会绩效则会下降。价值传递越有效，对经济绩效和环境绩效的正向影响越显著，对社会绩效的影响却不显著，这说明渠道建设在农业生产中还是较为重要的，渠道的通畅正是通过解决农业中的"卖不动"现象，从而提升了财务绩效，同时打通了资源整合的桥梁，减少了资源浪费，使环境绩效得到改善。而价值获取能力越强，对经济、社会、环境绩效均有显著正向影响，其中价值获取能力用获取方式的多样性和创新性来表示，这正说明农业关注的重点在于"销售"，即"卖出去"才是最关键的，因而改善企业的价值获取能力对提升融合企业的绩效水平有显著正向影响。因此，企业需要根据自身所处的环境和所追求的目标来实施、调整自身的发展战略，从而能够优化资源配置并充分发挥自身优势，最大限度地提升企业绩效。

（2）加强对商业模式影响因素的探讨，以实现融合企业商业模式的优化。

影响商业模式的因素有许多，对于不同行业、不同类型的企业而言都拥有着各自不同的影响因素。本书采取探索性案例研究的分析方法，以农村产业融合四大类型的企业为样本，探索出商业模式的影响因素有三个，即顾客需求、合作共享和绿色企业家精神。经过实证分析发现绿色企业家精神对价值主张、创造、传递的影响均不显著，由此说明企业家所倡导的绿色、有机食品的生产并不能显著影响此类商业模式的形成，如在调研中我们发现有一个叫作长湖锦绣的企业，该企业成立之初的理念是生产绿色、无污染、有机的农产品，负责人致力于打造优质农产品的生产，然而经过一段时间的运营，发现有机、绿色必然形成高价，大幅度的高于市场价格必然导致销售无门，所以最终该企业不得不改变运营策略，实行常态化生产。这正说明了虽然企业家拥有着绿色生产的精神，但是大众市场的不接受导致定位、生产直至销售均不能维持。这也说明了农业中存在着一个重要问题，即企业家都在倡导绿色生产、有机生产，最终得到实施的却寥寥无几，因此对于融合企业的商业模式构建来说，关注顾客需求和相互间的合作才是最重要的，绿色企业家精神可能还需要一段时日的发展才会成为影响融合企业商业模式的重要因素。

（3）根据不同的商业模式构成维度，设定和优化自身的资源整合模式。

合理的商业模式构建还需要有效整合企业内外资源。本书研究发现，资源构建在价值获取与融合企业绩效之间起着部分中介作用；资源利用在价值创造与环境绩效之间起着部分中介作用；资源利用在价值传递与经济绩效和环境绩效之间起着部分中介作用。这说明在商业模式的价值获取阶段，资源构建是至关重要的，即将外界资源融入企业，并非简单的"照搬照抄"，而是与企业内部资源融为一体。而在价值创造和传递阶段可以实行"拿来主义"的方式进行生产，将外部资源运用其中才是关键。因而在不同的商业模式维度中应采用不同的资源整合方式，这样才能最有效地实现企业绩效的提升。

（4）根据不同的商业模式维度，选择不同的互动导向方式，从而获得更好的企业绩效。

由于互动导向方式的不同，商业模式各维度对融合企业绩效也有着差异化的影响。本书研究发现，顾客理念在价值主张与社会绩效之间发挥着负向调节作用，这说明企业要想提高自身的社会影响力，应当减少对顾客理念的关注；顾客授权在价值创造与经济、环境绩效之间发挥着正向调节作用，这说明企业要想提升财务绩效和对环境的贡献，则应加大对顾客的授权行为；顾客价值管理在价值获取与社会绩效之间发挥着负向调节作用，这说明企业要想提高自身的社会影响力，则需要减少对顾客进行三六九等的分类管理。基于上述分析可以看出，企业应加大顾客的授权行为，从社会绩效来看，应当减少对顾客理念的关注及对顾客进行价值区分，因为精细化的顾客管理必然会造成更多顾客的流失，特别对于农业这一特殊行业，规模化经营是农业发展的主要趋势，因此，实行大众营销加上适当授权才是未来农业企业的生存之道。

10.3 研究局限与未来展望

10.3.1 研究局限

农村产业融合企业相对于传统农业企业来说，商业模式发生了巨大的变化，但目前对于农村产业融合企业的商业模式研究相对较少。本书综合地运用了相关的理论成果和研究方法，结合农村产业融合的实际情况，通过严密的理论分析和逻辑推导，构建了商业模式对农村产业融合企业绩效的作用机制模型，并通过大样本的统计分析，检验了本书所提出的理论观点，得出了一些较为有意义的结论。然而，在研究过程中，由于研究问题的复杂性、文章篇幅的限制及个人能力的有限性，本书还存在着许多不足之处。具体而言，主要包含以下四个方面。

（1）数据收集方面的不足。虽然笔者在问卷调查的发放和回收方面花费了大量的人力和物力，也获得了满足样本量要求的有效问卷（预调研为 109 份；正式调研为 354 份），并在样本特征上进行了统计检验控制，但是由于抽样随机性方面可能存在的不足，在一定程度上会导致所选样本代表性的降低。此外，虽然在样本问卷的分布区域上覆盖到了全国，但总体看来湖北、浙江两地的问卷发放和回收率较高，而其他省份的回收率有限，因而在一定程度上可能会影响本书研究结论的普遍性。

（2）变量测度方面的不足。本书采用李克特五级量表的测量方法对商业模式驱动因素、商业模式各个维度、资源整合、互动导向、企业绩效等变量进行测度。虽然采用了一系列的方法（包括经典量表借鉴、企业访谈与专家意见相结合、信度和效度检验等）来保证测量问卷的有效性和可靠性，但是这种主观评分的方法有可能存在着测度上的偏差和缺陷。今后可以采取客观数据，如利用利润率来衡量企业绩效等，这样可以有效地提高研究的效度，并使得研究结论的可靠性得到提升。

（3）变量引入方面的不足。由于时间、精力及篇幅的限制，本书仅引入了资源整合与互动导向作为内在机制的研究变量，并未过多讨论其他的影响因素。因此，在今后的研究中，有待进一步地完善商业模式与融合企业绩效的内在机制。

（4）时间涉足方面的不足。在本书的研究中，仅采用了单一时间的横截面数据进行实证分析研究，没有采用纵向研究的方式，以研究不同时间点的数据延伸变化。

10.3.2　未来展望

基于对本书存在的局限和不足的认识，笔者认为在本书研究的基础上，未来有关商业模式与绩效的研究可以沿着以下几个方面展开。

（1）深入探析商业模式对融合企业绩效的内在影响机制。除了互动导向能力会对商业模式与绩效形成调节作用，还有一个重要的因素也会形成调节作用，即政府支持。因为农业领域中政府发挥的作用较为强大，政府支持一定会对其起到调节作用，因此，在今后的研究中可以加入政府在其中的作用。

（2）深入挖掘商业模式的研究内涵。目前学术界已经普遍认同商业模式是由价值主张、价值创造、价值传递、价值获取这四个维度所构成的完整逻辑的商业系统。商业模式各维度都蕴含着丰富的研究内涵，但由于本书的篇幅限制只对商业模式各维度进行了简要概述。因此，未来研究可以分别从这四个维度进行深入探讨，由此可以对商业模式的内涵进行更为深入的挖掘。

参 考 文 献

宝贡敏. 2001. 现代企业战略管理[M]. 郑州：河南人民出版社.

《北京农业产业融合发展研究》课题组. 2016. 产业融合发展：转型中的北京农业[M]. 北京：中国农业科学技术出版社.

波特 M. 2003. 竞争论[M]. 高登第，李明轩译. 北京：中信出版社.

蔡莉，单标安，周立媛. 2010. 新创企业市场导向对绩效的影响——资源整合的中介作用[J]. 中国工业经济，（11）：77-86.

蔡莉，肖坚石，赵镝. 2008. 基于资源开发过程的新创企业创业导向对资源利用的关系研究[J]. 科学学与科学技术管理，（1）：98-102.

陈光兴. 2010. 中国传统农业的特征表现及改造[J]. 金融管理与研究：杭州金融研修学院学报，（6）：33-36.

陈昊雯，李垣，刘衡. 2011. 互动导向与基于顾客的创新绩效间的关系研究[J]. 经济体制改革，（2）：112-116.

陈琦. 2010. 企业电子商务商业模式设计：IT 资源前因与绩效结果[D]. 浙江大学博士学位论文.

陈清硕. 1997. 现代农业的新概念：持续农业[J]. 环境导报，（2）：34.

陈翔. 2004. 互联网环境下企业商业模式研究[D]. 东南大学博士学位论文.

陈晓红，曹裕，马跃如. 2009. 基于外部环境视角下的我国中小企业生命周期——以深圳等五城市为样本的实证研究[J]. 系统工程理论与实践，（2）：64-72.

陈晓萍，徐淑英，樊景立. 2012. 组织与管理研究的实证方法[M]. 北京：北京大学出版社.

陈昭锋. 2009. 创新型城市建设的企业路径——具有竞争优势的深圳企业自主创新模式分析[J]. 南通大学学报（社会科学版），25（4）：108-115.

成文，王迎军，高嘉勇，等. 2014. 商业模式理论演化述评[J]. 管理学报，11（3）：462-468.

程愚，谢雅萍. 2005. 商务模型与民营企业绩效[J]. 中国工业经济，（6）：120-127.

崔楠，张丽娜，张建. 2015. 商业模式创新对新产品绩效的影响：资源整合的中介作用[J]. 中国地质大学学报（社会科学版），（5）：91-103.

崔启国. 2007. 基于网络视角的创业环境对新创企业绩效的影响研究[D]. 吉林大学博士学位

论文.

董恺忱，范楚玉. 2000. 中国科学技术史·农学卷[M]. 北京：科学出版社.

段海波，曾福生. 2014. 农业与相关产业融合的基本类型及促进措施[J]. 湖南农业科学，（10）：67-69.

段艳玲，徐茂卫，陈曦. 2016. 我国体育产业协同创新网络能力和创新绩效：基于资源整合的中介效应研究[J]. 上海体育学院学报，（2）：56-61.

方雨薇. 2016. 变革型领导与家长型领导行为对组织绩效影响的研究[D]. 哈尔滨师范大学硕士学位论文.

葛宝山，董保宝. 2009. 基于动态能力中介作用的资源开发过程与新创企业绩效关系研究[J]. 管理学报，6（4）：520-526.

韩飞，许政. 2012. 互动导向、创新意愿与创新能力[J]. 税务与经济，（3）：6-10.

何立胜，李世新. 2005. 产业融合与农业发展[J]. 晋阳学刊，（1）：37-40.

何一清，崔连广，张敬伟. 2015. 互动导向对创新过程的影响：创新能力的中介作用与资源拼凑的调节作用[J]. 南开管理评论，18（4）：96-105.

胡保亮. 2007. 业务战略支持视角下的企业信息系统战略实证研究[D]. 浙江大学博士学位论文.

胡保亮. 2015. 基于画布模型的物联网商业模式构成要素研究[J]. 技术经济，34（2）：44-49.

胡汉辉，邢华. 2003. 产业融合理论以及对我国发展信息产业的启示[J]. 中国工业经济，（2）：23-29.

华利德 B，俞玉华. 2000. 清洁生产与环境和生态效应[J]. 包装世界，（1）：84-85.

黄祖辉. 2016. 在一二三产业融合发展中增加农民收益[J]. 中国合作经济，（1）：21-26.

霍江林，刘素荣. 2010. 可持续发展视阈下资产管理三重绩效评价研究[J]. 价值工程，29（14）：28-29.

姜长云. 2017. 农业产业化龙头企业在促进农村产业融合中的作用[J]. 农业经济与管理，（2）：5-10.

姜睿清. 2013. 基于产业融合的江西农业产业结构优化研究[D]. 南昌大学博士学位论文.

姜腾飞，李山梅. 2010. 道琼斯可持续发展指数及其对我国的借鉴作用[J]. 商业时代，（13）：55-56.

蒋和平. 1995. 卢良恕院士提出发展我国现代集约持续农业新概念[J]. 农业科技管理，（1）：41.

卡麦兹 K. 2009. 建构扎根理论：质性研究实践指南[M]. 边国英译. 重庆：重庆大学出版社.

科特勒 P，阿姆斯特朗 G. 2015. 市场营销：原理与实践[M]. 楼尊译. 北京：中国人民大学出版社.

李东平. 2005. 大股东控制、盈余管理与上市公司业绩滑坡[M]. 北京：中国财政经济出版社.

李国祥. 2017. 农业产业化与农村产业融合发展关系探析[J]. 中国国情国力，（2）：49-51.

李红亮. 2010. 顾客参与和员工工作满意关系研究[D]. 武汉大学博士学位论文.

李怀祖. 2004. 管理研究方法论[M]. 西安：西安交通大学出版社.

李俊岭. 2009. 我国多功能农业发展研究——基于产业融合的研究[J]. 农业经济问题，（3）：4-7.

李雪峰，蒋春燕. 2011. 战略人力资源管理与企业绩效：不正当竞争与政府支持的调节作用[J]. 管理世界，（8）：182-183.

李云鹤. 2015. 在孵企业商业网络、资源整合能力与创业绩效的关系研究[D]. 大连理工大学硕士学位论文.

梁伟军. 2010. 农业与相关产业融合发展研究[D]. 华中农业大学博士学位论文.

梁伟军. 2011. 产业融合视角下的中国农业与相关产业融合发展研究[J]. 科学经济社会，29（4）：12-17，24.

岭言. 2001. "产业融合发展"——美国新经济的活力之源[J]. 工厂管理，（3）：25-26.

刘奇. 2007. 21 世纪农业的新使命：多功能农业[M]. 合肥：安徽人民出版社.

刘树森. 2014. 创业环境对新创科技型企业成长影响研究[D]. 吉林大学博士学位论文.

刘晓敏，刘其智. 2006. 整合的资源能力观——资源的战略管理[J]. 科学学与科学技术管理，27（6）：85-90.

刘艳彬，袁平. 2012. 互动导向与企业绩效关系的实证研究[J]. 科研管理，33（8）：25-34.

刘志彪，谭克，陆国庆，等. 2004. 上市公司资本结构与业绩研究——以长江三角洲地区上市公司为例[M]. 北京：中国财政经济出版社.

柳恒超，许燕，王力. 2007. 结构方程模型应用中模型选择的原理和方法[J]. 心理学探新，27（1）：75-78.

柳青，蔡莉. 2010. 新企业资源开发过程研究回顾与框架构建[J]. 外国经济与管理，32（2）：9-15.

卢云亭. 2008. 观光农业的基本理论与实践研究[M]. 北京：中国农业技术出版社.

罗珉. 2009. 商业模式的理论框架述评[J]. 当代经济管理，31（11）：1-8.

罗倩，李东. 2013. 基于价值维度的商业模式分类方法研究——以战略新兴产业样本数据为例[J]. 软科学，（7）：18-23.

马鸿佳. 2008. 创业环境、资源整合能力与过程对新创企业绩效的影响研究[D]. 吉林大学博士学位论文.

马健. 2002. 产业融合理论研究评述[J]. 经济学动态，（5）：78-81.

马晓河. 2015. 推进农村一二三产业深度融合发展[J]. 黑龙江粮食，（3）：9.

聂子龙，李浩. 2003. 产业融合中的企业战略思考[J]. 软科学，（2）：80-83.

牛贵茹. 2013. 资源整合方式、资源整合能力与新创企业绩效关系的实证研究[D]. 浙江理工大学硕士学位论文.

裴旭东，黄聿舟. 2016. 创业支持政策对科技型小微企业孵化的影响——资源整合的中介作用[J]. 科技进步与对策，33（12）：109-114.

邱应倩. 2013. 基于"三重绩效"理论视角的农业上市公司绩效评价研究[D]. 安徽农业大学硕

士学位论文.

饶扬德. 2005. 基于资源整合观的企业战略重构[J]. 工业技术经济, 24（7）：5-7.

任萍. 2011. 新企业网络导向、资源整合与企业绩效关系研究[D]. 吉林大学博士学位论文.

单胜道. 2003. 森林资源效益核算研究[J]. 农村经济,（1）：4-5.

司春林, 梁云志. 2010. 孵化器的商业模式与自身发展——典型案例分析[J]. 经济管理,（10）：169-179.

宋欢, 王坤立, 许文涛, 等. 2014. 转基因食品安全性评价研究进展[J]. 生物安全学报,（4）：248-252.

孙善林, 彭灿, 杨红. 2017. 高管团队社会资本对企业开放式创新能力的影响研究——以资源获取与资源整合为中介变量[J]. 研究与发展管理,（2）：71-81.

田立法, 王淞, 刘丛珊, 等. 2015. 差异化战略、二元创新与企业绩效：资源整合能力的调节或中介作用[J]. 科技进步与对策,（9）：93-99.

汪发元. 2014. 中外新型农业经营主体发展现状比较及政策建议[J]. 农业经济问题, 35（10）：26-32.

王冬琴. 2014. 农民专业合作社三重绩效影响因素研究[D]. 南京财经大学硕士学位论文.

王建中. 2011. 创业环境及资源整合能力对新创企业绩效影响关系研究[D]. 昆明理工大学博士学位论文.

王凯男. 2016. 资源获取对农民创新行为的影响研究——资源整合的中介作用[D]. 吉林大学硕士学位论文.

王通武. 2016. 产业融合背景下苏州文化创意产业园资源整合研究[J]. 江南论坛,（2）：7-9.

王翔, 李东, 张晓玲. 2010. 商业模式是企业间绩效差异的驱动因素吗？——基于中国有色金属上市公司的 ANOVA 分析[J]. 南京社会科学,（5）：20-26.

王霄, 胡军. 2005. 社会资本结构与中小企业创新——一项基于结构方程模型的实证研究[J]. 管理世界,（7）：116-122.

王昕坤. 2007. 产业融合——农业产业化的新内涵[J]. 农业现代化研究, 28（3）：303-306, 321.

王雪冬, 董大海. 2013. 国外商业模式表达模型评介与整合表达模型构建[J]. 外国经济与管理, 35（4）：49-61.

魏江, 刘洋, 应瑛. 2012. 商业模式内涵与研究框架建构[J]. 科研管理, 33（5）：107-114.

魏炜, 朱武祥, 林桂平. 2012. 基于利益相关者交易结构的商业模式理论[J]. 管理世界,（12）：125-131.

温素彬, 薛恒新. 2005. 基于科学发展观的企业三重绩效评价模型[J]. 会计研究,（4）：60-64.

温忠麟, 侯杰泰, 张雷. 2005. 调节效应与中介效应的比较和应用[J]. 心理学报,（2）：268-274.

温忠麟, 叶宝娟. 2014. 中介效应分析：方法和模型发展[J]. 心理科学进展,（5）：731-745.

温忠麟，张雷，侯杰泰，等. 2004. 中介效应检验程序及其应用[J]. 心理学报，（5）：614-620.

翁君奕. 2004. 介观商务模式：管理领域的"纳米"研究[J]. 中国经济问题，（1）：34-40.

吴杰，张自伟. 2006. 论石油企业三重业绩评价体系的构建[J]. 工业技术经济，25（1）：107-109.

吴明隆，涂金堂. 2012. SPSS与统计应用分析[M]. 大连：东北财经大学出版社.

吴兆春，于洪彦. 2013. 互动导向、顾客关系与公司绩效——基于中国大陆的实证研究[J]. 经济管理，35（5）：88-95.

吴兆春，于洪彦，田阳. 2013. 互动导向、创新方式与公司绩效——基于珠三角的实证研究[J]. 中国科技论坛，（6）：39-44.

武文珍，陈启杰. 2012. 价值共创理论形成路径探析与未来研究展望[J]. 外国经济与管理，（6）：66-73.

席晓丽. 2008. 产业融合视角下的现代农业发展研究[D]. 福建师范大学博士学位论文.

项国鹏，周鹏杰. 2013. 商业模式对零售企业绩效的影响——基于顾客价值创造视角的分析[J]. 广东商学院学报，28（1）：25-33.

肖坚石. 2008. 新创企业创业导向对资源整合过程的影响研究[D]. 吉林大学硕士学位论文.

谢礼珊，关新华，朱翊敏. 2015. 服务导向和顾客价值共创对一线员工顾客需求知识的影响——互动导向的跨层次调节作用[J]. 营销科学学报，11（1）：85-100.

谢礼珊，赵强生，关新华. 2017. 服务一线员工创新行为：企业互动导向和顾客价值共创的驱动作用[J]. 中山大学学报（社会科学版），57（2）：200-210.

徐佳. 2015. 契约型农产品渠道中专有资产投入与关系稳定[D]. 东北财经大学硕士学位论文.

许晖，许守仁. 2014. 服务主导逻辑下的价值共创[J]. 管理学家（实践版），（3）：38-42.

许政. 2013. 互动导向、创新和企业绩效的关系研究[D]. 吉林大学博士学位论文.

薛佳奇，刘婷，张磊楠. 2013. 制造企业服务导向与创新绩效：一个基于顾客互动视角的理论模型[J]. 华东经济管理，（8）：78-82.

薛世权. 2012. 论传统农业的发展趋势[J]. 北京农业，（21）：224.

杨国亮. 2011. 企业互动导向对品牌信任的影响分析[D]. 暨南大学硕士学位论文.

杨鹏鹏，谢恩. 2006. 创造企业竞争优势：内部资源，外部网络及其整合[J]. 数量经济技术经济研究，23（2）：68-75.

姚明明，吴晓波，石涌江，等. 2014. 技术追赶视角下商业模式设计与技术创新战略的匹配——一个多案例研究[J]. 管理世界，（10）：149-162.

尹倩. 2012. 基于约翰·埃尔金顿"三重底线理论"浅谈CSR对企业永续发展的影响[J]. 东方企业文化，（7）：193-194.

于刃刚. 1997. 三次产业分类与产业融合趋势[J]. 经济研究参考，（25）：46-47.

袁平. 2010. 互动导向、市场环境、战略类型与企业绩效之关系研究[D]. 吉林大学博士学位论文.

袁平，刘艳彬，李兴森. 2015. 互动导向、顾客参与创新与创新绩效的关系研究[J]. 科研管理，（8）：52-59.

袁志清. 2016. 现代持续农业的概念、特征、体系[J]. 南方农村，32（2）：13-15.

原磊. 2007. 商业模式体系重构[J]. 中国工业经济，（6）：70-79.

原磊. 2008. 商业模式分类问题研究[J]. 中国软科学，（5）：35-44.

翟虎渠. 1999. 农业概论[M]. 北京：高等教育出版社.

张聪群. 2004. 民营科技型中小企业技术创新资源的整合机制[J]. 科技进步与对策，21（7）：58-60.

张敬伟，王迎军. 2010. 基于价值三角形逻辑的商业模式概念模型研究[J]. 外国经济与管理，（6）：1-8.

张敬伟，王迎军. 2014. 新企业商业模式构建过程解析——基于多案例深度访谈的探索性研究[J]. 管理评论，26（7）：92-103.

张利庠，张喜才. 2007. 我国现代农业产业链整合研究[J]. 教学与研究，（10）：14-19.

张启尧，才凌惠，孙习祥. 2017. 绿色资源整合能力、漂绿行为与企业绩效——恶性竞争的调节中介作用[J]. 工业技术经济，36（1）：141-145.

张文成. 2016-06-04. 用"商业模式画布法"说说民宿[N]. 中国旅游报（A03）.

赵佳荣. 2010. 农民专业合作社"三重绩效"评价模式研究[J]. 农业技术经济，（2）：119-127.

郑豪杰. 2011. 传统出版的商业模式创新研究[J]. 中国出版，（5）：30-33.

郑素丽. 2008. 组织间资源对企业创新绩效的作用机制研究[D]. 浙江大学博士学位论文.

植草益. 2001. 信息通讯业的产业融合[J]. 中国工业经济，（2）：24-27.

宗锦耀. 2017. 农村一二三产业融合发展理论与实践[M]. 北京：中国农业出版社.

Osterwalder A，Pigneur Y. 2013. 商业模式新生代[M]. 黄涛，郁婧译. 北京：机械工业出版社.

Afuah A. 2004. Business Model：A Strategic Management Approach[M]. New York：McGrow-Hill/Irwin.

Afuah A，Tucci C L. 2001. Internet Business Models and Strategies：Text and Cases[M]. Boston：McGraw-Hill.

Allen P，O'Driscoll C. 2005. Customer focus is key to success[J]. European Chemical News，82（2134）：17.

Amit R，Schoemaker P J H. 1993. Strategic assets and organizational rent[J]. Strategic Management Journal，14（1）：33-46.

Amit R，Zott C. 2001. Value creation in e-business [J]. Strategic Management Journal，22（6~7）：493-520.

Anderson J C，Gerbing D W. 1988. Structural equation modeling in practice：a review and recommended two-step approach[J]. Psychological Bulletin，103（3）：411-423.

Ansoff H I. 1965. Corporate strategy：an analytic approach to business policy for growth and expansion[C]//Ansoff H I. Corporate Strategy：An Analytic Approach to Business Policy for Growth and Expansion. New York：McGrow-Hill：227-236.

Auh S, Bell S J, Mcleod C S, et al. 2007. Co-production and customer loyalty in financial services[J]. Journal of Retailing, （83）：359-370.

Baker W E. 1990. Market networks and corporate behavior[J]. American Journal of Sociology, 96：589-625.

Barnes C, Blake H, Pinder D. 2009. Creating and Delivering Your Value Proposition：Managing Custome Experience for Profit[M]. London, Philadelphia：Kogan Page Publishers.

Barney J B. 1991. Firm resources and sustained competitive advantage[J]. Journal of Management, 17（1）：99-120.

Barney J B. 1995. Looking inside for competitive advantage[J]. Academy of Management Executive, 9（4）：49.

Baum L E, Petrie T, Soules G, et al. 1970. A maximization technique occurring in the statistical analysis of probabilistic functions of Markov chains[J]. The Annals of Mathematical Statistics, 41（1）：164-171.

Bellman R, Clark C E, Malcolm D G, et al. 1957. On the construction of a multi-stage, multi-person business game[J]. Operations Research, 5（4）：469-503.

Benjamin G C, Leonard D A, Yoffie D B. 1997. Alliance Clusters in Multimedia：Safety Net or Entanglement? [Z].

Betz F. 2002. Strategic business models[J]. Engineering Management Journal, 14（1）：21-28.

Björkdahl J. 2009. Technology cross-fertilization and the business model：the case of integrating ICTS in mechanical engineering products[J]. Research Policy, 38（9）：1468-1477.

Blank S. 2013. Why the lean start-up change everything[J]. Harvard Business Review, 91（5）：1-9.

Bocken N M P, Short S W, Rana P, et al. 2014. A literature and practice review to develop sustainable business model archetypes[J]. Journal of Cleaner Production, 65（4）：42-56.

Bollen K A. 1989. Structural Equations with Latent Variables[M]. New York：John Willey&Sons.

Bowman C, Ambrosini V. 2003. How the resource-based and the dynamic capability view of the firm inform competitive and corporate level strategy[J]. British Journal of Management, 14（4）：289-303.

Brush C G, Greene P G, Hart M M. 2001. From initial idea to unique advantage：the entrepreneurial challenge of constructing a resource base[J]. The Academy of Management Executive, 15（1）：64-78.

Burt R S. 1983. Corporate Profits and Cooptation：Networks of Market Constrains and Directorate Ties in the American Economy[M]. New York：Academic Press.

Carroll A B.1991. The pyramid of corporate social responsibility: toward the moral management of organizational stakeholders[J]. Business Horizons, 34（4）: 39-48.

Cermak D S P, File K M, Prince R A. 1994. Customer participation in service specification and delivery[J]. Journal of Applied Business Research, 10（2）: 90.

Chesbrough H. 2010. Business model innovation: opportunities and barriers[J]. Long Range Planning, 43（2~3）: 354-363.

Chesbrough H, Rosenbloom R S. 2002. The role of the business model in capturing value from innovation: evidence from Xerox Corporation's technology spinoff companies[J]. Industrial and Corporate Change, 11（3）: 529-555.

Common M. 2007. Measuring national economic performance without using prices[J]. Ecological Economics, 64（1）: 92-102.

Condit P M. 1994. Focusing on the customer: how boeing does it[J]. Research-Technology Management, 37（1）: 33-37.

Cooper R G. 1979. The dimensions of industrial new product success and failure[J]. Journal of Marketing, 43（3）: 93-103.

Covin J G, Slevin D P. 1989. Strategic management of small firms in hostile and benign environments[J]. Strategic Management Journal, 10（1）: 75-87.

Eisenhardt K M. 1989. Building theories from case study research[J]. Academy of Management Review, 14（4）: 532-550.

Eisenhardt K M, Graebner M E. 2007. Theory building from cases: opportunities and challenges[J]. Academy of Management Journal, 50（1）: 25-32.

Eisenhardt K M, Martin J A. 2000. Dynamic capabilities: what are they? [J]. Strategic Management Journal, 21（10~11）: 1105-1121.

Eisenmann T, Geoffrey P, van Alstyne M W. 2006. Strategies for two-sided markets [J]. Harvard Business Review, 84（10）: 92-101, 149.

Ernst D, Bleeke J. 1995. Is your strategic alliance really a sale [J]. Harvard Business Review, 13: 97-105.

Fine L. 2009. The bottom line: marketing and firm performance[J]. Business Horizons, 52（3）: 209-214.

Finney R Z, Campbell N D, Powell C M. 2005. Strategies and resources: pathways to success?[J]. Journal of Business Research, 58（12）: 1721-1729.

Fornell C, Larcker D. 1981. Evaluating structural equation models with unobservable variables and measurement error[J]. Journal of Marketing Research, 34（2）: 161-188.

Frynas J G, Mellahi K, Pigman G A. 2006. First mover advantages in international business and firm-specific political resources[J]. Strategic Management Journal, 27（4）: 321-345.

Givotovsky N. 1994. An Introduction to the Issues and Applications of Interactive Multimedia for Information Specialists[M]. Chicago：Special Libraries Association.

Glaser B J, Strauss A L. 1967. The discovery of grounded theory：strategies for qualitative research[J]. Psychosomatics, 9（3）：188.

Grant R M. 1991. The resource-based theory of competitive advantage：implications for strategy formulation[J]. California Management Review, 33（3）：114-135.

Greene P G, Brown T. 1997. Resource needs and the dynamic capitalism typology[J]. Journal of Business Venturing, 12（3）：161-174.

Greenstein S, Khanna T. 1997. What does industry mean? [C]//Yofee D B. Competing in the Age of Digital Convergence. Berkeley：University of California Press：31-53.

Griffith D A, Harvey M G. 2001. A resource perspective of firm's performance capabilities[J]. Journal of International Business Studies, 32（3）：597-606.

Gummesson E. 1991. Qualitative Methods in Management Research[M]. London：Stage Publications.

Hamel G. 2000. Leading the Revolution[M]. Boston：Havard Business School Press.

Horowitz A S. 1996. The real value of VARS：resellers lead a movement to a new service support[J]. Mark Comput, 16（4）：31-36.

Jackson J. 2009. How risky are sustainable real estate projects? An evaluation of LEED and energy star development options[J]. Journal of Sustainable Real Estate, 1（1）：91-106.

Jaworski B J, Kohli A K. 1993. Market orientation：antecedents and consequences[J]. Journal of Marketing, 57（3）：53-70.

Jaworski B, Kohli A K, Sahay A. 2000. Market-driven versus driving markets[J]. Journal of the Academy of Marketing Sciences, 28（1）：45-54.

Jiang B, Frazier G, Prater E. 2006. Outsourcing effects on firms' operational performance[J]. International Journal of Operations & Production Management, 26（12）：1280-1300.

Jones G M. 1960. Educators, electrons, and business models：a problem in synthesis[J]. Accounting Review, 35（4）：619-626.

Kalling T, Hedman J. 2003. The business model concept：theoretical underpinnings and empirical illustration[J]. European Journal of Information Systems, 12（1）：49-59.

Khandwalla P N. 1977. The Design of Organization[M]. New York：Harcourt Brace Jovanovich.

Kline R B. 1998. Principles and Practice of Structural Equation Modeling[M]. New York：The Guiford Press.

Kohli A K, Jaworski B J. 1990. Market orientation：the construct, research propositions, and managerial implications[J]. Journal of Marketing, 54（2）：1-18.

Kumar V, Ramani G, Bohling T. 2004. Customer lifetime value approaches and best practice applications[J]. Journal of Interactive Marketing, 18（3）：60-72.

Lane P J, Salk J E, Lyles M A. 2001. Absorptive capacity, learning, and performance in international joint ventures[J]. Strategic Management Journal, 22 (12): 1139-1161.

Langerak F, Hultink E J, Robben H S J. 2004. The impact of market orientation, product advantage, and launch proficiency on new product performance and organizational performance[J]. Journal of Product Innovation Management, 21 (2): 79-94.

Lebas M J. 1995. Performance measurement and performance management[J]. International Journal of Production Economics, 41 (1~3): 23-35.

Lee C, Lee K, Pennings J M. 2001. Internal capabilities, external network, and performance: a study on technology-based ventures[J]. Strategic Management Journal, 22 (6~7): 615-640.

Linder J, Cantrell S. 2000. Changing business models: surveying the landscape[R]. Institute for Strategic Change.

Love J H, Roper S. 2009. Organizing innovation: complementarities between cross-functional teams[J]. Technovation, 29 (3): 192-203.

Lüdeke-Freund F. 2010. Towards a Conceptual Framework of "Business Models for Sustainability" [C]. Knowledge Collaboration & Learning for Sustainable Innovation ERSCP-EMSU Conference, Delft, the Netherlands.

Lusch R F, Vargo S L. 2006. Service-dominant logic: reactions, reflections and refinements[J]. Marketing Theory, 6 (3): 281-288.

Magrette J. 2002. Why business models matter[J]. Harvard Business Review, 80 (5): 86-92, 133.

Makadok R. 2001. Toward a synthesis of the resource-based and dynamic-capability views of rent creation[J]. Strategic Management Journal, 22 (5): 387-401.

Mäkinen S, Seppänen M. 2007. Assessing business model concepts with taxonomical research criteria: a preliminary study[J]. Management Research News, 30 (10): 735-748.

Mansfield G M, Fourie L C H. 2004. Strategy and business models—strange bedfellows? A case for convergence and its evolution into strategic architecture[J]. South African Journal of Business Management, 35 (1): 35-44.

Meznar M, Chrisman J J, Carroll A B. 1991. Social responsibility and strategic management: toward an enterprise strategy classification[J]. Journal of Business & Profession Ethic Journal, 10 (1): 46-47.

Miles M B, Huberman A M. 1994. Qualitative Data Analysis: An Expanded Sourcebook[M]. Thousand Oaks: Sage Publications.

Miller D, Friesen P H. 1982a. Innovation in conservative and entrepreneurial firms: two models of strategic momentum[J]. Strategic Management Journal, 3 (1): 1-25.

Miller D, Friesen P H. 1982b. The longitudinal analysis of organizations: a methodological perspective[J]. Management Science，28（9）：1013-1034.

Morgan A，Turner D. 2000. Adding value to the work placement：working towards a professional qualification in an undergraduate degree programme[J]. Education，Training，42（8）：453-461.

Morioka S. 2015. Sustainability performance assessment as driver for sustainable business model innovation[C]. EEF.

Morris L. 2009. Business model innovation the strategy of business breakthroughs[J]. International Journal of Innovation Science，1（4）：191-204.

Morris M，Schindehutte M，Allen J. 2005. The entrepreneur's business model：toward a unified perspective [J]. Journal of Business Research，58（6）：726-735.

Morris M H. 2006. Is the business model a useful strategic concept：conceptual，theoretical and empirical insights[J]. Journal of Small Business Strategy，17（1）：27-50.

Mueller M. 1997. Telecom Policy and Digital Convergence[M]. Hong Kong：City University of Hong Kong Press.

Mulhern F J. 1999. Customer profitability analysis：measurement，concentration and research directions[J]. Journal of Interactive Marketing，13（1）：25-40.

Narman P，Johnson P，Ekstedt M，et al. 2009. Enterprise architecture analysis for data accuracy assessments[C]. Enterprise Distributed Object Computing Conference，IEEE International.

Narver J C，Slater S F. 1991. The effect of a market orientation on business profitability[J]. Journal of Product Innovation Management，8（3）：223.

Newell H F. 2003. Why CRM Doesn't Work[M]. Princeton：Bloomberg Press.

Nunnally J C，Berstein I H. 1994. Psychometric Theory[M]. New York：McGraw-Hall.

Osterwalder A，Pigneur Y. 2004. An ontology for e-business models[J]. Value Creation from E-Business Models，（3529）：65-97.

Osterwalder A，Pigneur Y. 2005. Clarifying business model：origins，present and future of the concept [J]. Communications of the Association for Information Systems，16（1）：1-25.

Payne A F，Storbacka K，Frow P. 2008. Managing the co-creation of value[J]. Journal of the Academy of Marketing Science，36（1）：83-96.

Penrose E T. 1959. The theory of the growth of the firm[J]. Long Range Planning，29（4）：596.

Petrovic O，Kittl C，Teksten R D. 2001. Developing business models for ebusiness[R]. In the Proceedings of the International Conference on Electronic Commerce，Vienna，Austria.

Porter M E，Kramer M R，Nelson J. 2011. Creating shared value：connecting business，societal value and opportunity[Z]. Harvard Business School.

Prahalad C K，Hamel G . 1990. The core competence of the corporation[J]. Harvard Business Review，68（3）：79-91.

Prahalad C K, Hamel G . 1994. Strategy as a field of study: why search for a new paradigm?[J]. Strategic Management Journal, 15（2）: 5-16.

Prahalad C K, Ramaswamy V. 2004. The Future of Competition: Co-creating Unique Value with Customers[M]. Boston: Harvard Business School Press.

Preston L E, Post J E. 1975. Measuring corporate responsibility[J]. Journal of General Management, 2（3）: 45-52.

Ramani G, Kumar V. 2008. Interaction orientation and firm performance[J]. Journal of Marketing, 72（1）: 27.

Rappa M A. 2004. The utility business model and the future of computing services[J]. IBM Systems Journal, 43（1）: 32-42.

Rayport J F, Bernard J J, Ellie J K. 2005. Best face forward: improving companies' service interfaces with customers[J]. Journal of Interactive Marketing, 19（4）: 67-80.

Reinartz W, Krafft M, Hoyer W D. 2004. The customer relationship management process: its measurement and impact on performance[J]. Journal of Marketing Research, 41（3）: 293-305.

Reynolds P, Miller B. 1992. New firm gestation: conception, birth, and implications for research[J]. Journal of Business Venturing, 7（5）: 405-417.

Rubin P H. 1973. The expansion of firms[J]. Journal of Political Economy, 81（4）: 936-949.

Rueberk R W, Walker O C, Roering K J. 1985. The organization of marketing activities: a contingency theory of structure and performance[J]. Journal of Marketing, 49（1）: 13-25.

Sánchez L A G. 2012. Innovation 2.0: creating a sustainable business model and a win-win ecosystem[Z]. SMEs and Open Innovation: Global Cases and Initiatives.

Santos J, Spector B, van der Hevden L. 2009. Toward a theory of business model innovation within incumbent firms[R]. INSEAD Working Paper.

Seddon P B, Lewis G P, Freeman P, et al. 2004. The case for viewing business models as abstractions of strategy[J]. Communications of the Association for Information Systems, 13（1）: 427-442.

Serrat O. 2012. Business Model Innovation[M]. Washington: Asian Development Bank.

Shafer S M, Smith H J, Linder J C. 2005. The power of business models[J]. Business Horizons, 48（3）: 199-207.

Sheldon O. 1923. The Philosophy of Management[M]. London: Isaac Pitman & Sons.

Simonin B L. 1999. Transfer of marketing know-how in international strategic alliances: an empirical investigation of the role and antecedents of knowledge ambiguity[J]. Journal of International Business Studies, 30（3）: 463-490.

Simons H C. 1938. Personal Income Taxation: The Definition of Income As a Problem of Fiscal Policy[M]. Chicago: Chicago University Press.

Sirmon D G, Hitt M A. 2003. Managing resources: linking unique resources, management, and wealth creation in family firms[J]. Entrepreneurship Theory and Practice, 27（4）: 339-358.

Sirmon D G, Hitt M A, Ireland R D. 2007. Managing firm resources in dynamic environments to create value: looking inside the black box[J]. The Academy of Management Review, 32（1）: 273-292.

Slez D. 1999. Value web: emerging forms of fluid and flexible organization: thinking, organizing, communicating, and delivering value on the Internet[D]. PhD. Dissertation of University of St. Gallen.

Srinivasan S S, Anderson R, Ponnavolu K. 2002. Customer loyalty in e-commerce: an exploration of its antecedents and consequences[J]. Journal of Retailing, 78（1）: 41-50.

Teece D J. 1986. Profiting from technological innovation: implications for intergration, collaboration, licensing and public policy[J]. Research Policy, 15（6）: 285-305.

Teece D J. 2010. Business models, business strategy and innovation[J]. Long Range Planning, 43（2~3）: 172-194.

Teece D J, Pisano G, Shuen A. 1997. Dynamic capabilities and strategic management[J]. Strategic Management Journal, 18（7）: 509.

Thompson J D. 1967. Organization in Action: Social Science Bases of Administrative Theory[M]. New York: McGraw-Hill.

Thompson J D, McEwen W J. 1958. Organizational goals and environment: goal-setting as an interaction process[J]. American Sociological Review, 23（1）: 23-31.

Tian K T, Bearden W O, Hunter G L. 2001. Consumers' need for uniqueness: scale development and validation[J]. Journal of Consumer Research, 28（1）: 50-66.

Timmers P. 1998. Business models for electronic markets[J]. Journal of Electronic Markets, 8（2）: 3-8.

Toomer E, Bowen K. 1993. Qualitative methods in management research[J]. Journal of the Operational Research Society, 44（7）: 735-736.

Tseng W T, Dörnyei Z, Schmitt N. 2006. A new approach to assessing strategic learning: the case of self-regulation in vocabulary acquisition[J]. Applied Linguistics, 27（1）: 78-102.

Vargo S L, Lusch R F. 2004. Evolving to a new dominant logic for marketing[J]. Journal of Marketing, 68（1）: 1-17.

Weill P, Vitale M R. 2001. Place to Space: Migrating to Business Models[M]. Boston: Harvard Business School Press.

Wernerfelt B. 1984. A resource-based view of the firm[J]. Strategic Management Journal, 5（2）: 171-180.

Wiklund J, Patzelt H, Shepherd D A. 2009. Building an integrative model of small business growth[J]. Small Business Economics, 32（4）: 351-374.

Worre N, Moore K, Cardona P. 2002. Modularity, strategic flexibility, and firm performance: a study of the home appliance industry[J]. Strategic Management Journal, 23（12）: 1123-1140.

Yadav M S, Varadarajan P R. 2005. Understanding product migration to the electronic marketplace: a conceptual framework[J]. Journal of Retailing, 81（2）: 125-140.

Yin R K. 1984. Case Study Research: Design and Methods[M]. Beverly Hills: Stage.

Yin R K. 2003. Case Study Research: Design and Methods[M]. 3rd ed. London: Sage Publications.

Yin R K. 2009. Case Study Research: Design and Methods[M]. 4th ed. London: Sage Publications.

Yin R K. 2014. Case Study Research: Design and Methods[M]. 5th ed. London: Sage publications.

Zott C, Amit R. 2002. Measuring the performance implications of business model design: evidence from emerging growth public firms[R]. INSEAD Working Paper.

Zott C, Amit R. 2007. Business model design and the performance of entrepreneurial firms[J]. Organization Science, 18（2）: 181-199.

Zott C, Amit R. 2008. The fit between product market strategy and business model: implications for firm performance[J]. Strategic Management Journal, 29（1）: 1-26.

Zott C, Amit R, Massa L. 2010. The business model: theoretical roots, recent developments, and future research[R]. Working Paper, Business School, University of Navarra.

Zott C, Amit R, Massa L. 2011. The business model: recent developments and future research[J]. Journal of Management, 37（4）: 1019-1042.

附　　录

附录 1　访 谈 提 纲

1. 总体概况

a）该公司的经营指导思想是怎样的？有着怎样的企业文化？拥有怎样的企业形象（做过哪些慈善）？

b）该企业的发展速度如何？（分阶段描述发展过程）

c）该企业的品牌知名度如何？

d）该企业的发展方式是怎样的？（收购、并购或是其他）

e）该企业的创新之处在哪儿？有哪些是可以改进的？

2. 具体内容探讨

1）价值主张

a）当前的销量如何？（定位是否符合顾客需要）

b）近些年的经济增长如何？（是否符合竞争战略需要）

c）该企业是专业化的单一产品企业还是多元化的多样产品企业？（专业化和多元化）

2）价值网络

a）在整个市场价值网络中是属于支配地位还是从属地位？

b）该企业对整个价值网络中的资源利用情况是怎样的？

c）与该企业有合作伙伴关系的企业数大致有多少？分布于哪些方面？

d）与该企业有合作伙伴关系的企业是属于该行业的龙头企业吗？这些企业的生产率如何？

e）企业与其合作伙伴之间的关系如何？（互相获利的话，是如何获利的）

3）价值链

a）企业所涉及的价值链环节有几层？（生产、营销、运输、售后等）

b）企业采取的何种营销手段？（广告宣传、口碑宣传……）

c）企业如何链接起产业链的上下游或商业生态？

4）市场细分

a）该企业的产品定位在哪个区间？消费群体有哪些？

b）该企业所经营的产品未来发展趋势如何？

c）该行业发展前景如何？

d）现有的市场占有率如何？在同行业中大致占有多大份额？

5）竞争战略

a）该企业的竞争优势在哪儿？为什么可以在众企业中发展起来？

b）企业在发展过程中遇到过哪些困难？都是如何解决的？

c）企业的发展目标与现实有差距吗？有的话，大都是什么原因产生的这些差距？

6）成本利润

a）企业的现有盈利水平如何？

b）企业的主要收入来源于哪一方面？

c）该企业的企业成本主要是利用在哪一方面？（广告宣传、运营、技术开发……）

附录2　调查问卷

尊敬的领导，您好！

此项研究探讨农村产业融合企业的商业模式，了解新型农业经营方式给农业带来的绩效影响，为政府调整产业结构、促进农民增收和保护生态环境提供有意义的参考，具有十分重要的理论及实践意义。您的参与将为此项研究提供宝贵的资料和数据。

定义：商业模式是指企业价值创造的基本逻辑，即企业在一定的价值网络中如何向客户提供所需要的产品和服务，并最终获取价值的过程。

第一部分　企业基本信息

问卷填写说明：请您根据贵公司及本人的实际情况进行填写，并在所选的数字上画"√"。

（1）您的性别：

①男　②女

（2）您的年龄：

①20岁及以下　②21~30岁　③31~40岁　④41~50岁　⑤50岁以上

（3）您的教育程度：

①初中及以下　②高中　③大专　④本科　⑤研究生及以上

（4）您所在组织的类型：

①专业大户　②家庭农场　③农民合作社　④农业产业化龙头企业
⑤农业社会化服务组织　⑥其他

（5）贵企业（合作社）所属类型：

①休闲旅游农业　②工厂化农业　③高科技农业　④生态循环农业
⑤其他

（6）贵企业（合作社）成立年数：

①2年及以下　②2~5年　③5~10年　④10~15年　⑤15年以上

（7）贵企业（合作社）员工总数：

①20人及以下　②20~50人　③50~100人　④100~200人
⑤200人以上

（8）您在企业（合作社）中的职位：

①董事长　②总经理　③部门经理　④业务主管
⑤其他（请注明）_____

（9）您在目前单位的工作年限：

①3年及以下　②3~6年　③6~10年　④10年以上

第二部分　商业模式构成维度

请评价贵公司在商业模式构建过程中为满足顾客需求而提出的价值主张，为实现企业目标而拥有的价值创造的能力、价值传递的渠道及价值获取的方式。并根据企业实际情况对以下问题进行打分（1为非常不同意，5为非常同意，请在相应的框内做标记）。

价值主张	不同意			同意	
	1	2	3	4	5
1. 为客户提供优质的产品且价格合理					
2. 及时方便地为客户提供服务					
3. 客户的满意度和忠诚度高					

价值创造	不同意			同意	
	1	2	3	4	5
4. 竞争对手很难复制我们的核心资源（能力）					
5. 我们高效地执行关键业务（资源）					

续表

价值创造	不同意			同意	
	1	2	3	4	5
6. 我们建立了广泛的合作伙伴关系（伙伴）					
7. 资源和能力实现了高效配置					

价值传递	不同意			同意	
	1	2	3	4	5
8. 企业在供应链中的影响较大					
9. 我们接触顾客的方式富有创新性（客户关系）					
10. 我们的分销渠道整合得很好（渠道通路）					
11. 对客户的需求反应迅速（目标市场）					

价值获取	不同意			同意	
	1	2	3	4	5
12. 企业投入成本控制在同行业中的较低水平					
13. 企业的收入来源多样化					
14. 企业的资产利用效率较高					
15. 企业改变了之前传统的收入模式					
16. 企业获取利润的方式较过去是创新的					

第三部分　融合企业绩效

请根据贵公司的实际情况，从环境绩效、社会绩效和经济绩效三个方面对以下问题进行打分（1 为非常不同意，5 为非常同意，请在相应的框内做标记）。

环境绩效	不同意			同意	
	1	2	3	4	5
1. 很少使用农药（添加剂）等化学产品					
2. 对于废弃物的回收利用情况良好					
3. 农业资源的利用效率较高					
4. 减少农业的非产品产出					

社会绩效	不同意			同意	
	1	2	3	4	5
5. 较好地带动了当地农民致富					
6. 对自己的农产品质量安全放心					
7. 加入企业（合作社）成员的生活得到了很大的改善					
8. 合作社能统一销售农产品（仅对合作社）					

经济绩效	不同意			同意	
	1	2	3	4	5
9. 与同行相比，本企业（合作社）销售利润增长较快					
10. 与同行相比，本企业（合作社）投资回报率比以前增加了					

续表

经济绩效	不同意			同意	
	1	2	3	4	5
11. 与同行相比，本企业（合作社）的利润率较高					
12. 与同行相比，本企业（合作社）的产品/服务具有较强竞争力					
13. 本企业（合作社）近两年市场份额增长较快					

第四部分　商业模式的影响因素

下列题项描述了商业模式影响因素的三个方面，请根据自己企业的实际情况对以下问题进行打分（1 为非常不同意，5 为非常同意，请在相应的框内做标记）。

顾客需求	不同意			同意	
	1	2	3	4	5
1. 顾客需求的个性化程度越来越高					
2. 顾客需求呈现多样性的趋势（需要更多体验式服务）					
3. 顾客对产品服务的要求增加					
4. 顾客对农产品质量意识加强					
5. 提供产品/服务时非常在意顾客体验与感受					

绿色企业家精神	不同意			同意	
	1	2	3	4	5
6. 非常强调产品的绿色、环保、无污染					
7. 强调可持续性发展（环境可持续性）					
8. 强调资源有效性利用					
9. 注重废物管理、可再生能源、绿色技术的发展					
10. 经常引进先进环保的产品或服务、管理技能和操作技能等					

合作共享	不同意			同意	
	1	2	3	4	5
11. 企业（合作社）主动跨越边界、寻找合作伙伴					
12. 提供产品或服务时鼓励多方参与					
13. 企业与各方合作为顾客提供优质的产品或服务					
14. 企业（合作社）与外部利益相关者（竞争对手、政府、供应商等）合作创造更大价值					
15. 内部环境因素满足了企业（合作社）可持续性发展需求					

第五部分　资源整合

请根据贵公司资源构建和资源利用的情况，对以下问题进行打分（1 为非常不同意，5 为非常同意，请在相应的框内做标记）。

资源构建	不同意			同意	
	1	2	3	4	5
1. 很清楚了解企业已拥有和所需求的资源					
2. 可以从相关者（如供应商、客户等）那里获取企业所需资源					
3. 可以通过社会关系吸引外部资源					
4. 能够根据企业自身发展目标将各种现有资源结合在一起					
5. 能够将新资源和现有资源进行融合配置					
资源利用	不同意			同意	
	1	2	3	4	5
6. 能够有效地激活已构建的资源					
7. 资源使用效率达到了行业较高水平					
8. 资源的利用率高					
9. 利用现有的资源开发和拓展所需的其他资源					

第六部分　互动导向

请根据贵公司互动导向的实施效果，对以下问题进行打分（1为非常不同意，5为非常同意，请在相应的框内做标记）。

顾客理念	不同意			同意	
	1	2	3	4	5
1. 企业相信不能用同样的产品和服务来使每一名顾客都满意					
2. 企业自觉地从个体顾客的角度识别和获取新顾客					
3. 企业认为应该从单个顾客的层面来观察顾客对营销活动的反应					
互动响应能力	不同意			同意	
	1	2	3	4	5
4. 企业拥有记录每位顾客的交易活动的系统					
5. 企业可以识别每一笔交易是同哪个客户进行的					
6. 企业从单个顾客层面分析以前的交易活动，以此预测每名顾客未来交易					
7. 在企业中，所有的同顾客接触的行为都是基于单个顾客的交易信息					
顾客授权	不同意			同意	
	1	2	3	4	5
8. 鼓励顾客同企业分享他们对产品或服务的看法					
9. 鼓励顾客之间分享他们对产品或服务的看法					
10. 鼓励顾客参与，同企业一起设计产品和服务					

续表

顾客价值管理	不同意			同意	
	1	2	3	4	5
11. 企业十分清楚每一名顾客为企业的利润做了哪些贡献					
12. 企业预测每一名顾客未来会为企业利润做多少贡献					
13. 企业针对每一名顾客计算各个营销活动能够产生多少收益					

第七部分 政 府 支 持

请根据贵公司政府支持的实施效果，对以下问题进行打分（1 为非常不同意，5 为非常同意，请在相应的框内做标记）。

财政支持	不同意			同意	
	1	2	3	4	5
1. 获得了财政资金对企业的直接支持					
2. 获得了财政补贴					
3. 获得了财政贴息或低息贷款					

税收优惠	不同意			同意	
	1	2	3	4	5
4. 享受了减免所得税的政策					
5. 享受了降低投资税、研发费用抵税等政策					
6. 享受了取消或降低附加税的政策					

金融支持	不同意			同意	
	1	2	3	4	5
7. 获得了政府提供的贷款担保					
8. 政府建立或扶持了风险投资公司					
9. 政府允许其他资金进入农业领域					

非财政支持	不同意			同意	
	1	2	3	4	5
10. 政府在该地区实施了产业集聚政策					
11. 政府成立了中小企业孵化器					
12. 政府依托高校向农业企业输送人才					

第八部分 控 制 变 量

请根据贵公司实际情况，对以下问题进行打分（1 为非常不同意，5 为非常同意，请在相应的框内做标记）。

技术动荡	不同意			同意	
	1	2	3	4	5
1. 行业技术正在迅速地发生变化					
2. 行业技术变化提供了很多机会					
3. 行业中很多新产品创意都是通过技术突破而实现的					

竞争强度	不同意			同意	
	1	2	3	4	5
4. 我们产业中的竞争非常激烈					
5. 我们产业中有许多促销战					
6. 竞争对手之间很容易互相模仿					
7. 价格战是我们产业中的特点之一					
8. 我们产业中的竞争形式不断变化					
9. 我们的竞争对手相对来说很弱					

衷心感谢您的大力支持!
祝您工作顺利!